U0056643

宗教社會學

主編／戴康生　彭耀

本書作者（依姓名筆畫排列）

王志躍　王震宇

李成棟　李亮

高師寧　楊雅彬

彭耀　　劉援

戴康生

總序

承蒙社科文獻出版社之邀，為《現代社會學文庫》作序，本人自覺才疏學淺，深感惶恐。

今年是戊戌變法百年紀念，也是北京大學百年紀念，中國早期現代化肇始的許多制度化標誌都發生在百年之前的一八九八年前後，中國的社會學亦然。一八九五年嚴復發表了《原強》，把西方的社會學思想融合為他自己的群學思想；一八九七年嚴復把英國社會學家斯賓塞一八七三年著的The Study of Sociology一書譯成中文，冠名為《群學肄言》；一八九五年前後，根據梁啟超的記載，康有為在廣州長興學舍（萬木草堂）設立了群學的課程。如果以這些事情作為社會學在中國產生的標誌，那麼中國的社會學就已經有一百多年的歷史了。而若以一九一〇年京師大學堂（一九一二年改為北京大學）開設社會學課程作為中國社會學學科化的標誌，那也已經有八十八年了。社會學在中國的產生，實際上是西學東漸和中西文化碰撞、融合的結果。社會學導入中國的過程，與現代的器物、制度、思想和文化導入中國的過程是同步的，可它一經導入和產生，就完全被納入中國的文化話語系統和觀念系統，而作為新思想的種子，它也在改變著這一話語系統和觀念系統。

社會學導入中國，不僅僅是作為一種理論，一種思想或一種方法，也是作為一種學術制度，就像與其同期導入中國的學堂、船政、郵電、鐵路、銀行、礦務等等制度形式一樣，都是早期現代化的制度符號。社會學的導入中國，使中

國學者對於社會現象的研究，跳出了一般性現象分類和大一統混沌解釋的方法羈絆，走上了從具體現象的歸納出發尋求背後的因果規則的實證道路。

梁啟超在他一九二三年演講的《中國近三百年學術史》中，對中國學術開始轉向務實的思潮追溯得更遠。他認為近三百年「厭倦主觀的冥想而傾向於客觀的考察」的時代學術思潮，是對過去六百年道學傳統的反動。蔣方震更把「由主觀之演繹進而為客觀之歸納」，概括為堪與歐洲文藝復興相媲美的「清學之精神」（《清代學術概論》序）。無論走向實證的學術取向乃中國所固有還是西學之東漸，中國廣泛開始按一定方法進行的社會調查，的確是在社會學導入中國以後的氣象，並非中國傳統治學文化的土壤裡自然生長出來的。中國的學者那時才突然省悟，原來在樓閣裡談論的學問，也是需要通過對日常生活的觀察來檢驗的。

作為社會學主要研究對象的社會行動結構；實際上就是日常生活的基層結構，它的變遷是每日每時都在進行的，它是由無數的、似乎司空見慣、習以為常但又實際上變動不居的日常社會行動構成的。這種持續的不間斷的社會結構變遷是社會發展的常態，有時緩慢得讓人感到死氣沉沉，有時又加速得讓人感到變幻如雲、不知所措。社會學所研究的、所關注的、所要通過社會調查獲得的學問，實際上就是關於這種日常生活基層結構的變化規則的知識。這種知識除了來自對日常生活經驗的分析綜合之外，別無他途。

這種做學問的方法，並不只限於對「現實問題」的研究。在歷史研究的領域，這一方法也同樣有效。法國著名歷史學家 F・布羅代爾（1902～1985）在研究十五～十八世紀

物質文明、經濟和資本主義時，就特別注重從最基層的日常生活結構的變化入手，他不厭其煩地從各種瑣碎的關於衣食住行的資料中去發掘那些人們所不經意的東西，認為這樣才能真正揭示市場經濟和資本主義的形成。這樣撰寫歷史當然不如研究重要歷史人物和重大歷史事件的傳統歷史方法簡潔，甚至讓人覺得把轟轟烈烈的歷史寫得那麼平常乏味、那麼枯燥繁瑣，但這樣撰寫的歷史也許才是更為真實的、更接近歷史本來面目的。中國是史學大國，但對中國的歷史、史學家更多關注的是正史（二十四史）」和編年史（《資治通鑑》等），而不是各種歷史檔案本身。對中國「二十四史」，史學家歷來關注的也是本紀、帝紀、列傳、世家以及王朝更迭等重大事件。近現代治史的學者，才把目光更多地轉向考古發掘的和歷史遺留的實物，注重引證和依據第一手資料，也更注意研究史書中反映日常生活的食貨志、刑法志、地理志、禮儀志、樂志、藝文志、職官志、輿服志、選舉志等等。

二十世紀初社會學在中國的導入和產生所推動的學術走向生活、走向實踐的取向，以及外辱內憂之下學者所形成的富國強國的強烈使命感，形成了中國社會學的介入生活、干預生活的傳統，推動一大批學者走出書齋步入生活基層。但是，學術走向生活、走向具體和走向個別的慣性和偏好，也容易形成兩個學術上的弊端：一是對理論的輕視以及由此造成的理論上的匱乏；二是在研究中國或研究中國的某個地區、某個村落時，過分地強調其文化價值的「特殊性」，而與現代性的普遍性斷裂。

改革開放後中國恢復社會學以來，中國的社會學研究在中斷約30年後又迅速地發展起來。一個國家的經濟快速起飛

和社會加速轉型的現實，對社會學的研究形成強烈的刺激。近十幾年來，中國的社會學家們進行了大量的社會調查，參與了很多社會現實問題的研究，積累了豐富的資料，但在理論上有分量的建樹，仍告闕如。

中國社會學要在理論上有突破性的進展，必須以人類關於社會變遷和社會發展的共同的知識財富為基礎，積極參與國際社會學界共同的知識積累過程，系統而全面地了解國外社會學發展的各種趨勢，把握住國際上社會學研究的理論前沿問題。要善於理解和辨析各種不同的理論學派觀察社會現實的視角和方法。無論這種理論學派是實證的抑或解釋的，是結構決定論抑或理性選擇論。因此，及時地翻譯和介紹國外社會學的著作，特別是最新研究成果，就成為中國社會學走向理論上的成熟和參與國際學術界的一項基礎性工作。目前，信息技術和知識經濟的發展正在以出人意料的速度迅速地改變著世界的面貌，很可能會使社會的產業結構、職業結構、組織結構、生活方式和工作方式都發生革命性的變化，並對社會學的理論思考和研究方法產生重大的影響。中國社會學也應密切跟蹤和了解這種新的變化趨勢。

學習國外社會學的理論和方法，當然要與研究中國現代化過程中的那些緊迫問題結合起來。社會學作為一門介入生活、改良社會的應用學科，從它衍生的時候起，它的發展就是始終與對進步和秩序問題的關注密切相聯的。然而，每個國家的社會學，並不能因研究對象的特殊性而具有學術上的特殊性，更不能因研究對象的特殊性而在學術上實行排他主義。社會學可以有許多不同的學派、不同的命題和不同的思潮，其研究對象可以具有時間和空間的巨大跨度以及文化上

的巨大差異，但屬於這個學科的基本假設、基本邏輯和基本規則是相同的，使用的學術語言和學術概念是共同的。

中國社會學目前在理論上的蒼白，固然與社會學在中國內地近三十年的研究中斷不無關係，但獨坐寒窗者日少，講求速成的研究日多；理論的反思少，觀點的炒作多；長遠的知識積累少，趕時髦的時興之作多；欣賞別人成果者少，自以為是者多……成就和功利目標發生如此轉向，也是重要的原因。

大學裡的莘莘學子，通過老師和學兄之口，一代又一代地傳詠著王國維對苦澀的治學道路所給予的詩意般概括：「古今成大事業大學問者，不可不經歷三種之境界：『昨夜西風凋碧樹，獨上高樓，望盡天涯路。』此第一境界也：『衣帶漸寬終不悔，為伊消得人憔悴。』此第二境界也：『眾裡尋他千百度，回頭驀見，那人正在燈火闌珊處！』此第三境界也。未有不關第一、第二境界而能遽躋第三境界者。」可見做大學問，要具有「回頭驀見」的功夫，就非要有「獨上高樓」的勇氣和「終不悔」的決心才行。

但願這套包括研究中國現實問題和國外譯著兩個系列的社會學文庫，能夠成為中國社會學走向更加成熟的見證，記錄中國社會學新一代學人努力建樹理論命題和豐富學術積累的真實足跡。

　　　　　　　　李培林，一九九八年初夏於北京月壇

目次

前言

　　宗教是人類歷史上一種悠久而普遍的現象，因此從古至今始終是個熱門的話題，是許多人關注和研究的對象。當今，地球村裡有四分之三的居民是教徒，中國十二億人口中有一億多人信仰各種宗教，世界上傳統宗教處在不同程度的振興中，新興宗教又在不斷湧現，這些現象促使人們不得不對宗教問題加以認真對待與思考。

　　中國是個多民族多宗教的國家，由於信教人口占全國總人口的比重不算大，歷史上沒有出現過國家宗教，也不像西方國家宗教在社會生活中有舉足輕重的地位；中華人民共和國成立後在中國主導的意識形象是馬克思主義，在相當長的一段時間裡對宗教持批判與否定的態度，因此在人們眼中難免有陌生感或不全面的理解。特別是在「左」傾路線的干擾下，「文革」十年登峰造極，一切以階級鬥爭為綱，片面地將宗教意識形態化、政治化，信教不僅是「落後」、「愚昧」、「迷信」的標記，而且成了具有「反動」性質的政治問題，視其為「牛鬼蛇神」、「封資修」，欲加掃之。其結果顯而易見，不僅踐踏了馬克思主義關於宗教的科學理論，否定了黨和國家對宗教問題的正確方針政策，取消了宗教工作，傷害了信教群眾的感情，破壞了民族團結，宗教不僅未被「消滅」，反而出現反彈效應。應該說，教訓是深刻的。經過撥亂反正，隨著中國實行改革開放，在鄧小平理論指導下，黨的宗教政策得到很好貫徹，宗教狀況有了根本改觀，宗教工作已步入正軌，中國宗教走向與社會主義社會相適應的道

路。在這進程中，社會與宗教的新變化，實踐的豐富內容，推動了中國宗教研究的發展，出現了盛況空前的新局面。人們愈益認識到，對宗教這種人類較為複雜而特殊的社會現象和複合體系，應該全方位、多視角、多層面地去認識，減少盲目性與片面性。社會的需要，新學科建設的期盼，就是我們嘗試寫這本書的動力。

宗教社會學（Sociology of Religion）是本世紀初逐步形成、發展起來的宗教學與社會學相結合的新興交叉學科，既是宗教學，也是社會學中的一個重要分支學科。它把宗教作為一種社會現象，以社會學的方法去進行分析、研究。其歷史雖只有百年，但其思想淵源可以追溯到古希臘哲學家。在西方，宗教社會學作為一門學科是由法國社會學家埃米爾·杜爾凱姆與德國社會學家馬克斯·韋伯奠基的。但不容否認，馬克思主義經典作家不僅是科學社會主義的創始人，對宗教社會學的產生也起了直接或間接的影響。馬克思主義宗教觀的基石是歷史唯物主義，它科學地闡明了宗教是社會的產物，是具有社會性的人的產物，進而說明了宗教產生、發展、消亡的社會根源與宗教的社會作用。

宗教社會學是立足於宗教與社會的關係來研究宗教的。離開了人類、社會，便無宗教可言；反過來說，有了社會和具有社會性的人，宗教的產生、發展、消亡才有其合理性、普遍性與必然性的內在依據。宗教社會學產自於歐洲，生長於美國，二次大戰後的近幾十年有了較大的發展，並演化出多種流派，現已成為世界性的學科。

呈現在讀者面前的這本《宗教社會學》，是得到國家社科基金資助的一個集體科研項目。內容大致分為兩個部分：一

是根據我們對國外研究的了解，及中國社會與中國宗教的特性對宗教信仰者及其宗教行為、宗教組織及其制度、宗教的社會功能、宗教與現代社會的發展變遷之間的關係，結合西方宗教社會學的相關理論作些論述與介紹。二是對中國傳統社會中的宗教與改革開放以來中國宗教的狀況和變化進行一些理論上的探討，並在其基礎上提出某些思考與展望。我們研究的範圍並不全面，由於資料缺乏及能力所限，我們未將宗教與其他社會生活領域的各種關係列入本書範圍。例如，宗教與政治、宗教與經濟、宗教與文化、宗教與科學等關係問題，都是宗教社會學應該研究的，但各個不同歷史時期的社會條件下，不同的宗教、不同的民族、國家與地區，關係與情況相當複雜，全面把握它難度很大，每個問題都需要有專門研究與論述，故本書中未寫入。

宗教社會學與宗教的社會學（Religious Sociology）有所區別，後者雖運用社會學方法，但站在神學和教會的立場上以傳播宗教信仰為目的。本書係前者，力求以馬克思主義的歷史唯物主義為指導，吸收社會學的研究方法，用求真求實的科學態度對歷史上及當代中國社會與宗教的關係提出若干問題加以理論上的說明。這是一種初步的嘗試，也是一家之言，不足與錯誤之處在所難免，懇請讀者批評指正。

這個研究項目啟動於八〇年代末，課題組曾先後分赴天津、河南、浙江、福建等省市進行過三次社會調查，通過發放問卷，與宗教界人士、一般信徒和宗教工作者分別舉行座談會，取得了一些有科學價值的第一手資料和統計數據，為本書的寫作打下良好的基礎。初稿成於九〇年代中期，後經過一些修補。由於學術書籍出版難，書稿被擱置了數年之

久，現得到中國社科院科研局資助與社科文獻出版社大力的支持始得以問世。雖然有些資料稍嫌陳舊，但反映了轉型時期中國宗教的歷史進程，仍不失其參考價值。

在本書付梓之際，我們謹向提供過幫助的中央與地方有關部門，以及宗教界朋友們，向支持我們工作的中國社科院世界宗教研究所的同仁們，向早期參與課題工作的鄭天星同志、蔣嘉森同志表示深切的感謝。我們還要向為此書的出版做出不懈努力的社科文獻出版社黃燕生女士致謝。

戴康生　彭　耀，一九九八年十一月十八日

第一章　導論

第一節　宗教社會學的性質、範圍、特徵及方法

　　馬克思在《黑格爾法哲學批判》導言中說，國家、社會產生了宗教，宗教是「這個世界的總的理論，是它的包羅萬象的綱領，它的通俗邏輯，它的唯靈論的榮譽問題，它的熱情，它的道德上的核准，它的莊嚴補充，它借以安慰和辯護的普遍根據。」【1】這段話深刻地揭示了宗教與社會之間的緊密關係。

　　社會是宗教產生的基礎。離開了社會，離開了人類，便無宗教可言。關於宗教的起源，學術界有各種看法。【2】然而無論是繆勒的自然神話論，孔德的實物崇拜說，秦勒的萬物有靈論，還是斯賓塞的祖靈論，馬雷特的前萬物有靈論或杜爾凱姆的圖騰論，都有一個共同的出發點，即都是從原始人類以及原始社會的生活、生產狀況入手進行研究的。隨著社會的變化，宗教也經歷了從原始宗教到部落宗教、民族宗教、世界宗教的發展道路。在人類社會漫長的發展史上，宗教曾經主宰過世界的意識形態，它曾是人們價值判斷的尺度，曾滲透到社會的一切機構制度中。大到國家，小到家庭。作為一種意識形態和上層建築，宗教與社會的其他意識形態和上層建築諸如政治、經濟、藝術、法律等互相影響，而且它對於信奉者個人的世界觀、人生觀的形成起著決定性的作用。在科學昌明的現代社會，宗教仍在不斷地改換著自身的形式及內容，以適應社會的發

展。宗教組織也是一種重要的社會組織，是一種重要的社會機構。宗教的各種宗派和團體，已成為社會結構的一個組成部分。宗教史上的各種思潮和運動，既是從社會中產生的，又對社會產生著重要的影響。作為一種社會現象，宗教在人類歷史上經久不衰，而且仍將占有一席之地，這不僅因為宗教仍具有滿足人類某些需要的功能，也因為社會仍有適合宗教生存的氣候和土壤。

宗教與社會有著千絲萬縷不可分割的聯繫。這種聯繫的獨特、複雜、豐富的內容，吸引了無數學者。作為一門新的社會科學和人文學科，宗教社會學的產生可以說是必然的。

也許我們應該看到，要給一門新的學科下一個明確的、得到大家共同認可的定義，並不是一件輕而易舉的事。無論我們如何去界定它，都有可能遺漏一些東西，或者包羅了一些可以將之劃在此門學科之外的東西。但是這樣說並不是否認定義的重要性。事實證明，唯有當定義明確時，實質性的研究才有可能開始。因此儘管下定義是件困難的事，我們也應該力求科學地、明確地為任何一個新學科作出比較嚴格的界說，使之體現出這門學科的本質與特徵。宗教社會學的情況正是如此。

翻閱迄今國內可以見到的關於宗教社會學的專著、論文以及有關詞條，我們可以發現，對於「什麼是宗教社會學」眾說紛紜。我們不僅看不到一條相同的定義，而且看不到一個相同的範圍邊界，真可謂有多少個研究者就有多少條定義。但是當我們認真剖析各家之說時，我們在這種百花齊放的多元景象中，又可發現許多共同的色彩，它們足以使我們對宗教社會學勾畫一個大致的框架，提出我們對這門新興學科的一些命題。

一、宗教社會學是宗教學與社會學交叉的邊緣學科

宗教是人類歷史上最古老、最普遍的文化現象，它隨著人類社會生存、演變、發展至今。人類對於宗教的研究也具有悠久的歷史，其起源甚至可以追溯到古希臘羅馬時期。古希臘哲學家色諾芬尼說，埃塞俄比亞人的神是扁鼻子、黑皮膚，色雷斯人的神是紅頭髮灰眼睛。在此，他已經涉足了宗教社會學研究的領域，開創了對宗教作樸素的比較、分析的傳統。而直到一百多年以前，英籍德國學者邁克斯‧繆勒（Friedrich Max Müller 1823～1900）在宗教研究的發展史上，才第一次提出了科學的「宗教學」的概念。從此，宗教研究徹底擺脫了宗教神學的傳統，摒棄了護教的色彩。宗教學成了真正獨立的人文科學。隨著現代社會的發展和學術的不斷分化，曾經聚集在「宗教學」這一學科總目之下的所有材料，被人們從各個角度加以研究。於是在宗教學領域內，一些新的人文學科如宗教史學、宗教人類學、宗教心理學、宗教現象學、宗教哲學相繼問世。把宗教作為一種社會現象而從社會學的角度對之加以分析、比較的宗教社會學，也成了宗教學的一個重要分支學科。

同樣，宗教社會學也是社會學的重要分支。眾所周知，社會學的名稱是法國社會學家奧古斯特‧孔德（A. Comte, 1798～1857）提出來的，但他並未詳細地闡明社會學的論題。英國社會學家赫伯特‧斯賓塞（H. Spencer, 1820～1903）則明確地界定過社會學研究的領域：家庭、政治、宗教、社會控制、工業等等。著名的法國學者埃米爾‧杜爾凱姆（E. Durkheim, 1857～1917）曾說，「社會事實有多少種，社會科學有多少項目，社會學就有多少分支。」[3]而在他列舉的社會事實中，宗教是第一位。德國學者馬克斯‧韋伯（Max Weber, 1864～1920）認為，社會學是力圖理解和解釋社會行

為的一門科學，目的是對社會行為過程和後果作出說明其原因的解釋。從韋伯的大量著作中，我們不難發現，宗教正是他用來進行這種解釋的鑰匙。在當代美國最流行的二十多種社會學教科書中，只有宗教「全票通過」，被選為社會學研究的無可非議的對象，也就是說，所有的教科書都公認社會學必須研究宗教。由於宗教在各種社會現象中的突出的普遍性，宗教社會學不但成了社會學的一個分支學科，而且是一個極其重要的分支學科。

二、宗教社會學的研究範圍

　　作為宗教學和社會學的交叉學科，宗教社會學的研究範圍注定要超越這兩門學科的邊界。也就是說，它既要包括宗教學的材料，又要包括社會學的材料，還要包括宗教本身的材料。美國宗教社會學家羅伯特・貝拉（Robert Bellah, 1927～　）曾把宗教社會學家形形色色的研究總結為三個主要的方面：第一是把宗教理解為人之社會行為的核心的理論研究；第二是對宗教與社會生活的其他領域，諸如經濟、政治、社會階級等等之間的關係的研究；第三是對宗教之社會功能、組織狀況以及宗教史上各種運動及思潮的研究。可以說，貝拉的總結基本上概括了宗教社會學的研究範圍。

　　本書所作的研究，是在中國宗教社會學領域內一次大膽的理論性研究的嘗試。我們正是在前人研究的基礎之上來建立我們的嘗試的。根據我們對國外研究的了解，也根據中國社會及中國宗教的獨特性，我們的研究範圍將包括宗教信仰者及其宗教行為、宗教組織及其制度、宗教的社會功能、宗教與現代社會發展變遷之間的關係，當今宗教的發展趨勢以及中國宗教的特色，尤其是改革開放以來宗教的變化和狀況。同時我們也力圖在自己研究的基礎上，對中

國宗教的未來作一些思考和預測。

　　應該說明的是，我們的研究範圍並不全面，由於材料缺乏和其他諸種原因，我們未將宗教與社會生活其他領域的關係列入我們的研究範圍。好在我們的研究只是第一步，只起一個拋磚引玉的作用。我們希望更多更精緻更全面的研究更快地問世，以填補中國在宗教社會學領域中的空白，對此我們翹首以待。

三、宗教社會學的特點

　　宗教社會學是宗教學與社會學的重要組成部分，因而它必然具有宗教學與社會學的主要特徵。

　　一般而言，宗教學可以分為描述性研究和規範性研究兩大類。前者側重對宗教之歷史、結構、作用等所謂客觀現象的敘述；後者側重對宗教命題之真偽性、宗教價值的可接受性等作出判斷。這種劃分當然不是絕對的。

　　宗教社會對宗教的研究，是建立在把宗教作為一種源遠流長的普遍社會現象之基礎上的，它的這個基礎和它的研究範圍決定了它的非價值判斷意圖，決定了它的研究屬於描述性範圍。這是宗教社會學的第一個特點。在此我們必須說明，在西方，許多宗教研究者都認為宗教社會學必須嚴格地把宗教關於世界、人生的命題最終是真實還是虛幻的任何問題，全部都括在括號之內，存而不論，而把判斷的權利留給神學或宗教哲學。對於以馬克思列寧主義為指導思想的研究者來說，宗教命題之真偽虛實是第一位的問題。而且我們還應該看到，沒有一個研究者能夠總是以超然的態度來對待自己的研究對象，絕對的中立和客觀是不存在的。這是因為研究者也是生活在社會中的人，其個人的人生觀、世界觀受社會存在的決定，而

它們又決定了他對宗教的看法。然而，馬克思主義的靈魂在於具體問題具體分析，也就是說，應對客觀存在的事物與現象進行實事求是的研究。這就要求我們客觀地、科學地、不帶任何偏見地去研究宗教，而這也正是宗教社會學的要求。

宗教社會學的第二個特點是它的經驗性，這也是社會學的基本特徵之一。宗教社會學只研究可以觀察到的現象，對這些現象進行分析，作出結論，並用有關的經驗材料來檢驗所得出的結論。

第三個特點，宗教社會學是根據科學方法來指導的。它以經驗所知的理論為基礎，對可證實的材料進行系統研究，力求實事求是，反對臆斷和直覺。它涉及到的過程應能被他人證實和重複，也就是說，可以在基本相同的條件下，重新再現那種過程。

然而，正是宗教社會學的後兩個特點，使其研究面臨難題。一般來說，宗教的本質特徵，在於對超自然或神靈的信仰。因而宗教總是與超經驗超自然有關，總是與信仰者的內心體驗有關。那麼以經驗性、科學性為出發點的宗教社會學，如何去研究這種看不見、摸不著，既不可證實亦不可證偽的東西呢？

美國社會學家 J·彌爾頓·英格用一個形象的比喻來說明了這種情況：「從外邊如何看得見教堂彩色玻璃窗的一切呢？」【4】的確，只有當一個人在裡邊時，他才可能看得見教堂彩色玻璃的美麗圖案。然而即使從裡邊看，也只了解到窗子的一部分。要了解窗子及整個建築物的關係，還須從外邊看。事實上，許多問題是與從何種處看都無關的，例如，是誰設計的窗子？誰是安裝維修工？它與別的窗子有何不同？等等。諸如此類的問題我們還可提出許多，但我們可以說，所有這些問題都是可以憑經驗去了解的。儘管憑經驗性去研究宗教具有局限，而且也不是唯一的方法，但不可否認它是

認識了解宗教的一個重要方面。宗教社會學的作用也正在於為研究宗教開拓一個新的視野，增加一個新的角度，提供一個新的層面。

宗教社會學（Sociology of Religion）作為一個獨立的人文學科不同於「宗教的社會學」（religious sociology）。後者是第二次世界大戰之後流行於法國、比利時的一種宗教研究動向，它以社會學方法為手段，以傳播宗教信仰為目的。這種研究的內容僅限於教徒的生活，教會的傳教成果等等，它得到教會的歡迎和推動。這種研究是與關注作為社會現象和文化現象的宗教社會學是有本質區別的。

四、宗教社會學的研究方法

縱觀宗教社會學的研究史，我們可以看到存在著兩方面的研究：宏觀的理論研究與微觀的應用研究。在宏觀的理論研究中，進化論、功能主義、衝突論等方法曾占重要地位，對這些理論方法的具體論述，我們將在下一節進行。在此我們先介紹一些宗教社會學研究中的具體方法。

跨文化比較分析法。這是宗教社會學中常用的也是一種非常有效的方法。它的主要特點是通過對幾種不同文化中的宗教的比較，形成一些概念，再通過這些概念，識別植根於某一特定文化中的宗教的特徵，並且分析這些特徵是否為其他文化條件下的宗教所具有。韋伯曾用跨文化比較分析法，比較了東西方宗教與其所屬社會經濟發展的關係。美國學者塔爾蒙使用這種方法發現了宗教運動之間的普遍模式——都預言過世界末日即將來臨，一個新的時代即將誕生。當代宗教學家埃利阿德曾對這種方法做過如下的評價：由於缺乏歷史的和比較的深度，社會學家對於宗教的研究極少作出有益於宗教社會學研究的貢獻。而極少數的宗教社會學家，如貝拉、貝

格爾、大衛・Ａ・馬丁等則由於大量地運用了歷史材料進行比較，因而他們在這個領域大有建樹。由此跨文化比較法的效用可見一斑。使用這種方法的難點在於宗教性的概念在各種文化中是大不相同的。因此，如果忽略了這一點，就容易去用一些不在一個層次上乃至無法比較的材料進行比較，這是在使用此方法時須注意的問題。

　　歷史分析法。這是一種通過對歷史材料的分析，在宗教與社會之間尋找相互作用的規律或模式的方法。如果說歷史學家的主要任務是詳細描述引起特殊事件發生的歷史背景和社會環境的話，宗教社會學家的關注則是特定的歷史局勢是否常常伴隨或尾隨著某種其他的「典型」情形或環境，也就是說，宗教社會學家的興趣在於社會事件與宗教事件之間相關的模式或規律。使用這種方法，旨在提出一種可以解釋宗教與社會在最普遍狀況之下關係的概念或理論。韋伯曾用此方法闡述了新教神學對資本主義興起的貢獻，帕森斯和貝拉曾用它來解釋宗教的進化；貝格爾曾用它來說明現代社會中宗教的衰落。這種方法的缺陷在於它常常帶有主觀性，使用者容易將個人的模式強加於歷史材料，因而歪曲了歷史。雖然使用過歷史分析法的宗教社會學家們都認為自己在揭示與宗教有關的歷史模式的問題上是公正的，但實際上要不偏不倚地使用歷史分析法並非易事。

　　調查研究和統計分析法。調查研究和統計分析是社會學中最流行的方法之一。它是一種收集有關價值取向與行為取向資料的重要技術。具體做法包括有代表性的選擇、設計問卷、填寫調查表、調查訪問、統計並分析等等，這種方法對於研究對象的定量定性十分有用。近年來，這種方法已在宗教社會學研究中廣泛採用，旨在準

確地獲取資料，明確宗教的特徵與社會傾向以及兩者之間的關係，如有關宗教派別的活動情況、參加崇拜的人數和頻率、信仰的程度、信仰與其他社會因素的關係等等。這種方法在實踐中獲得了良好效益，但仍有其局限性，比如抽樣範圍、問卷內容的局限，被調查者的反饋與設問者要求的局限、所獲資料的靜態性和歷史性的局限等等。其中最主要的局限在於它不能有效地揭示引起某種宗教特徵與某種社會傾向相互作用的內在原因。

　　這種方法的使用在北美、歐洲和英國有一些區別。在北美、尤其在美國，由於有廣闊的社會作為研究背景，宗教社會學家依賴大規模的技術，利用大量的定性材料，進行宏觀研究。例如倫斯基對宗教因素的分析最引人注目，也最有影響。在英國，統計學方法在宗教社會學中所占的比例要小得多。英國的宗教社會學常用的是類似於人類學的方法，調查統計分析的對象常常是微觀的，即對教派、宗教團體的分析。歐洲大陸如法國和羅馬天主教廷，大規模地利用了人口統計材料。例如法國學者布拉德對農村宗教的研究。他的法國農村宗教活動狀況分布圖，就是利用人口統計材料的結果，這也是他對法國宗教社會學的最大貢獻。

　　控制實驗法。這是社會科學中最常用的方法之一。其特點是以社會為實驗室進行比較觀察，探究在一種變量保持不變的情況下，改變另一種變量會導致什麼結果。在宗教社會學領域，由於宗教固有的特徵，這種方法只限於在小範圍內使用，例如對同意接受實驗的巫師、先知的超常能力的實驗，對宗教學校教學效果的實驗等等。

　　參與性觀察法。它是研究者公開或隱蔽地加入某個宗教群體，直接從內部去觀察此宗教群體的一種方法。這種方法常常用來研究

新宗教運動和秘密宗教或教派的活動。由於研究者的親身參與，可以獲得比較準確、豐富、細微的第一手材料。當然這一方法也有其不足，研究者易受到研究範圍的限制，也易染上所參與群體的偏見。

內容分析法。內容分析法也是宗教社會學中多用的一種方法。其要點是研究者試圖通過對各種書面材料的分析，找出潛在的宗教主題或未被闡明的假設。例如通過對美國獨立宣言以及美國歷屆總統就職演說的分析，來研究美國社會的「公民宗教」問題。通過對大眾化的宗教書籍及其銷路的分析，來了解各方面的觀點及其對社會的影響等等。這種方法也有其難點，它必須假定所分析的書面材料都準確地表達了人們的觀點看法。

綜上所述，我們可以看到，在宗教社會學研究中出現的這種種方法，沒有一種是十全十美的。然而，每種方法的弱點又都可以從其他方法得到彌補和克服。因而在研究中常常是各種方法並用或以某種方法為主，其餘方法為輔。宗教社會學百餘年的研究成果，正是這種種方法之綜合應用的成果。

當然我們必須說明，我們研究的指導方法，毫無疑問是馬克思主義的歷史唯物主義。我們力求在研究中正確地運用歷史唯物主義，在探討宗教與社會、與個人的關係時，力求注意社會存在的決定性作用，也力求闡明宗教意識的反作用，力求客觀地、實事求是地反映宗教的變化與社會變化的關係，為準確地認識當代中國社會特定條件下的宗教狀況服務。就本書而言，我們將採用比較分析和歷史分析法，將大量不同文化的歷史材料和現狀材料按問題研究。來說明宗教與個人的關係，宗教組織制度的作用、特點，宗教在過去與現在的各種社會功能，以及宗教的發生發展與社會變化的聯

繫;同時,我們也將採用某些調查研究得來的材料,經過分析找出中國宗教的特徵,並在這些研究的基礎之上對宗教的未來做一點估計。

第二節　對宗教社會學的回顧

一、思想淵源

　　宗教社會學是一門既古老又年輕的學科。雖然它作為現代意義上的社會科學至今只有一百年左右的歷史,然而,宗教與社會的關係從人類有宗教始初就存在,因此,從社會角度來看待宗教的歷史應比這古老得多。當古希臘哲學家色諾芬尼形象地說明埃塞俄比亞人和色雷斯人關於神的區別之時,他實際上已經涉足到了宗教社會學的領域。當然,那時候以及後來的近兩千年中,要把宗教作為一種社會現象來研究,剝去它那神聖的光環是不可能的。事實上,宗教社會學是其自身所關注的對象,即宗教思想與宗教組織逐漸世俗化的產物。在十九世紀下半葉,實證的社會科學的發展,為它的產生提供了必要的條件。杜爾凱姆第一次明確地把宗教描述為一種「社會性特別突出的東西」,為這門學科登上學術界的舞台拉開了序幕。人類歷史的開端也是人類思想進程的開端,人類思想的發展既有連續性,也有階段性。追根溯源,我們可以通過人類思想發展史來考查宗教社會學形成的四個思想淵源。

　　第一是傳統的社會思想的遺產。我們把中世紀以前的思想稱為傳統思想。這種劃分的理由在於,這一漫長的歷史時期的思想雖然包括了各種相互衝突的成分,如柏拉圖理念論、亞里士多德的目的

論、斯多葛派的自然法則、奧古斯丁的社會現實以及中世紀經院學派的各種社會理論，但它們有一個重要的共同特徵：對社會的分析是與倫理的分析綜合在一起的；社會和自然一樣，被認為具有一種目標或目的，既定的社會價值觀和社會組織機構具有神聖的起源。傳統的思想留給宗教社會學一些基本的概念，如社會、宗教、責任、秩序等等。當然，這些概念與今天宗教社會學所用的專門術語有著某些區別，例如「社會」一詞，在柏拉圖那裡，社會與國家等同，在亞里士多德那裡，國家與社會相異。而宗教社會學中所謂的社會，是指人類生活的共同體，它以人類共同的物質生產活動為基礎，人們在其中相互聯繫結成各種關係。社會既是物質的，又是精神的；既有經濟基礎，又有上層建築。這些基本概念是宗教社會學學科大廈建立的不可缺少的磚瓦。

第二是懷疑主義與思辨理性時期的影響。十七、十八世紀，西方世界的歷史進程發生了急劇的變化。那個時代是掙脫神學控制的時代，是理性的時代。在那個時代，對超自然力量的依賴，對外在權威的屈從，對人類之罪和世界之惡的陰暗意識，對實在所作的僵化解釋以及關於時間從屬於來世，事實附屬於信條，事情只在死後的彼岸世界才能改善——中世紀所特有的這一切，都被普遍地克服了。人們滿懷對於自己的新的信心，帶著對人類力量和成就的新認識，帶著對現存價值觀的新評價，去面對人生。那個時代的理性，是一種批判的理性，傳統思想在它的面前遭到懷疑，重新被審視。在向傳統的社會思想挑戰的行列裡，文藝復興和啟蒙運動的思想家首當其衝，他們的批判主要有以下幾方面：傳統的社會思想認為法律、道德、各種制度有其神聖的起源，而十七、十八世紀的思想家們則強調社會的人為特徵。傳統思想認為自然法則代表理性、正義

和神意，是普遍適用、永遠不變的真正法律，新時代的思想家們則認為自然法則不是神聖秩序的反映，而是人類理智的產物，社會也只能是人的產物。傳統思想認為正當的理性的任務，是使社會符合其神聖的模式，即它現有的狀況，十七、十八世紀的思想家卻把對理性和理性法則的解釋用於反封建、反宗教的目的，提出了理性是評價一切，包括宗教、道德、法律的尺度。傳統的社會思想所倡導的以公共福利為最終目的思想被遺棄，取而代之的是功利主義以及社會與經濟體系沒有宗教和道德的支持也可以自然運轉的思想。

在批判傳統的社會思想的同時，迸發出了形形色色的新的社會思想，如牛頓的機械哲學、笛卡爾以人為中心的認識論、培根的經驗主義，以及各種旨在把社會置於更實在的基礎之上，盡量減少其宗教色彩或道德色彩的思辨體系。同時，民族國家的興起，商業及中產階級的出現，也對社會理論的更新產生了重要影響。

懷疑主義與思辨理性的重要結果，是對社會體系的發現。於是關於「體系」的諸種社會理論如機械論、有機論、控制論、符號論等相繼問世。它們都被用於對宗教進行的社會分析之中。這一時期的學術界對宗教社會學比較有價值的貢獻，是對宗教在社會控制中的作用的分析。許多思想家研究宗教與法律或宗教與社會價值觀的關係。對於這一時期的思想家來說，宗教的衰落就是社會進步的必然結果。他們中大多數人認為，宗教不可避免地要屈服於理性的力量，宗教發生的變化，是社會制度、科學技術進步的象徵。可以說，這種對於世俗化概念的初步闡明，是諸多貢獻中最主要的貢獻。

第三是浪漫主義和保守主義的反動作用。十八世紀末期，在歐洲出現了引人注目的整整一代藝術家與思想家。他們個人雖然在很

多方面彼此大異其趣，但他們有一種在精神上的密切聯繫，使他們有別於啟蒙運動的精神。這一代人被稱為浪漫主義者，他們所造成的革命被稱為浪漫主義運動。如果把浪漫主義視為對理性時代的否定，那就大錯特錯了。雅克·巴爾松在《柏遼茲與浪漫世紀》一書中評論道：浪漫主義不是僅僅反對或推翻啟蒙時代的新古典主義的「理性」，而是力求擴大它的視野，並返回一種更為寬廣的傳統——既是民族的、大眾的、中古的和原始的傳統，也是現代的、文明的和理性的傳統，來彌補它的缺陷。就其整體而言，浪漫主義既珍視體驗，也珍視傳統；既珍視情感，也珍視理性；既珍視希臘羅馬的遺產，也珍視中世紀的遺產；既珍視宗教，也珍視科學；既珍視形式的嚴謹，也珍視內容的要求；既珍視現實，也珍視理想；既珍視個人，也珍視集體；既珍視秩序，也珍視自由；既珍視人，也珍視自然。【5】

　　在宗教問題上，浪漫主義者反對把宗教完全歸為一種粗俗的迷信。他們共同的感受是，在自然界後邊，有某種精神或生命力在起作用。這種精神或生命力不是被理性主義者稱為鐘錶匠的上帝，冷冷冰冰地超越於自己的創造物之上，而是內在於一切事物之中的富有生氣的精神。他們渴望與這個無限精神交往，這種渴求賦予了他們一種獨特的宗教情感，即把自身看成一個更大精神實在的組成部分，他們成了具有「宗教性的人」。同時，浪漫主義者對歷史的新興趣，導致了對古代傳統的重新評價，對發生學和歷史學方法的信賴，開始了一個集中研究基督教起源與發展的時代。

　　與此同時，面對理性時代的挑戰，教會內部，尤其是以天主教為主的教會內部，也掀起了一場對理性時代的反動，我們可稱之為保守主義。保守主義者們痛恨「自由理性」獨占真理的一切說法，

他們認為依賴於個人的判斷，只能證明歷史感的膚淺，並且可能引起政治上與宗教上的分裂。他們懷念的是中世紀團結一致的基督教世界的榮光，景仰的是早期殉道者們的苦行式的純潔，希望的是在喪失了「令人顫慄的神秘」的教會裡，恢復起在神聖的神秘之前的謙卑順服之感。他們強調人是由社會形成的，社會是由上帝創造的。作為擁護君主制和貴族制的代言人，他們棄絕十八世紀思想家們認為自身利益獲得自由可以自動產生出良好社會秩序的思想。他們攻擊十八世紀思想家關於天賦人權的學說。保守主義的思想在後來的關於宗教在個人生活與社會機制形成中的作用的討論中產生了深刻的影響，啟發了強調宗教的統一性和穩定性功能的社會學家。保守主義者把宗教視為個人與國家間的核心中介，這個主題在從宗教社會學鼻祖杜爾凱姆到當代宗教社會學的新秀貝格爾的討論中一直沿用。

第四是現代社會學理論的直接貢獻。現代社會學理論的起源可以追溯到十八世紀的大衛・休謨、亞當・斯密等人那裡。但在今天，大多數社會學家都推崇聖西門和孔德為其創始人。

在這兩位法國思想家生活的年代，歐洲思想界已經意識到了宗教與政治的密切關係。儘管大多數思想家都認為傳統宗教對社會進步無益，但卻幾乎都保留了這樣一種看法：即宗教對於社會是有作用的，這種作用必須繼續保持下去。

聖西門認為，宗教是社會的一種最有意義的政治制度，一種新型的基督教是絕對必要的，它可以為新型的工業社會提供活力。孔德的社會理論可以說是「以其宗教觀為軸心的」。在《實證哲學教程》一書中，孔德繼續並發展了聖西門關於人類社會發展的思想。他把人類社會分為三個時期：神學或虛構的時期，形而上學或抽象

的時期，實證或科學的時期。神學時期又分為實物崇拜、多神教、一神教三個階段。在此，孔德實際上提出了一種進化論的宗教起源和發展的學說。孔德晚年修正了他自己認為宗教只在人類理智發展的最初階段上發揮作用的觀點。他認為宗教在社會中起著重要作用，社會需要一種「人類宗教」。他還為他的這種「人類宗教」制定了一整套包括節日、禮儀象徵及專職人員在內的程序。孔德還首次將社會學分為社會動力學——旨在研究社會演化、變遷，探索社會進步的原因——和社會靜力學——旨在探求社會秩序的奧秘——兩大部分。這兩位學者的社會思想成了宗教社會學之父杜爾凱姆和韋伯的理論基礎。

論述現代社會學思想對宗教社會學的直接貢獻，不能不提及英國著名哲學家和社會學家斯賓塞。斯賓塞社會學思想的特色，是他的社會進化論和社會有機論。社會進化論的思想對研究宗教的起源與發展有著巨大影響，進化論成了比較宗教研究中的首要方法。他的社會有機論為後來的結構功能主義的出現開闢了道路。在宗教起源的問題上，斯賓塞把社會中的一個重要因素——祖先，作為宗教理論的基礎概念，把祖先崇拜看成宗教的起源。他認為其他宗教形式都從祖先崇拜發展而來。

儘管聖西門、孔德和斯賓塞關於宗教的論述大都涉及到了宗教的社會方面，但他們關於宗教的思想是為建立其社會學體系服務的，還不是獨立的、真正的宗教社會學研究。

二、形成時期的理論

十六、十七世紀航海探險的成功，把一個先前幾乎被完全忽視了的「異教世界」展現在西方人的面前。隨著現代傳教運動的興

起，對於東方文明古國，諸如印度、中國的文化與宗教的興趣與研究也日益盛行起來。隨著拿破崙對埃及的遠征，古代埃及、古代巴比倫等近東的古代文明也相繼為西方人了解，這為比較宗教的研究提供了廣闊的天地。十九世紀，在西方掀起了研究宗教產生之根源的熱潮。宗教學作為一門獨立、系統的人文學科應運而生。在宗教研究領域，出現了一批學術泰斗如繆勒、泰勒、馬雷特、弗雷澤等等。在眾多學者之中，有神學家、哲學家、語言學家、人類學家、文學評論家，他們都為宗教學的研究作出過巨大的努力，取得了很大的成果。正是在這種基礎之上，宗教社會學作為宗教學的一個重要分支，成為一門新興的社會科學。

法國學者杜爾凱姆與德國學者韋伯，被公認為宗教社會學的創始人。有趣的是，這兩位在宗教社會學發展史上如雙峰並峙的大學者，生活在同一個時代兩個近鄰的國家，研究同一個主題，卻彼此不知曉。他們在研究目標、研究方法、取向角度等方面各有特色、風格迥異。因此，他們的巨大影響在宗教社會學後來的發展中造成了不同的兩大傾向。

杜爾凱姆的思想及貢獻。法國學者埃彌爾·杜爾凱姆出生於法國，父親是猶太教的拉比。杜爾凱姆生活的時代，正是法蘭西第三共和國時期。法國政治上的動蕩不安與社會秩序的不穩定狀態，對杜爾凱姆一生的研究有著至關重要的影響，致使他畢生關心著社會的團結與整合。作為現代社會學的奠基人之一，杜爾凱姆研究的範圍相當廣泛，著述相當豐富。宗教是他一直關心的重要課題，尤其是在學術生涯的晚期，他的研究重心可以說完全轉向了宗教方面。

我們可以把杜爾凱姆對宗教的研究分成兩個階段。杜爾凱姆在其第一部學術名著《社會分工論》中，就涉及了宗教問題。但是在

那本書中，宗教只被看作社會發展之最初階段上的典型，只是一種被他稱為「機械的團結」的東西。【6】根據他自己的說法，直到一八九五年，他才對宗教在社會生活中的核心作用了有一種明確的認識，並且才認識到如何從社會學的角度來研究宗教。

　　十九世紀是宗教研究興盛的時代，尤其是人類學家對原始宗教做了大量的研究，並提出了許多流行一時的宗教起源論。這些理論雖然各自不同，但有一個共同的特徵，即都是從個體的意識來解釋宗教之起源的。杜爾凱姆系統地批判了這些理應論，並於一八九九年出版了宗教社會學領域的第一部著作《宗教現象的界說》。他最早使用「宗教社會學」這個術語，第一次明確地把宗教視為「社會性特別突出的東西」。隨著這本書的出版，宗教社會學開始了自己的歷程。在這本書中，杜爾凱姆認為，由於宗教信仰和宗教活動涉及與社會道德力量的一致性，宗教學必須研究控制信仰者的各種社會力量，以及喚起宗教情感，確定其表現形式並反過來影響這些情感的存在條件。在對澳大利亞阿波基人和北美印第安人的研究中，杜爾凱姆的宗教理論趨於成熟。通過這些研究，他認為圖騰崇拜是宗教最原初的形式。但是如果我們認為研究宗教起源是杜爾凱姆的興趣所在，那就低估了他的研究價值。他的目的在於發現宗教意識、宗教思想以及宗教活動「之最根本的形式所依賴的不斷出現的原因。」他強調，宗教形成的因素是可見的，從而揭示了宗教最本質的因素：宗教雖然是虛幻的，但它卻是以實在為基礎並表現了實在。在這些研究的基礎上，杜爾凱姆為宗教社會學的研究規定了一個範圍：宗教社會學的任務就是解釋宗教表現的實在從何而來，以及什麼東西能使人們用宗教這種單一的形式來表達實在。一九一二年，他的名著《宗教生活的基本形式》問世，此書進一步發展了上

述思想，為宗教社會學的發展奠定了理論基礎。

杜爾凱姆在這部巨著中闡述的關於宗教的思想，大致可分為四個部分。

第一，關於什麼是宗教。杜爾凱姆認為，宗教是與神聖事物有關的信仰和實踐的統一體。所謂神聖事物，既可包括石頭、房屋、樹木，也可包括神和精靈，甚至包括聖徒說過的話。總之，「任何東西都有可能成為神聖的」。杜爾凱姆認為宗教把世上的東西分為神聖與世俗，這是他的宗教定義的特點。而神聖性如何產生，來自何方，卻是解釋宗教的關鍵。歷代的宗教神學家都把「神聖」與神靈、超自然、上帝相聯繫，只有對宗教猛烈開火的十八世紀法國百科全書派，才認為「神聖」不過是騙子加傻子的結果。但是杜爾凱姆認為，神聖的東西是被實體化、人格化了的團體力量，實際上就是社會本身。「宗教是社會的象徵」這一命題的提出，不僅與神學家的主張根本對立，而且也比杜爾凱姆那個時代的人類學家對宗教的認識進了一大步，由此開創了把宗教作為一種社會現象來研究的歷史。

第二，關於宗教產生於集體生活的論述。杜爾凱姆認為，宗教信仰、儀式活動、神聖物等，都是在集體中產生並被再創造的。他這樣描寫過原始部落的生活：一旦人們聚集在一起，「一種熱情就通過他們的集體形成了。」在這種興奮、狂熱的場合，「人們被一種外力控制著，帶動著，在他們的思想行動大大地不同於常規的時候，人自然而然地產生了一種不再屬於自己的感覺。……於是在這種興奮的社會環境中，宗教觀念從這種狂熱本身中產生了。」【7】

在杜爾凱姆生活的時代，這無疑是一個嶄新的觀點。在他之

前，宗教起源於人們各自的內在意識的觀點十分盛行。杜爾凱姆的宗教起源論說明，他已經意識到人是社會的產物，社會存在決定了個人的意識。當然我們應該看到，在此，杜爾凱姆理解的社會只是一種既定的社會，而不是人改變其自然環境、改變其自身的結果。

第三，杜氏論述了宗教是表現社會實在的一種特殊方式。在對澳大利亞氏族社會的研究中，杜爾凱姆發現，「氏族的維繫完全有賴於它的圖騰」。氏族的統一團結，靠的不是血統，而是一種「共同的名稱，共同的標誌，共同的儀式」，即「參加同一種圖騰崇拜」。在這裡，宗教成了對社會的理解，是解釋社會的鑰匙。它將人與社會的關係神話化和象徵化。於是，本來只是一種動物或植物的圖騰，本來只是一塊布或符號的旗幟，就成了「氏族整合的標誌」，成了氏族全體成員產生共識的中介。

第四，關於宗教功能的論述。可以說，杜爾凱姆對於宗教在集體意識形成過程中所起的作用的分析，是他對宗教社會學的重要貢獻。杜氏認為，宗教是社會的象徵，宗教的基礎是社會的需要，社會需要決定了一切宗教的行為和表象。而宗教則不僅使人感到社會實體的存在，更主要的是，它是將個人附屬於社會的紐帶，它不斷地創造並再創造著集體，因而也就維持了社會生活，使社會一體化。「一個社會完全有必要在人們心中喚起神聖的觀念……，要求人們忘卻自身的利益，作它的侍從，驅使人們在貧困、不便、犧牲中服從它。沒有這些，社會生活將不可能。」【8】杜氏對宗教功能的分析，成為宗教社會學中功能主義的先聲，其影響一直持續到現代。

杜爾凱姆過於強調社會建構與信仰、價值和象徵特點之間的聯繫，以及宗教對於社會的不可或缺性，必然導致他晚年斷言宗教注

定的命運是重建其自身而不是消亡。他認為西方基督教傳統的衰落，必然會要求一種替代物繼續發揮傳統宗教所起的作用。這種認識的出現，是符合其思想發展之邏輯的。

韋伯的思想及貢獻。馬克斯・韋伯出生於德國圖林根一個富有的家庭。個人的天資與勤奮，再加上優越的家庭環境，是韋伯取得重大學術成就的重要因素。而十九世紀哲學社會科學思潮的急劇變化則對韋伯的思想及世界觀的形成產生了重大的影響，使他最終成為一名新康德主義社會學家。在宗教社會研究中，如果說杜爾凱姆沿續了孔德「社會靜力學」的路線，關注的是宗教對於社會整合、統一的作用，那麼韋伯遵循的可以說是孔德所謂「社會動力學」的路線，他的興趣在於宗教對社會發展變化過程的作用。

韋伯宗教社會學理論的基調，是他在《新教倫理與資本主義精神》一書中提出的一個著名社會學假說：任何一項事業的表象之後，都有一種無形的、支撐這一事業的時代精神力量；這種表現為社會精神氣質的時代精神，與特定社會的文化背景有著某種內在的淵源關係；在一定條件下這種精神力量決定著這項事業的成敗。正是從這種基本格調出發，韋伯一反他那個時代宗教研究的時尚，不去研究宗教的本質，而把「特定類型的社會行動的條件和後果」作為研究任務，僅從宗教社會學的角度把特定的宗教當作一種客觀的社會現象，並從教徒的價值觀念出發來研究特定宗教的教會組織、教規、教義和倫理，考察它們與信仰者社會行為之間的關係。

韋伯宗教社會學的主題，主要體現在三個方面。首先是宗教觀念對世俗倫理和經濟行為的影響；其次是群體的形成對宗教觀念所產生的影響；第三是對東西方宗教的比較，探討社會發展的決定因素。這些主題儘管涉及面很廣，但我們可以從中找到使其相互關聯

的基本概念——「社會行為」。這個概念指的是以目的、態度為核心的行為趨向。韋伯認為，在諸多社會行為中，經濟行為最重要，而人們的經濟生活態度在很大程度上又是被宗教決定的。於是宗教成了韋伯研究社會行為的鑰匙。

《新教倫理與資本主義精神》是韋伯宗教社會學學術生涯的起點，也是他關於宗教決定社會行為的主要論證之一。在韋伯看來，現代資本主義的特點，不是憑投機、暴力來謀取利潤，而是靠和平的機會，靠雇傭自由勞動的理性經營，一言以蔽之，是靠理性來獲利的。但是，光有科學技術，光有資本是不能形成這種理性資本主義的，至關重要的是要有資本主義精神。這種精神以資本增殖為目的，以理性地追求正當的價值為手段。通過對天主教、新教的路德宗與加爾文宗的比較，韋伯認為，新教尤其是加爾文教的倫理教義，促成了這種資本主義精神的產生。使人靈魂得救是宗教的核心。加爾文教認為，得救不是依賴教會聖禮，而是靠勤奮工作和節儉禁欲的生活。「一切為了增加上帝的榮耀」，「聆聽上帝召喚而努力工作」。於是，只要手段合法，贏利就是道德的。財富不是罪惡，而是盡天職的報償尺度。韋伯認為，正是這種宗教倫理，促使人們面向經濟活動和有序的生活，促成了有規律、有理性的職業作風，最終導致現代理性企業精神與經營作風的產生，導致了資本主義精神的興起。

一九一五年至一九一七年，是韋伯宗教研究的高產時期。他先後發表了《中國宗教：儒教和道教》、《印度教和佛教》、《古代猶太教》這幾部著作，從比較宗教學的角度進一步論述了不同的宗教倫理必然導致不同的經濟行為。

東西方社會存在著巨大的差異。這種差異不光是文化方面的，

也是經濟方面的，也是經濟方面的，甚至在社會發展上也是不同步的。當西方社會資本主義興起時，東方卻仍然處於落後、閉塞的封建狀態中。東方社會的這種落後狀況，有其自身的複雜、眾多的歷史原因，歷史學家、社會學家們一直在致力於探求這些原因。韋伯認為社會先進或落後的標準在於社會的理性化，他提出了兩種尺度來衡量理性化的程度：宗教祛除巫魅的程度以及宗教與世俗倫理相結合的程度。按照韋伯的宗教類型說，西方宗教，尤指新教，大體上都屬於出世禁欲主義。這類宗教介入世界、參與世俗生活，對迷信巫術持否定態度，追求神看重的德行，克制人的邪惡本性。而東方宗教大抵都屬於韋伯所謂出世或入世神秘主義。東方宗教一般只屬於少數知識特權階層，平民大眾多信仰巫術迷信。東方宗教的「得救」，靠的是理性無法把握的神秘因素，而其追求的目標，如印度教的梵我一如，佛教的涅槃，道教的得道，都與此世生活無涉。儒教雖然有明顯的入世和理性主義成分，但它重血緣宗法，主要是靠人倫親情，而非以理性態度來維持現世的秩序。它實際上是傳統倫理、禮儀體系和實踐經驗的結合。儒教雖與印度教、佛教大不相同，但也可歸入一種入世神秘主義。通過對儒教與新教、印度教與新教、猶太教與古代東方宗教的對比，韋伯認為，東西方宗教的差異由來已久，而且各自的發展也不相同，這種差異導致了東西方社會發展的不同步，也是造成東方落後的原因。

綜觀韋伯的宗教社會學思想，我們可以看到，價值取向（宗教）導致社會行為這一基本觀點貫穿其學說的始終。他關於新教倫理促進資本主義興起的觀點，雖提出了一些新見解，但卻忽略了經濟因素在社會變革中的決定作用，忽略了宗教觀念本身也是一定經濟發展階段的產物，並隨經濟的發展而不斷變化，因而他的結論是片面

的、唯心的。他關於東西方宗教的對比雖然並非無懈可擊，但是正是這些思想，以及他開創的比較研究的新風，創造的許多重要概念，如先知、卡里斯瑪、類型等等，給宗教社會學的理論庫增加了一份寶貴的財富。他對宗教社會學的影響一直留存至今。

在論及宗教社會學形成時期的主要理論時，我們必須談到馬克思的貢獻。馬克思對宗教社會學的貢獻也許是間接的，但卻是不可忽視的。我們可從三個方面來說明。

馬克思的歷史唯物主義強調社會上層建築與經濟基礎的關係，強調經濟基礎最終決定上層建築和意識形態，同時他也看到了上層建築和意識形態對經濟基礎的反作用。這些基本理論與馬克思對宗教所作的分析均對韋伯有極大的影響。當然，韋伯並不贊同馬克思的說法，他強調的是作為意識形態的宗教對社會變遷的重要作用，並把社會進步與落後的決定因素歸於宗教。他把意識形態之反作用推向了極端，本末倒置。儘管如此，我們仍可以說，沒有馬克思的理論，韋伯在宗教社會學領域的重大成果是不可想像的。

眾所周知，馬克思的思想強調階級對立與階級鬥爭。他認為歷史以及現代社會的基本事實是階級衝突，而經濟衝突又是其中的主要問題。馬克思的思想對宗教社會學中衝突理論的形成有著極大的影響，西方學術界把他視為衝突理論的鼻祖。

同樣，馬克思對宗教之社會作用的分析也豐富了宗教功能理論的內容。他關於宗教是被壓迫生靈對現實苦難的「嘆息」和「抗議」，關於宗教是「人民的鴉片」的種種說法，被學術界歸入了宗教之「補償功能」一類，即認為宗教可以補償人們在現實生活中因苦難、不幸、失意等而產生的不滿、壓抑或空虛。這使得對宗教功能的探討更加完整。

三、發展以及特徵

杜爾凱姆和韋伯的思想，從不同的角度，按不同的方法，以不同的內容共同構成了當今宗教社會學的理論基礎。以韋伯為代表的研究，傾向於強調「不僅宗教是社會的產物，而且包含在宗教體系中的觀念自身也能對社會發揮影響，並可能在許多重要方面影響社會變化的進程。」[9] 以杜爾凱姆為代表的研究，著重強調「宗教是社會和心理統一的源泉。」[10] 他們之後的宗教社會學在發展過程中，儘管又出現了各種理論，但他們所代表的兩種研究傾向卻一直存在於這種領域。

在韋伯於一九二〇年逝世之後的三十年中，宗教社會學處於一種休眠狀態。這種狀態與整個歐洲宗教的衰落現象是分不開的。一方面，西方工業資本主義社會的迅速發展，科學技術的突飛猛進，社會生活的逐步世俗化，把宗教首先從經濟領域趕出去，使它逐漸成為私人領域的東西；另一方面，天災人禍，如地震和經濟危機，以及人為的兩次世界大戰的苦難，使無數的信徒對宗教的信仰、功能提出了疑問。正是在這個時期，「社會學家們或忽視了宗教現象，或只在一種狹窄的描述的基礎上處理這種現象，……宗教社會學因缺乏理論深度和能引起興趣的主題而衰落了。」[11] 在此期間，英國學者在這個領域的貢獻微乎其微，而法國的研究，則局限於一種以社會學方法為手段，以傳播宗教信仰為目的的「宗教的社會學」（religious sociology）。在德國以及北歐一些國家，宗教史學、宗教人類學、宗教現象學的研究一直在穩步進行，但在宗教社會學領域卻無多大進展。

一九五〇年以後，休眠了近三十年的宗教社會學甦醒了，隨著它的甦醒，這門學科的大本營由歐洲轉移到了美國。這種變化的原

因，從宗教上來說，是因為正當歐洲宗教人士哀嘆宗教前途慘淡，江河日下之時，美國社會卻興起了某種宗教熱潮。宗教信徒數目猛增，上教堂禮拜的人越來越多。許多已被拋棄的傳統宗教形式得以恢復，而且出現了許多新的宗教形式。在當時的美國，政治語言必夾雜著宗教的各種教義、戒律以及聖經上的警句；汽車的擋板上處處可見「耶穌保佑」的標語。離奇古怪、花樣繁多的宗教活動時刻撞擊著美國人的神經，宗教變成了一種時尚。這種景況勢必吸引社會學家的興趣，必然為宗教社會學的研究提供異常豐富的素材。從學術上看，第二次世界大戰後，歐洲一些學者來到美國，他們在宗教社會學方面的研究給美國學術研究帶來了一定的動力。如德國學者瓦赫的《宗教社會學》一書成為美國學生的課本；斯達克寫了多卷本的宗教社會學，把歐洲學術研究的寬度與深度帶到了美國。此外，美國各主要大學中宗教研究系的出現也增加了宗教社會學研究的興趣。因此，宗教社會學在美國社會這個大舞台上拉開其新的一幕，是十分自然的。

就學術領域而言，十九世紀後期起風靡了半個世紀的進化論已進入暮年。「斯賓塞死了」這句名言可以說結束了進化論思潮對社會學界的統治，也結束了歐洲人在社會學界獨占鰲頭的時代。二十世紀三〇～五〇年代，美國社會學界出現了帕森斯和默頓這兩位在社會學界具有重要國際影響的思想家，從而結束了「美國社會學界無大思想家的歷史」。以帕森斯和默頓為代表的結構功能主義也盛行於宗教社會學研究中，可以說，宗教社會學由此開始了其發展歷程中的現代階段。

宗教社會學發展的現代階段的特徵，首先是對韋伯與杜爾凱姆學說與研究方法的繼承。

韋伯對宗教與經濟發展之關係的探討，促使社會學家關注作為一種綜合社會體系的宗教。在韋伯的啟發下，宗教與政治、文化、教育、家庭等方面之關係的研究逐步展開。韋伯的理論也推動了當代西方宗教社會學家對宗教世俗化趨勢的探討。同時，韋伯的跨文化比較方法在學者們對伊斯蘭教、印度教、佛教、美國現代城市的宗教的探討研究中得到廣泛的採用；韋伯的「社會行為型」也令社會學家興致不減。韋伯曾認為「勝利的資本主義不再需要宗教的支持」，而美國宗教社會學家倫斯基的研究卻表明，資本主義世界性的成功與新教，主要是白人新教各派之間的關聯在當代仍然存在。有的學者提出美國的天主教徒與新教徒一樣，都受過教育，都追求貿易上的成功，都積極參與世俗活動。有的學者通過比較研究，補充了韋伯的結論，認為猶太教也是資本主義發展的動力之一。這些研究儘管結論不同於韋伯，但卻是從與韋伯類似的角度入手進行的。

　　杜爾凱姆的影響，雖然開始主要是在人類學方面，但是近幾十年來，美國和英國出版的關於社會學問題的著作，幾乎沒有一本不強調其宗教觀對於當代社會學的意義。宗教社會學界流行的給宗教下定義的傳統，就是他的一大影響。當今著名社會學家托馬斯・魯克曼的「無形宗教」學說，帕森斯的「宗教私人化」學說，羅伯特・貝拉的「公民宗教」學說等，對宗教所作的更加開放的解釋，都是以杜爾凱姆的宗教定義為基礎的。杜爾凱姆對單一社會的研究方法，也得到了宗教社會學家的廣泛運用，例如美國社會學家對美國社會的分析，對美國宗教特徵的診斷，遵循的就是杜爾凱姆關於宗教是社會崇拜的形式，社會本身就是道德——宗教的實體的學說。

除此之外，宗教社會學現代階段的最主要特徵，就是與其時代精神相一致的「多元」性。這種多元性表現在宗教研究的各個方面。

　　第一是宗教社會學理論的多元。由於宗教熱的出現，研究宗教的社會學家也大批湧現，其思想、論點太多，以致於要把「種種典型的宗教社會學理論歸於任何一種占統治地位的方法已不再可能了。」【12】

　　第二是研究內容的多元。如果說韋伯和杜爾凱姆分別以歷史宗教和原始宗教為其對象從總體上來研究的話，那麼現代的宗教社會學家們則以現代社會的宗教狀況為背景，從宗教所表現出來的各個側面——歷史上的模式、宗派團體、宗教運動、宗教性的測試、宗教與政治經濟的關係，宗教與家庭、婚姻，與種族歧視，與階級劃分等各個不同的具體側面來研究宗教。

　　第三是研究方法上的多元。除了韋伯的跨文化比較、歷史分析法和杜爾凱姆的實證方法外，社會科學研究中的其他方法，如統計分析、定量分析、實地調查參與也匯入到宗教的研究方法中。隨著現代科學的發展，宗教社會學還吸收了信息論、符號論、控制論等研究方法的成果。

　　還有一個不可忽視的特徵，是宗教社會學研究中的共同傾向，即現代階段的研究都傾向於微觀方面的研究，注重宗教的各種具體側面以及宗教與社會各方面的關係。這種研究雖然大大地增加了我們對社會與宗教之間關係的了解，但相對而言對理論本身的建樹貢獻甚微。這種研究傾向忽略了從整體上、從宏觀方面來把握宗教之本質，探究宗教之功能。

　　當然，我們應該注意到一種新的動向。當代的西方宗教社會學

家們已開始意識到，要認識宗教在今天的命運，還必須回到韋伯與杜爾凱姆研究的高度上來。因此，二十世紀六○年代末到七○年代，宗教社會學研究出現了理論上的復甦。與此趨勢相適應的是研究面的拓寬，心理層次、社會文化層次都進行了研究視野。對宗教語言的分析，對宗教未來的預測，對宗教與當代社會運動、社會組織、社會心理之關係的探究，以及把研究範圍擴展至非宗教領域，例如把「美國生活方式」、「美國精神」視為一種宗教，都成為此門學科的範圍。這些研究旨在於重新確定宗教社會學的理論、對象、內容，以便把豐富多彩的現代社會作為背景，使宗教研究能夠面向二十世紀的文化現實。

宗教社會學發展至今，已非美國歐洲所獨有，這個學科在全球許多國家都已取得了一席之地。前蘇聯與東歐原社會主義國家的宗教社會學研究在五○年代初已開始。其研究大概可分為兩個部分，一是翻譯該學科經典名著;二是對之作批判性的說明。這種研究方法無疑與其對西方思想和宗教本身一律「掛黑牌」和教條主義態度有關。當然我們也應該看到，不管源於何種目的，前蘇聯和東歐國家對於當時其社會主義社會中宗教狀況的調查，還是比較細緻周密的，有些方式我們仍可借鑒。此後，由於蘇聯解體和東歐各國的巨變，宗教熱的浪潮已以一種強勢席卷東歐、中亞各國。這種勢頭是否會引發該地區各國宗教社會學研究的熱潮，我們將拭目以待。

此外，日本、朝鮮等亞洲國家在宗教社會學方面的研究已取得很大進展。日本出版了大量有關宗教社會學的書籍。不過，其研究仍以微觀、運用方面的多，在理論上的建樹甚微。在中國，宗教社會學研究起步較晚，基本上還處於介紹西方思想和初步進行我們自己的學科建設的階段。我們的立足點是以中國宗教的歷史背景、社

會特點為線索，以歷史唯物主義為指導，以宗教與社會的關係、宗教與現代化的關係等等為特徵，探索我們自己的宗教社會學之路。

四、發展時期的主要理論

進化論。進化論是宗教社會學研究中最早出現的一種理論。它從宗教在時間上有起點，然後經歷了一個包括一系列階段的發展過程這一基本觀點來研究宗教。

十九世紀後期，隨著思想界中進化論的盛行，許多學者都從進化論的角度去考察宗教的起源與變化。英國人類學家泰勒提出萬物有靈論，認為宗教產生於早期人類對其生活的世界以及自身生理過程的認識。宗教從祖先崇拜轉入多神階段，而後又進入一神教階段。另一位英國人類學家弗雷澤認為，人類發展經歷了巫術、宗教、科學三個智力階段。人類學家馬雷特則指出，宗教是一種情感而非理論，宗教源自對一種非人格力量的信仰，後來這種信仰又進化成為對一種人格化的神的信仰。

宗教社會學領域最早使用進化論的是孔德與斯賓塞。孔德的人類思想發展三階段說，斯賓塞的祖先崇拜起源說都體現了進化論的思想。杜爾凱姆也認為，社會發展形態最低的社會，也表現出最低的宗教形態，而這種最低形態的宗教與其原初狀態十分接近。韋伯的宗教進化論特色在於他把宗教看作推動社會前進的主要動力。當然這種宗教進化論也是社會進化論的一種產物。

二十世紀初，宗教研究中的進化論隨著進化理論的衰落而逐漸喪失了地位。但是美國當代宗教社會學家羅伯特‧貝拉又重新提出了宗教進化發展的五個階段。貝拉把進化定義為組織結構的日益複雜化和分化的過程，而這些過程使宗教日益適應並獨立於發展著的

社會環境。貝拉認為宗教經歷了五個階段的發展：(1)原始階段。這個時期神聖世界與現實世界尚未被區別開來。(2)古代階段。神聖世界逐漸獨立於人的現實世界，專職的宗教人員出現，崇拜、祭獻成為人與神溝通的中介。(3)歷史階段。神聖世界與現實世界界限清晰，與神聖世界相比，現實世界是低下的。宗教就是引導人們脫離這個低下的世界，到神聖世界中獲得拯救。宗教集團出現，教會具有其獨立性。(4)現代早期階段。神聖世界與現實世界的等級崩潰，個體與超現實建立了直接關係。(5)現代階段。以宗教的高度私人化為特徵。貝拉認為，宗教私人化使得個人有更大的自主性去創造自己的意義體系，或者選擇所要接受的世界觀。這種自主權的獲得就是人類的進步。

作為一種分析方法，進化論在宗教社會學的初期確實發揮過相當大的作用。它解釋了宗教起源、發展的過程，是一種能揭示事物之時間性和歷史性的理論。但是這種理論的缺陷隨著研究的深入也日益明顯。首先，進化論把事物的發生發展看成一條直線，其模式是從無到有、從小到大、從簡到繁、從低到高。運用這種理論的前提，必須是對上述兩兩相對的概念有一種界定，對簡單、複雜、低高有一種價值判斷。然而，這種界定與判斷常常具有主觀性。再者，當把這種分析方法用於像宗教這樣複雜的文化現象時，它就顯得簡單化。事實上，事物除了有從小到大，從簡到繁，從低到高的發展過程外，還有簡單與複雜、低級與高級、原始與現代並存以及相互滲透的情況，在宗教問題上尤其如此。這正是人類文化現象在總體上呈多元狀況的特徵。儘管思想界後來又出現過雙向進化論和多向進化論，對單向進化論的明顯不足做了一些彌補，但這種理論仍與人類的文化狀況之多元性不相符。也許這正是進化論在二十世

紀逐漸衰落的原因吧。

　　功能論。顧名思義，功能論是探討宗教之社會功能的理論，也是宗教社會學領域中最持久最重要的方法。功能論的理論基礎是把社會看作是各種社會制度的均衡機制，這些制度從整體上構成社會體系。社會體系的各個部分相互依存，相互制約，任何一個部分的變化，都會波及到其他部分，從而影響整個體系。而各種制度作為整個社會體系的組成部分，都具有自己的功能。沒有功能的東西是不存在的，這正是功能主義的公理。根據這種理論，宗教被看成是一種社會機構，即一種體制化了的人類行為的形式，其發揮的功能與社會體系有著密切的關聯。

　　宗教社會學研究中，開宗教功能論之先河的是杜爾凱姆。二十世紀五○年代，社會學界從斯賓塞的時代進入了帕森斯的時代，功能論，尤其是結構功能主義處於巔峰時期。在宗教問題上，帕森斯批判了杜爾凱姆的思想。他認為宗教是文化價值觀、信仰和象徵領域的主要方面，是人類生活中的普遍現象。而文化模式是在獨立於社會結構的不同層次上運轉的，它為社會行為體系和個人提供了意義世界和一般道德標準，以及表達的象徵和基本的信仰。因此不能像杜爾凱姆那樣，把宗教簡單地歸結為社會本身。他明確地指出宗教有兩種功能：首先，它「使道德的價值、情感和行為體系的規範具有了認識上的意義」；其次，它「平衡了合理地期待行為後果與實際能看到的後果之間的差異。」【13】

　　美國社會學界的另一位大師默頓批評了帕森斯的功能主義。默頓認為，任何一個事物或現象對整個體系的作用都是多方面的，即既有積極的正功能的一面，又有消極的負功能的一面；既有已被人們意識到的顯功能，又有未能認識但卻發揮著作用的潛功能。在默

頓看來，很多對於宗教功能的分析都只看到了宗教對社會（尤其是原始社會）具有統一、整合、內聚的力量，卻忽略了宗教對於社會的無功能甚至負功能的一面；或者說，宗教的顯功能被充分意識到了，但其潛功能卻常常被忽視。

默頓的思想對於功能分析無疑是個極大的推動。在其影響下，許多宗教社會學家開始研究宗教造成社會分裂的作用，並注意到宗教的一些價值觀和信仰體系，有時對於社會需要具有正功能的作用，但對於個人的需要卻具有反作用，另一些價值觀和信仰體制則相反。

功能論發展至今，已有近百年的歷史。這種理論方法在宗教研究中是具有積極意義與合理因素的。首先，功能分析始終把宗教作為一種社會現象，一種體制化了的人類行為形式，否定了宗教的神聖性。功能理論的發展，即從研究宗教單一的正功能——社會整合、社會一體化的內聚力，到開始注意到宗教的多功能——對人建構意義體系的作用，到人類基本生存以及人格形成的作用，到研究宗教的負功能——分裂社會，延緩改革，因而功能主義迄今為止一直經久不衰，等等。對我們理解作為社會子系統的宗教與社會的相互關係，並對宗教長期存在的原因提供了比較全面的分析。第三，功能理論分析對於揭示宗教本質有著積極的意義。任何事物的本質必然都從事物的各個方面表現出來，功能探索也是探索宗教本質的一個窗口。雖然宗教功能並不等於宗教的本質，但由於二者不可分割，從功能研究入手，有助於認識宗教的本質。

功能論當然有其不完善、不完全的方面，它也受到來自各方面的批評。首先，功能論，尤其是早期的功能分析，過分強調了宗教

對於社會穩定的作用，忽略了社會衝突始終存在這一基本事實。其次，這種理論過分強調滿足需要的功能，而忽視了人類社會發展之歷史過程的重要性。事實上，每一種特定宗教，無論是世界三大宗教，還是地方性的小宗教，都是特定歷史環境的產物，其自身的特點都是在特定歷史環境中形成的。第三，宗教功能論所關注的一直是那些影響信仰和被信仰影響的事實，忽略了對宗教的懷疑所產生的不可低估的正負功能。第四，宗教功能論者，無論新舊，幾乎都強調宗教不可或缺的作用，視宗教為社會永恆的現象。這就使得當代宗教社會學家們去尋求世俗社會中的宗教替代物，甚至把愛國主義、民族主義、科學主義乃至足球運動都視為某種「代理宗教」，大大地擴大了宗教的外延。但是，儘管有這些批評，功能論仍一直活躍在宗教社會學的舞台上。

衝突論。衝突論是以批判功能主義為契機而產生的一種研究方法。這種理論的基本思想在於，社會是由諸多的利益團體構成的，每一個團體都追求自身的利益，能夠促進社會團結的統一的價值觀和信仰並不存在。衝突論認為，現代社會的特徵就是衝突、壓制以及各個團體的權力分割。社會之所以出現穩定狀態只是力量均衡所致。只要各利益集團的權力分配保持均衡，穩定就能持續。有時，社會的穩定也在於各利益集團在各方面，尤其是經濟上的相互依賴。宗教社會學研究中的衝突論也把宗教組織看成社會中一種具有自身利益的社會組織。這種理論強調的中心是自身利益是形成社會關係的關鍵因素，共同信仰相對來說並不重要。

衝突論認為，宗教是社會分裂的源泉。持衝突論的理論家們常常訴諸於歷史：從歷史的縱面看，天主教、猶太教、伊斯蘭教、新教以及各種異端宗教之間的衝突一直不斷。從歷史的橫面看，各種

宗教內部的衝突，如伊斯蘭教什葉派、遜尼派的衝突，美國各教派之間的衝突從未間斷。這種種的衝突就是社會分裂、動盪、不安的源泉。此外，宗教也與世俗社會存在衝突。宗教的信仰核心、價值體系、道德準則可能與世俗社會的體系造成衝突。甚至當種族的紐帶、經濟利益的共同性使社會統一形成時，宗教上的不同仍是差異的象徵，仍是衝突的火山口。

衝突論認為，衝突是宗教團體內存在的普遍因素。它不僅存在於宗教群體之間，也存在於各群體之內。群體內部對於權利、特權、威望的鬥爭，群體內成員源於不同層次而造成的衝突，總是存在的。

另一方面，衝突論也強調，衝突在較小範圍內是統一整合的源泉。各宗教之間的衝突可能導致一個較大社會的分裂，但它同時也使各個宗教團體內部的團結增強。衝突產生內部凝聚力的原因在於，外界的鎮壓和敵意，能增加宗教群體成員對於共同處境和共同命運的關切，而共同反對某種對象，有助於加深信徒自身的信仰。

衝突論著眼於變化問題。宗教衝突引起社會變化，社會變化引起宗教衝突。變化可能增加社會的紛爭與分裂，但也可能有利於某個團體內的整合與統一。衝突論修正了功能論那種靜態的、忽略了社會特定模式之來由的理論，提出了集團自身利益對於觀念和行為，包括宗教觀念和宗教行為的影響。

當然，衝突論也存在著一些問題，它只看到社會壓力、權力分配以及不和諧的一面，儘管它說明了社會變化的某些原因，但在解釋社會的內聚力和社會合作方面是不完全的。其次，這種理論傾向於是把自身利益看成一切行為的動機，而在此的「自身利益」又常常是指經濟方面的利益，這種看法是片面的。引起人的社會行為的

因素是多方面的，宗教方面的情緒和動機對於信仰者的行為具有普遍、持久、強烈的影響，衝突論恰好忽略了這一方面。

在多元化的現代學術研究中，沒有任何一種理論可以長久地占據統治地位，這似乎已成了多元化社會的特徵。隨著功能理論的問世，其批判者、補充者也隨之而來。如果說衝突論是對功能論偏重靜態的反動，那麼，後來出現的交換論、符號互動論則是對宏觀研究的反動。總之，宗教社會學界呈百花齊放狀態是學術研究發展至今的必然結果，而各種理論的交鋒、融合，也體現了當今宗教社會學理論的面貌。

【注解】

【1】《〈黑格爾法哲學批判〉導言》，《馬克思恩格斯選集》，第一卷，第一頁，人民出版社，一九七二。

【2】呂大吉主編的《宗教學通論》第二編第一章，第三三四～三四一頁，中國社會科學出版社，一九八九。

【3】轉引自亞歷克斯·英克爾斯：《社會學是什麼》，第七頁，中國社科出版社，一九八一。

【4】彌爾頓·英格：《宗教的教學研究》，第二頁，紐約麥克米蘭出版公司（英文版），一九七〇。

【5】雅克·巴爾松：《柏遼茲與浪漫世紀》，第一卷，第三七九頁，波士頓（英文版），一九五〇。

【6】即以血緣關係和共同信仰為紐帶的團結。杜爾凱姆認為社會的發展是由機械團結到有機的團結。有機的團結是隨社會分工的發展而出現的，它依賴於高度的相互依賴。

【7】杜爾凱姆：《宗教生活的基本形式》，英文版，第二一八頁。

【8】杜爾凱姆：《宗教生活的基本形式》，英文版，第二一八頁。

【9】弗蘭克·惠靈頓編：《當代研究宗教的方法》，第二卷，第一一六頁，芒頓出版社，一九八五。

【10】弗蘭克·惠靈頓編：《當代研究宗教的方法》，第二卷，第一一八頁，芒頓出版社，一九八五。

【11】羅蘭德·羅伯特遜編：《宗教社會學》，第十二頁，企鵝圖書出版公司，一九七八。

【12】弗蘭克·惠靈頓編：《當代研究宗教的方法》，第二卷，第一一六卷，芒頓出版社，一九八五。

【13】弗蘭克·惠靈頓編：《當代研究宗教的方法》，第一五五頁。

第二章　宗教及其特徵

對於科學研究而言，首先要確定我們從事研究的具體對象是什麼？對研究對象有了明確的界定，才有可能規定研究的範圍，對相關材料進行取捨與分析。

宗教社會學是宗教學與社會學交叉的邊緣學科，它同宗教研究領域的其他學科，如宗教史學、宗教現象學、宗教人類學、宗教哲學、宗教心理學、宗教地理學等，研究對象都是宗教，但研究的具體範圍、方法及角度有所不同。本書在導論中，對宗教社會學作為一門學科的發展歷史以及宗教社會學的性質、範圍、特徵與方法已作了簡明的闡述。本章將介紹宗教社會學家們從他們研究的角度是如何看待其研究對象宗教的，並對此作出一些評估，同時根據我們對宗教本質及其特徵的認識提出對宗教的界定。

第一節　什麼是宗教

一提起宗教，往往使人聯想到上帝、大佛、神仙、真主，那些香煙繚繞的廟宇、莊嚴神秘的教堂，還有那些每日虔誠念經禮拜的信徒。然而，要說清宗教究竟是什麼，或者說，要給宗教下一個確切的定義，卻決非易事。雖然從事宗教研究的學者們曾給宗教下過上百種的定義，儘管定義成堆，但至今未有一個比較一致的共識，可謂仁者見仁智者見智。

韋伯在《經濟與社會》一書中曾這樣說過，「要給宗教下定義，也就是要說清它是什麼，這在研究的開端是不可能的。如果一定要下定義的話，那也只有在研究的結尾才能做到。」應該說，韋

伯在宗教學研究方面做了許多開拓性的工作，取得了一定的成就，但他關注的不是宗教的本質，而是「一種特殊社會行為類型所產生的條件」。韋伯對宗教的研究也從未達到過他所說的那樣一個結尾，拿出一個他所承諾的在研究結尾提出的定義來。韋伯的說法，突出了為宗教定義的困難之處，指出了對於宗教這樣複雜的現象不應倉促地或草率地提出定義。但是我們不能接受他的說法。因為，如果定義只能出現在研究的結尾，那麼在研究的過程中，研究對象始終是模糊不明的，這樣的研究結果又如何能在邏輯上一以貫之，使人信服呢？事實上，只有在界定了研究對象的範圍後，實質性的研究才有可能進行。

還有一種對定義問題的看法，我們也是不能苟同的。美國社會學家貝格爾把定義問題說成「乃是趣味的問題，因此應該服從關於趣味的箴言」[1]，那是一句拉丁諺語，趣味問題無可爭辯。他認為各種定義無真假之分，卻有用處大小之別，討論它們各自的用途是很有意義的。另一位美國社會學家彌爾頓·英格也說，「定義是工具，在某種程度上它們是任意的、抽象的，也就是說它們是高度簡化的。我們應該摒棄這種想法，即存在著一種正確的、令大家都滿意的定義」。[2] 下定義如果隨意，就失去了定義揭示事物固有本質屬性的科學意義，研究對象自然也就成了不明確的、與本質脫節的一團現象。

漢語中「宗教」一詞是個外來詞。中國古代典籍中原無「宗教」這個概念。但是，中國古代人早就有神道設教的思想。《易經·觀》中說，「聖人以神道設教，而天下服矣」；《禮記·祭義》中認為，「合鬼與神，教之至也」，《禮記·祭統》謂「崇事宗廟社稷，則子孫順孝；盡其道，端其義，而教生焉」；《中庸》裡稱「天命之謂性，率性之謂道，修道之謂教」。古人把對鬼神的信仰與

崇奉，作為教化大眾的一種手段，強調宗教對社會與道德的作用。現使用的「宗教」一詞，一是來源於印度佛教，佛教以佛所說為教，以佛弟子所說為宗，宗為教之分派，合稱宗教，意謂佛教之教理；一是來自英語中的Religion，它有一個拉丁詞根Religio，該詞根究竟是源自Religare（意義重新聯結）抑或Religere（意為重新集中或重視）還有不同看法，但都涉及人對神的信仰與人對神靈的態度。本世紀初中國留日學生又直接將日語中的「宗教」一詞引進到現代漢語中。日本歷史上接受中國文化的影響，在使用漢字「宗教」時不免已蘊涵了中國古代「宗」與「教」兩字的含義。現代日語中「宗教」一般指被人們信仰和崇敬超自然、超人間的東西及這樣的信仰體系。從「宗教」詞源我們可以看到人們對宗教認識的歷史足跡，但它本身不可能為我們提供一個對宗教本質或定義的最終完滿的解答。

儘管在定義問題上有諸多紛爭，而且對宗教人們確實有過無數的定義，正如十九世紀宗教學奠基人邁克斯‧繆勒所說，「每個宗教定義，從其出發不久，都會激起另一個斷然否定它的定義。看來，世界上有多少宗教，就會有多少宗教的定義，而堅持不同宗教定義的人們之間的敵意，幾乎不亞於信仰不同宗教的人們」【3】，情況相當複雜。但是，我們仍然認為，如何對宗教下定義，是宗教社會學家解釋宗教這樣一種社會現象的必要前提，因而定義問題也就成了宗教分析的首要問題。而且，宗教社會學的歷史證明，對宗教的界說不同，研究的視角、取向、方法與結果等往往會有極大的差異。

美國學者羅伯遜對宗教學家們（包括宗教社會學家）關於宗教的種種定義進行了分析，並根據各種定義的特點，把它們分成了包容性（或開放性）定義與排他性（或封閉性）定義兩大類。所謂包

容性定義，其特點是外延廣，沒有嚴格的界限。杜爾凱姆和彌爾頓‧英格的定義均屬此類。在杜爾凱姆看來，宗教乃是「一種統一的信仰和行為體系，這些信仰和行為與神聖的事物，即被劃分出來歸入禁忌的東西有關，它把所有信奉者團結到一個稱為教會的單一的道德共同體之中」。【4】換言之，宗教是與神聖事物有關的信仰和實踐的統一體。英格則把宗教定義為「人們藉以和生活中的終極問題進行鬥爭的信仰和行動的體系」。【5】在杜爾凱姆那裡，把不同於世俗凡物的東西稱之為「神聖的事物」，它就可是物，亦可是人，甚至人所說過的話；而在英格那裡，他所指的生活中的終極問題就是人生中「存在」的問題，它包括了人生旅程中的痛苦、不幸、罪惡，甚至死亡。因而這兩位學者定義中與神聖事物和人生的根本問題相關聯的信仰和行為體系，實質上就成了人們無法準確把握的，有了非常寬泛含義的東西。

西方現代著名宗教學者范‧得‧里歐及蒂里希也曾下過類似的宗教定義。范‧得‧里歐認為宗教是對那種使人生神聖與昇華的「力量」的獨特關係；蒂里希則說「宗教是人的終極關切」【6】。他們把人們對世界本原或人生意義的種種追求、探索、願望與意識都同宗教聯在一起，大大地擴展了宗教定義的外延，以致宗教與其他上層建築、文化現象都無法區別。包容性定義的這種特點，使一些學者把愛國主義、民族主義、美國精神，甚至足球運動這類非宗教的東西也包括在宗教定義之下。這種外延擴大化在於只看到這類非宗教現象所具有的類似於宗教作用的功能，而未能從本質屬性上將它們與宗教區分開來。

羅伯遜認為有兩類社會學家傾向於使用包容性定義。第一類社會學家所理解的社會體系這一概念，強調的是個人需要受制於他對於一套信仰與價值觀的忠誠。第二類社會學家的興趣集中於微觀研

究方面，如對特殊宗教團體的研究，以致於對使用精確的定義不屑一顧。

封閉性定義有著比較嚴格和狹窄的參照框架，常常被那些採取特殊態度的宗教社會學家使用。所謂特殊態度是指這類宗教社會學家一般來說否認社會體系必然是由對一套核心的價值體系的共同信仰所構成，在他們看來，實際的力量和勢力更為重要。另外一些希望探索關於社會秩序的宗教概念與非宗教概念之間的衝突的社會學家，也比較喜歡使用這類定義。例如米歇爾·希爾的定義就如此。他認為，宗教是「一套信仰，這種信仰假定經驗實在同與之有關的重要的超經驗實在之間存在差異並企圖調節這種差異；是與這種差異相關而使用的語言和象徵；是與這種調節相關的活動和機構。」【7】我們可以看到，在這個定義中，重要的幾個賓詞——信仰、象徵、活動、機構——都有嚴格的限制，因而宗教所指的範圍也有了明確的界限。但與此同時，封閉性定義也常常把屬於宗教範圍內的某些東西排斥在外。

除了羅伯遜的定義分類之外，還有一種分類是將定義分為三種：實質性定義、功能性定義及象徵性定義。如果說羅伯遜的分類法依據的是宗教定義外延的廣狹，那麼這種分類法則根據的是宗教定義內涵之差異。所謂實質性定義，顧名思義就是力圖抓住宗教特有的本質屬性，據此作出界說。要把握宗教的本質並非易事。在宗教研究中，一些學者曾圍繞著傳統宗教信仰的對象、崇拜的形態，對某些現象進行比較研究。他們著力於對信仰對象的認識論與本體論的探索，提出抽象的概括，使用了諸如「精靈」、「無限存在物」、「超自然的存在」、「神的絕對」、「神聖的真實」、「超世而具有人格的力量」等概念，以說明宗教的本質。例如，西方宗教學奠基人邁克斯·繆勒把宗教說成是「一種對無限者的渴望，對上帝

的愛」【8】。英國人類學家泰勒提出萬物有靈論，把對精靈、靈魂、精神本原的信仰作為一切宗教的主要標誌，從而將宗教定義為「對精靈實體的信仰」【9】。但持反對意見的人認為，如果把宗教規定為對各種神及神性的信仰，與哲學上的唯心主義也無多大本質區別，同時這也並不適用於所有社會的所有宗教信仰。後來有些宗教學家為了克服上述的困難，迴避使用宗教信仰與崇拜對象的具體稱謂，使用一些最廣義的概念來代替「神靈」概念。在宗教社會學領域，杜爾凱姆的宗教定義也可劃入這一類。他強調宗教與神聖事物有關，即被劃分出來並設置了禁忌的事物；同時又把宗教視為一種社會現象，宗教崇奉的神聖事物及宗教的本質是把社會自身加以人格化和象徵化，換言之，即認為宗教在本質上就是社會。這種把事物分為世俗與神聖的觀點，後來也得到宗教學家埃利阿德的肯定。埃利阿德認為，宗教生活與世俗生活不可能共存於同一時間內，他還進一步強調，如果一個社會不將時間分為神聖和世俗兩個部分，那就根本不可能有宗教存在。在此，我們不難看出埃利阿德也把這一點看成宗教的本質特徵。當然，有些宗教團體並不接受這種觀點。他們為表明其信仰的虔誠，聲稱他們的全部生活都是神聖的。使用此類定義的社會學家一般都傾向於贊同這種二元論。而對這類定義的批評意見則認為，這樣定義太狹隘，容易使研究者的注意力過於集中在宗教的傳統形式，不能說明或涵蓋存活於現代更趨多元、多變、複雜社會中的以各種新形態、新方式出現的宗教。

　　功能性定義以宗教的功能為定義之內涵。前述英格的定義就是一個典型代表。在英格的定義中，宗教的功能在於使人生旅程中的不幸與痛苦轉化為最高幸福的因素，宗教就是這種轉化的手段或工具。在西方宗教社會學中，結構主義與功能主義為主流，此二者影響也最大，一般而言，他們對宗教的定義多從宗教的功能入手。在

他們那裡，宗教被看成具有在心理上和精神上滿足人類生存基本需要的功能，也就是說，宗教是「人們適應吉凶禍福的最基本『機制』」【10】，宗教賴以產生的社會因素變成了人類本身「存在」意義上的共同特徵問題。貝格爾的定義也頗具代表性。他認為宗教是人類活動的產物，是人的異化投射的結果，使人的法則變成了神聖的秩序，「宗教意味著把人類秩序投進了存在之整體」【11】。他得出的結論，是把宗教解釋為一種「用神聖的方式來進行秩序化的人類活動」【12】，也就是說，宗教的主要功能是建立一種「神聖的秩序」，即建造並維繫人自己意義的大廈。

我們認為，從宗教功能的角度來揭示宗教的本質，無疑是一種積極的思路。因為在我們看來，把宗教作為一種社會現象，強調宗教的社會功能，加深人們對宗教的認識，顯然是一個重大而有益的進步。結構——功能分析法是研究工作中的一種重要方法，馬克思、恩格斯在研究宗教問題時，也曾吸收過這種方法，並把它同其他科學方法有機結合起來，納入辯證唯物主義與歷史唯物主義的體系。但是，我們不能同意將事物的功能混同於事物本質的觀點。功能與本質不可分割，然而功能只是本質的外在表現，是本質的體現與客觀的效果。事物的本質可以體現為多種功能，有時正、負功能同時俱在；不同本質屬性的事物也可體現出同樣的功能。宗教可以有社會整合的功能，但在一定社會條件下也可產生使社會衝突與分裂的社會功能。一些社會上層建築或文化現象，如唯心主義哲學、某種政治法律體系或道德規範也可以具有同宗教相類似的社會功能。因此，功能性定義只是認識宗教本質的一個方便的、但並非全面的、準確的方式。正因為有這種方便，使一些研究者把具有類似宗教功能的東西也劃入宗教的範圍。實際上，將功能與本質等同，也就是沒有真正揭示出事物的本質。連英格本人已意識到功能定義

的缺陷，他說：「從功能的觀點看，宗教與非宗教是連續的統一體，其中沒有根本性區別，因而在定義上含混，以致越來越不能應用。」【13】同時，從功能上給宗教下定義的宗教社會學家們，都是把宗教看成是一切社會中人們適應生存條件必不可少的手段或工具，自不待言，宗教也成了萬古永恆之物，正如英格所說：「正像我們認為每個人都操某種語言一樣，我認為可以斷言每個人都信仰宗教。」【14】這樣的結論和定義方法顯然是不科學的，也是不可取的。

值得我們注意的是，近幾十年來在西方宗教社會學的研究中，有不少人採用實用主義態度，從功能出發，任意擴大宗教定義的外延，把一些具有類似宗教功能，滿足人類某種精神需要的東西納入宗教的範圍，稱之為「世俗的宗教」、「非宗教的宗教」、「無神的宗教」、「宗教的等價物或代用宗教」，等等。一九六五年美國社會學家考克斯的《世俗的城市》一書出版，他在書中提出，宗教在現代社會中已被改造，可以不是傳統宗教的面貌，而可在「無神」概念的情況下存在，甚至在政黨或社會服務事業中都可找到宗教。這樣一來，實際上把宗教的本質抽掉了，許多東西都可沾上宗教的邊，被囊括在宗教裡面，結果也就沒有什麼是宗教了。

象徵性定義通常用一大段文字對宗教現象及其所為進行描述。克利夫德·基爾茨的定義最為典型。基爾茨認為，「宗教是一套信仰體系，旨在通過對生存的一般秩序觀念的表述和以對事實的預言的形式來表現的這些觀念，在人心中建立強有力的、普遍持久的情緒和動機，並使這些情緒和動機看起來似乎是唯一實在的」【15】，也就是說，這種象徵會影響一個人的情緒、感情和行為傾向。其實，基爾茨的分析已不止是在下定義，而是在描述宗教在社會中如何運轉，幹了些什麼。後來有的學者乾脆把這類象徵性定義歸入了

功能性定義一類。

綜上所述，我們可以看到，無論是從定義的外延或是從定義的內涵來將定義分類，都是從不同的角度來理解複雜的宗教現象，雖不免有各自的偏頗、片面與局限之嫌，但都具有一定的合理性。當然，由於分類的角度與依據不同，被羅伯遜劃入同一類的定義，可能在另一種劃分中被歸為不同的兩種，反之亦然。每一種類型的定義，都有自己的長處，它們代表著宗教社會學領域內的各種不同的研究動向，對人們加深對宗教的認識是有助益的。但由於它們各自的缺陷，因而都缺乏用於一切宗教的普遍效用。宗教定義如此多種多樣，至少也說明了兩點：一是作為人類社會現象的宗教，本身是非常複雜的。它歷史悠久、形態紛陳，與社會生活各個方面關係密切，無論是縱向還是橫面都是盤根錯節，對這樣一個內容豐富而複雜的客觀對象，要理出頭緒，抓住其本質所在，難度是很大的。其二，宗教是客觀存在的事物，人們總是可以認識的，不是不可知的，但要認識它就需要有個不斷深化的過程，認識是否正確最終要接受實踐的檢驗。因此，認識宗教應是多層面、全方位的，既要儘量多地把握第一手資料，吸收前人的一切有益的研究成果，同時要有客觀的態度和科學的方法；既要觀其外，又要察其內，不斷去偽存真，去粗取精。

宗教社會學把宗教視為一種社會現象，把宗教組織視為一種社會組織，把宗教行為視為一種社會行為，並把宗教與社會的關係、宗教的社會行為視為自己的研究對象，其學科的特徵與分工就是研究宗教的可見的外部現象。然而，就定義而言，我們認為還是應該從本質入手。一個事物的本質屬性是決定該事物之所以為該事物，並把它與其他事物區分開來的質的規定性，宗教之所以為宗教，而有別於哲學、法律、藝術等其他意識形態或文化現象，正在於宗教

有一個本質核心：即對超自然超人間的力量或神靈的信仰與崇拜。綜觀世界的宗教，無論是原始宗教還是當代宗教，亦無論是源遠流長的世界三大宗教還是各種應運而生的小宗教，概莫能外。這正是宗教不同於其他社會現象的本質特徵。恩格斯在《反杜林論》中對宗教的這一本質屬性有過一段精闢的論斷，即「一切宗教都不過是支配著人們日常生活的外部力量在人們頭腦中的幻想的反映，在這種反映中，人間的力量採取了超人間的力量的形式。」【16】這段話深刻地揭示了宗教的本質就是人的本質，神性來自人性的異化，宗教是人類社會物質生活過程的必然產物。

然而，我們對宗教的定義若到此為止，那仍是不全面的。宗教的本質特徵，還須通過其外部形式來體現，也就是說，宗教信仰的不可見的思想觀念和情感體驗，必然要通過宗教的行為與活動、組織與制度來體現。在借鑒、比較與分析各種類型的定義之後，以宗教的本質特徵為基礎，我們為宗教下的定義是：宗教是一種對超自然、超人間的力量或神靈之信仰與崇拜為核心的社會意識，是通過特定的組織制度和行為活動來體現這種意識的社會體系。本書對宗教所作的各種社會學分析，正是基於對宗教的這種界說之上的。

第二節 宗教的特徵

宗教之所以是宗教，是由其本質屬性所決定的。當我們把宗教作為研究對象時，不論從哪個角度或層面出發，把握宗教的本質是至為重要的。在上節我們在論述宗教定義時已表明了我們的看法。宗教的本質是通過外在的特徵體現出來的。宗教是人類的社會現象，其特徵是同社會的活動密不可分，也是可以看到的。宗教社會學要研究宗教與社會的相互關係與作用，自然會對宗教的外部特徵

感到興趣，加以探討。

我們認為，宗教有五個明顯的特徵。

一、宗教是一種社會群體現象

人類是群居性的動物。人們生活在社會上總是通過一定的社會關係結合在一起的。「人的本質並不是單個人所固有的抽象物，實際上，它是一切社會關係的總和」【17】這就是說，人的社會性，一方面決定了人為了自身的生存與發展必須從屬於一些群體，並參與群體的同共行動；另一方面，個人的物質需要與精神需要通過群體性的社會行動才能予以實現，並從中實現自身的社會價值。

從社會學角度看，縱觀歷史與現實，各種宗教的產生與發展，人們參與的宗教活動與宗教行為，都足以表明宗教是一種社會群體現象。誠然，宗教是個人信仰的問題，在很大程度上涉及個人的思想與情感，反映了他或她對世界與人生的看法。每個人也可以自由選擇自己所信奉的宗教。但是，一個人對宗教的信仰並不是生來俱有的，而是各種社會因素作用的結果。因為宗教信奉的對象（神）是人的幻影，神性是人性的異化，神與人的關係實質上是社會中人的各種社會關係在觀念中的虛幻反映，個人的宗教信仰只有在社會及群體的活動中才能獲得其真實的意義。確實，我們有時也能發現進行個人修持的宗教神秘主義者或隱士，但要做到完全的離群索居，不識人間煙火，是極為困難的。社會上，絕大多數信教者都從屬於某一種宗教團體，參與規範化或制度化的各種宗教活動，表現為種種宗教行為。作為宗教社會學，我們認為把注意力投放在宗教與社會的關係上，系統地研究宗教群體現象及其表現，即研究有組織的宗教和社會宗教，而不是把精力用於研究每個人的宗教信仰行為，這樣做更有意義。

一般說來，社會群體具有如下五個主要特點。

　　(1)一個社會群體是由一定數量的人（成員）所組成，成員之間建立互動（包括交流、理解、協調）的特定模式。群體由不同形式的社會實體作為載體，顯現為比較有序的結構狀態，而不是偶然的集合。社會實體規模有大小之分，組織化程度亦有鬆散與嚴格之別。群體規模越小，往往互動關係越簡單，組織化程度越低，維繫關係的手段也簡單；群體規模越大，則反之。

　　(2)社會群體具有某些共同的目標和期望，並具有獨特的規範和價值體系。這些群體意識是集合、維繫其群體的根據，也是同其他群體主要區別所在。群體在確立了自己共同的目標後，還需有共同的價值觀念與規範，指導成員的行動，努力去實現共同關心的目標。當然，群體意識超越成員個體意識之上，但對群體外的人不能施加影響，起不到規範的作用。

　　(3)群體的成員都在群體中扮演一定的角色，占有一定的位置，顯現出一定的結構狀態。一般說，群體成員間的關係是明確的，各成員擔當的角色皆有專門的規範可循，各種互動關係也較為有序，為實現群體的目標服務。

　　(4)群體成員對所屬群體有一種認同感和從屬感。這就是說，每個群體對員都意識到自己與群體有著「我屬於」、「我是……」的關係。在同一群體成員間一般都具有明顯的共同心理因素和鮮明的感情色彩，相互間有著更多的感情投入及交流。每個成員對群體的認同感雖在程度上會有差別，但必須存在最低程度的認同和對共同目標的確認，否則這個群體就難以維繫。

　　(5)群體在時間上有相對的持續性與穩定性。群體總是要由一批持續地直接或間接進行互動和共同活動的成員組成。

　　群體的這五個特點皆適用於宗教群體。當然，在我們將宗教作

為群體現象研究時，會進一步提出許多問題，例如宗教群體與其他群體有何區別？宗教群體的共同目標、規範、結構與角色又是什麼？這些內容我們將會在後文中陸續提到。

二、宗教具有一套以崇奉超自然、超人間力量或神靈為核心的信仰體系

縱觀自古至今的各種宗教，表現形式可以說是千姿百態，多種多樣，信奉對象的稱謂五花八門，但是它們一個共同的本質特徵就在於，把支配自己日常生活的外部力量（包括自然力量與社會力量）幻想地反映為超自然、超人間的力量，構成了信仰和崇拜的對象。它們在客觀世界並不存在，但也不是與世俗社會完全無關，而是把與人們日常生活密切相關的自然力量、社會力量異化的產物。換言之，宗教是自然力量超人化、人間力量非人化、理想境界超自然化的結果，人創造了自己崇拜的對象，又賦予這個對象超凡脫俗的神聖性。宗教信仰與崇拜的對象可以與人同形，也可被人格化為具有神性的神靈、魔鬼、精靈。一般說來，人類早期原始人首先把自然力量幻想地反映為超自然的力量，隨著社會的發展，社會力量也被異化，幻想地反映為超人間的力量，無論是超自然的力量，還是超人間的力量，均具自然屬性與社會屬性的兩重性。

各種宗教都有一套說明乃至論證其信仰的觀念體系。特別是階級社會後的人為宗教，通過各自的宗教經典、神學教義或宗教哲學，解釋與回答對世界和人生的看法；表述對政治、經濟、法律、道德等方面獨特的觀點與信念；規定對信仰與崇拜對象敬畏、恐懼、祈求、依賴、順服或撫慰的必要方法，並提供某種體驗；規範宗教活動與行為方式；構架建立在信仰體制上的各種組織與制度。同時，通過宗教的象徵系統與活動場所為社會提供了一種文化形

式。

　　各種社會群體都有自己共同的目標與期望，有各自的價值標準和行為規範。宗教群體與其他社會群體的主要區別就在於它的目標、期望、價值標準和行為是以對超自然、超人間力量之信仰為核心。這也是宗教群體的本質特徵所在。

三、宗教有一套特定的實踐活動

　　任何宗教都包含著「信」與「行」兩個方面。「信」之於內，「行」之於外。「信」指信教者在頭腦中對宗教觀念之確認，是一種精神上的內在信仰。它在信教者的心理情緒上還會伴生出特殊的宗教情感或宗教體驗。宗教意識內在的「識」與心理體驗的「情」，必然會表之於「行」，形之於外。這裡，「行」指的是宗教活動及宗教行為。信與行是作為宗教不可分割的兩個方面，互為表裡，構成一體。換句話說，純粹的宗教觀念或個人內心的宗教體驗，並不成為一種客觀存在的宗教社會現象。一個世界觀上承認某種超驗絕對物的唯心主義哲學家並不等於就是一位宗教徒。只有當一個人的內在宗教觀念通過特定的宗教行為與活動外化為「行」時，才能獲得宗教的意義。宗教是一種可見的社會現象，就是通過宗教組織的宗教活動與宗教徒的宗教行為體現出來的。早期原始社會氏族部落崇拜共同的神靈，有組織地使人們聚集在一起進行宗教儀式，加強了部落全體成員的凝聚力，重申了這一社會群體的共同價值觀念，並成為代代相傳的文化遺產。後來在階級社會裡，各種宗教或教派為自身的存在與發展，形成了各種宗教組織，宗教禮儀就愈益制度化與規範化，更趨精緻完善，進一步強化了群體自身的團結，宗教的社會化愈益明顯。

　　任何宗教的神聖信仰對象，無一例外地在不同程度上予以可感

性或象徵性的物化。多神崇拜的偶像是這樣，某些一神教雖然信仰的對象說成是無形的超驗物，但也都有一套象徵系統，這樣才能把人與神，即信教者與崇拜對象之間建立起清晰的關係，使信教者通過宗教活動和宗教行為表達自己的態度與情感，以得到精神上的寄托和慰藉。各宗教有自己崇奉的對象和物化的象徵系統。信教者要進行宗教活動，因此要有神靈的棲身之所或供奉之地，也需要從事宗教活動的特定空間或場所，各類宗教的寺觀廟堂應運而生，為宗教的「行」提供了物質條件。

當然，宗教的實踐活動只有當某個宗教群體將其作為特定的宗教觀念的體現或宗教體驗象徵性地表示時才有宗教的意義。例如，吃一餐飯作為個人攝取每日正常營養或社交活動的手段是很通常的事情，但當它作為基督教會的特殊規定可以成為一項「最後晚餐」的紀念活動或「聖餐」的宗教活動，其行為意義就發生了質的區別。同樣，同到一個著名的地方去，有人是去旅遊觀光，有人則是去此處朝聖，履行宗教義務，這兩者性質是不同的，前者不是宗教實踐活動，後者卻是宗教行為。

四、宗教具有特定的感情與體驗

宗教信徒對崇信對象的信仰，除在頭腦中幻想地反映為一定的觀念形態外，在心理上、情緒上往往會做出種種反應，表現為各種強烈的情感、內心的感受或精神體驗。人們不難發現，那些宗教創始人、先知、聖徒、高僧、薩滿都曾宣稱，他們同所信奉的神聖對象有過直接的或間接的交往。他們的這種宣傳與「見證」，在一定程度上起到了使之具有「卡里斯瑪」[18]的非凡性的社會效應，為其創立宗教組織或在宗教組織內確立權威地位提供根據。各種宗教中，宗教體驗一般成為一個重要的內容。基督教「因信稱義」的信

條，強調教徒個人內心中對於上帝及基督的精神體認與靈性感受。伊斯蘭教的蘇非派從早期的苦行主義和禁欲主義發展為神祕主義，強調個人通過各種修持同安拉直接溝通，由低級到高級，直到進入「無我無主」、「人主渾化」、兩體合一的「寂滅」和「永存」境界【19】。佛教中的禪定，通過內省靜思、修心見性，從而獲得一種宗教的特殊經驗與悟解。

人們在頭腦中形成某種宗教觀念時，通常總是伴隨著某種特殊的心理活動。在人類早期，社會生產力和人類的智力水準還十分低下，面對著變幻莫測的自然現象（自然力或自然物）及經常帶來的巨大破壞性災難，感到不可理解，從而引起了恐懼、依賴心理，產生了原始的宗教觀念。到了階級社會，人們除了感受到自然力量的壓迫外，又遭到社會力量的壓迫，這時的神靈既有了自然屬性，又有了社會屬性和道德屬性。當把所有這些屬性都集中到一個萬能神的身上時，就出現了一神論。萬能的一神往往具有兩副面孔，既凶惡、威嚴、不循私情、嚴格執法；又仁慈、寬恕、愛人、大度。它一方面嫉惡如仇、止人罪惡；另一方面又講善惡報應，允許人犯錯誤改邪歸正、救贖罪人。這時人們的宗教觀念無疑是原始宗教觀念的昇華，是抽象人的反映，是階級社會中複雜的社會關係的人格化。同時，它也是人們在社會生活中面對不可抗拒的外在異己力量或命運懷有敬畏感、罪惡感、卑微感、依賴感、安寧感、責任感等複雜心理活動的結果。宗教觀念可以誘發信教者的種種宗教體驗；宗教體驗則會強化宗教觀念，進一步激發起信教者對神靈或神聖事物的依賴和順從，從而深化信仰自身，並增進宗教群體的凝聚力。兩者互相依存和相互制約。

宗教體驗同其他的體驗有所不同，通常有以下幾個特徵：

(1)宗教體驗的對象是先驗的、不可知的，不是真實存在的。在

日常生活中，人們也會產生恐懼感、敬畏感、依賴感、罪惡感、安寧感等體驗，有時同宗教的體驗有類似的表現，但卻有本質的區別。宗教體驗出自於對人與神關係的反應，而神則是支配著人們日常生活的外部力量被異化為人腦中幻想的反映，本身並非客觀的實在。對於神或神性物的體驗是沒有任何存在於感覺之外的客觀對象作為其真實依據的。即使一些信徒在見到十字架、聖像、聖地或聖墓觸發起某種心理情緒上的反應，那也是通過神靈或具有神性的神聖事物相聯繫，由並非客觀存在的神聖對象的象徵意義所喚起的。宗教體驗純屬個人的心理活動，每個信徒的宗教體驗內容（例如個人與神的關係、來世、極境等）不可能完全一樣，也不可能用科學知識或普通常識去驗知。宗教總是強調「信則靈」，把對事物的認識引導到神秘的個人體驗中去，最終以神秘的個人幻覺代替理性的思索。由於宗教體驗的神聖對象不過是人自身主觀觀念的對象化，是人腦幻象的產物，因此宗教體驗的對象不僅是先驗的，而且具有一定的模糊性和不可捉摸的特點。除此之外，宗教體驗是一種比較複雜的心理活動，有時在沒有客觀對象的情況下，由主觀的觀念，印象或氣氛的刺激也會引起反應。例如在聽到某種宗教宣傳，受到教徒的身傳言教、宗教凝重氛圍的感染等，亦能出現特殊的心理幻象或宗教體驗，儘管他們誰也沒親眼見到過他們心目中崇信的對象。因此，這種體驗往往是具有相當模糊性的，通常也難以清晰表述出來。

(2)宗教體驗的對象具有超凡性、多義性。宗教信徒心目中所崇奉的對象——神靈或神聖事物，一般都是「玄奧而隱秘」的東西，兼有自然屬性、社會屬性和道德屬性多方面的權威力量，通常具有巨大的吸引力和神秘的誘惑力，足以引發起他或她對它的恐懼和敬慕，從而有所企盼與祈求。宗教體驗無非是對這種超凡威力表明自

己的態度，努力獲取一種似乎已抓住命運之繩的信念與感受，起到精神慰藉的作用。

(3)宗教體驗與宗教感情可以成為人們強烈的感情渲泄，釋放出巨大的行動能量。它既能撥動心弦，促發激情，給予信徒精神上巨大的支撐與滿足，暫時擺脫或克服日常生活中遇到的困惑與痛苦，獲得一時的撫慰、寄托及安全感；同時，它又給信徒帶來催人行動的強烈責任感與義務感，似乎感到所崇奉的神靈或神聖事物向他們提出了道德及行動的要求與召喚。歷史上，許多教徒在宗教體驗與宗教感情的激發下不惜去受難或赴湯蹈火、自我獻身，甚至把為宗教而殉道視為無上光榮之舉，可以直接進入「天國」。一般說來，愈是文化層次較低的信教群眾，更重視及強調自身的宗教體驗，宗教感情與宗教行為也愈益強烈。當然，在社會生活中，我們不難發現，在世俗的政治理念或道德信條的驅使下，人們也會在心中產生類似的神聖感、使命感和義務感，但就其內容與導致的行為目的同宗教體驗與宗教感情有所不同，前者與理智相聯繫，為現實的目的，而後者卻來自神意，是與個人來世的歸宿有關聯，也更易狂熱。

五、宗教是一種文化現象

文化是人類所特有的一種複雜的社會現象，是人類社會的產物。當人類為了生存與發展，在同嚴酷的自然界進行鬥爭中不斷認識世界與改造世界，人不僅從動物界中分化出來，而且具有了思維能力與表達思維的語言，這時人類通過自身的實踐活動，才創造出文化來。

關於什麼是文化，對它的界說是人們長期爭議的一個問題。到二十世紀七〇年代，據不完全的統計，各類有關文化的定義已達一

七○多種。人類學家愛德華・泰勒首次將文化概念系統地表述為「文化或文明是一種複合物，它包括知識、信仰、藝術、道德、法律、風俗以及作為社會成員的人所獲得的其他任何能力和習慣。」【20】後來美國的一些社會學家、人類學家又把實物增補進去，作為文化的內容之一。現代社會學中，有的把文化看作是人類在社會互動過程中相互適應的結果，視文化現象為象徵符號；有的則把文化看成是觀念流或是一種社會結構。許多定義往往視角不同，側重點和所揭示的內容也就有所差別。一般來說，文化有狹義和廣義兩種含義。狹義的文化主要指人類的社會意識形態及與之相適應的制度和設施。廣義的文化指人類為獲得生存與發展，在社會實踐過程中，通過社會群體或人類社會所創造的物質財富和精神財富的總和。社會學中所說的文化通常是在廣義上被使用的。文化現象紛繁雜陳，如何分類因標準不一結果是多種多樣。但其內容涵蓋大致有精神方面的（如哲學、宗教、文學、藝術、科學、知識等）、價值取向及意義方面的（如價值體系、思想觀念、符號體系、思維方式等）、規範準則方面的（如社會組織及社會制度、經濟結構、法律制度、風俗習慣、生活方式等）及物質產品（各種人造的物體）。實際上，這些文化內容是無法嚴格區分的，而是交互作用。諸文化現象無非具有物質的和非物質的兩種基本形態。文化是人類特有的創造物，是人類在不斷適應與改造環境的過程中自覺地、有目的活動的產物，是後天學到的。同時，文化不僅促進了人類自身的進化，也不斷增進了人類適應與改造環境的能力，因此在一定意義上文化反過來也創造了人類。

宗教是人類歷史上一種最悠久而又普遍的文化現象，可以說是為人們所共識的事實。分析起來，有以下幾層意思：

（一）宗教與人類文化同時形成，並成為人類文化早期階段的主要表現形式

宗教不是人類一出現就有的，而是人類原始社會發展到一定階段的產物。人類大約在二三十萬年前開始向智人進化，也就是相當於舊石器時代的中期和晚期，那時正是氏族和氏族制逐漸形成的時代。人類到了這個階段具有了能進行抽象思維的智力水準，有了語言和進行想像、聯想的能力，最早的宗教觀念和宗教崇拜活動才隨之出現。在人類原始社會，人既受到自然力量的支配，又受到社會力量的壓迫，生產力十分低下，對人與自然、人與人之間的相互關係，對事物間的聯繫及事物的本質都不可能有科學的認識，而是把支配原始人日常生活的異己力量在頭腦中幻想為神秘的宗教觀念。對自然力量和對氏族祖先的崇拜成了原始氏族宗教的基本對象。

如前所述，文化是人類有了思維與語言能力後，在社會生活中創造出來的物質的及精神的產物。如圖騰崇拜就是一種最早的宗教形式，也是社會制度，體現了氏族社會群體的文化特徵。原始社會的氏族宗教既是物質現象又是精神現象，不僅是氏族社會中最活躍的社會意識形態，而且涵蓋著所有的上層建築，直接影響到經濟生活乃至文化習俗，發揮了多方面的功能。原始時代的各類文化活動，包括神話、傳說及詩歌、音樂、舞蹈、繪畫、雕刻等藝術形式，雖直接源自生產勞動，但無一不與原始宗教觀念相聯繫，往往同宗教活動相結合，成為原始崇拜的手段，賦以宗教的含義，作為宗教的附屬品。當然，原始宗教雖在一定程度上能滿足原始人物質和精神上的需要，但它也含有非宗教性的意義，反映了原始人要求了解與控制自然力的渴望，閃爍著智慧與積極創造的精神。隨著人類社會的發展，生產力的提高，認識世界與改造世界能力的增強，科學文化知識的積累，人類文化不斷增加了新內容，俗世文化才越

來越遠離宗教，甚至對立起來，即使在這種情況下，兩者也是不斷相互滲透的。到了近現代，特別是當代世界，科技文化的發展一日千里，宗教為了求得自身的存在與發展，必須不斷適應現代社會生活和現代人的文化環境，在許多方面不得不吸收與調和世俗文化的內容，對宗教的部分教理、制度、組織、活動方式進行自我調整與變革，或是作出一些新的詮釋，或是改變其宗教內容的側重點，以迎合當代社會與文化發展的潮流。當今世界的某些新興宗教或教派，在吸收世俗文化方面已走得相當遠，同傳統宗教有很大的區別。

（二）宗教是人類文化的載體之一

宗教是人類精神文化的一個重要組成部分。它提供了人們對宇宙及人生意義的某種回答，對真、善、美與假、惡、醜提出了自己的看法，儘管這種認識是基於顛倒的世界觀，但不失是一種價值評判與認知體系。正如馬克思所說：「宗教是這個世界的總的理論，是它的包羅萬象的綱領，它的通俗邏輯，它的唯靈論的榮譽問題，它的熱情，它的道德上的核准，它的莊嚴補充，它借以安慰和辯護的普遍根據。」【21】宗教作為人類的精神文化，其內容的主要特點就在於它把客觀上並不存在的超人間的與超自然的力量作為最高的真理，把自然界與社會的發展視為神意的安排；把對神靈的虔敬和追求作為最高的善；以藝術形象高現宗教觀念，表達對神靈的嚮往和謳歌作為最高的美學情趣。實質上是對人本質的異化和對物神化的結果。然而，不論何種宗教及宗教哲學、宗教道德、宗教文學、宗教藝術等都是人類精神產品，是人類文化的表現。

宗教也是一種規範文化。宗教伴隨著人類社會的發展，從氏族宗教演變為民族宗教到世界宗教，即從自然的宗教發展到人為

的宗教，宗教發展愈益成熟，表現為宗教神學的教條化，宗教準則的經典化，宗教禮儀的固定化，宗教組織的制度化，成為一種規範文化。在階級社會中，統治階級往往對宗教採取扶植與利用的政策，如中世紀政教合一的社會裡，統治階級通過國家宗教化和宗教國家化的做法，使宗教滲透到社會生活的各個領域，成為強化人民群眾思想與行為方式的某種指令與規範，以維護和鞏固其統治秩序。這方面，伊斯蘭教是一個突出的例子。七世紀初，穆罕默德創立伊斯蘭教的活動自始就是與變革阿拉伯社會的運動相結合。伊斯蘭教的一種信仰成為統一阿拉伯半島、建立民族國家的意識形態。隨後，阿拉伯人在對外征服活動中建立了各個王朝和帝國，伊斯蘭教始終是強大的統治與精神支柱。建立在古蘭經、聖訓基礎上的伊斯蘭教法，以體現阿拉意志的形式出現，集宗教義務、法律和道德規範於一體，對伊斯蘭國家的政治、經濟、社會生活各個方面起著重要的指導與規範作用，產生了廣泛而深遠的影響。即使到了近現代，社會生活發生了劇變，但伊斯蘭教仍然是伊斯蘭國家傳統文化的主幹，同穆斯林家庭和個人生活密切關連，遵行教法被穆斯林視為信仰虔誠和道德高尚的標誌。

　　語言和符號系統是人類文化的重要組成部分，也是文化創造、傳播、儲存、學習的重要工具與手段。宗教有一套語言和符號系統，它不僅表達了宗教觀念的深邃涵義，而且直接同人們的社會生活相聯繫，其中有的在傳播中已擴展和引申出富有一般的世俗意義，同時也影響到使用它們的民族的思維方式。人們可以發現，像天堂、地獄、天使、魔鬼、救世主、伊甸園、禁果、替罪羊、覺悟、世界、因緣、解脫、劫難、境界、立地成佛、心心相印及十字架、和平鴿、橄欖枝等等已成為許多不同民族的生活辭彙和採用的

典故、寓言。至於猶太教、基督教、佛教、伊斯蘭教、印度教、道教等宗教經典，對於許多民族語言文字的形成與發展都起過重大作用。

　　一般說來，宗教文化是各民族文化不可分割的重要成分。猶太教是猶太民族文化的靈魂，伊斯蘭文化是信奉伊斯蘭教各族文化之根基，猶太──基督教文化是歐美許多民族文化的主要來源之一，佛教文化則是南亞佛教國家及中國藏族、傣族等民族文化的基本成分。宗教文化滲透在各民族人民生活中的許多方面，關係到各個民族感情、民族心理、民族性格、民族精神、生活方式及民風習俗的形成與培育。許多民族在每個人成長過程中的重大轉折時期，如出生、命名、青春成年、結婚、死亡等一套儀式，多源自宗教。許多重大的宗教節日也被演變為民族節日或全民節日。各民族和社會群體在行為、飲食、場所、禁忌等方面都有不少與宗教文化傳統相聯繫的約定俗成的規定，並長期延襲。在歷史的進程中，宗教文化往往作為民族個性的一部分，成為各民族自身團結、統一和榮譽的標誌及紐帶。

　　宗教文化不但是人類精神生活的產物，也是人類物質活動的產物。宗教生活需要有神聖的象徵及活動場所，而宗教信徒往往需要通過物化的表徵來與神靈溝通，激起神聖的宗教感情。人們創造宗教的各種物質文化，既用以表述自身對宗教的理解，也展示了對神聖物或靈性的虔敬與熾烈的嚮往。正因如此，在創造宗教物質文化時，人們通常投入了大量的心力和聰敏才智，不惜時間與財力，不愧為人類物質文化中之精品、佳作。中國敦煌壁畫和經卷，龍門、雲崗、大足的石刻，北京房山雲居寺的石經等都是佛教文化的精華，中國文化史上燦爛的傳世珍寶。世界各地著名的宗教建築比比皆是，其設計之精美、工藝之精高、施工之精細，令人嘆服稱奇。

（三）宗教是各種文化模式中起重要作用的因素

一個區域、一個民族或一個國家在不同的生態環境和社會條件下，各種文化特質長期交互作用，通過特定的構成方式，歷史地系統地形成一種具有穩定特徵的文化聯結，這就是人們通常所說的文化模式。【22】任何一種文化模式都包含著價值體系，而宗教直接影響著人們的價值觀念和價值取向，關係到文化模式的構成方式及其穩定特徵。例如，猶太民族曾在歷史上遭受過種種苦難境遇，猶太教成為維繫散居世界各地猶太人民族意識的重要紐帶。猶太教在自身的演變與發展中，把神學信條和自由思想，統一性和多樣性巧妙地結合起來，強調律法，注重教徒對人生的道德倫理態度。在此影響下，猶太文化模式中比較突出個人對知識、公義和獨立意識的追求。

美國卻是一個多民族、文化多元的國家。按美國人的說法，在二十世紀五〇年代前，美國文化模式是WASP，即「白人──盎格魯──薩克遜──新教」；五十年後逐漸被PCJ，即「新教──天主教──猶太教」的模式所取代。美國雖沒有官方的、國家確定的宗教，但美國人認為自己是個篤信宗教的民族。「美國人是上帝的選民」幾乎成為大多數人的共識，儘管信奉哪種宗教，或不信仰宗教是個人的選擇。整個社會以「公民宗教」的方式使宗教成分滲透到美國生活方式各個部分。這種「公民宗教」雖不是指哪一種具體宗教，但它在社會生活中又是那樣廣泛和普遍存在，被廣大的美國人所接受。美國人不僅把國家的命運、民族的利益、市場的變化，乃至個人的境遇都同宗教相聯繫，甚至也成了證實和表現自我的一種方式。在美國人的語言中，宗教與文化往往混為一談，上帝成為人們普通的口頭禪，宗教成為文化的象徵。美國文化，特別是早期，受到新教徒的清教主義（尤其是加爾文主義）道德與精神傳統

強烈的影響，認為只有在世上勤奮工作和掙錢，取得個人事業上的成功，才是獲取上帝選民資格並在天堂得到拯救的途徑，從而把自己的行為與宗教基本義務結合起來。這就在一定程度上影響到美國人的文化價值觀念，如實用主義、個人奮鬥、效率、追求科學與理性的精神等。

中國文化在數千年的歷史長河中由多種成分匯合而成。雖然中國從未有過宗教的一統天下，沒有國家宗教，非宗教信徒占了人口的大多數，但是儒、釋、道及其相互的滲透與交融，對中國的社會生活及思想文化傳統卻有著廣泛而深刻的影響，乃至在中國文化模式中，尊祖先、重人倫、崇道德、尚禮儀、講誠信、求實際等顯著特點無不與中國宗教的歷史特點直接相關連。

（四）宗教是文化傳播與交流的重要方面

人類無時無刻都在創造文化，每個人都生活在一定的文化氛圍中，自覺不自覺地在接受文化教育，同時在社會交往中也在進行著文化的傳播與交流。人類社會就是在文化互動的進程中不斷發展與前進。文化的傳播與交流就其本質而言是一種社會活動，必然會受到社會環境、歷史條件，以及群體或個人意識、心理、價值觀念、生活經驗、情趣等諸多因素的影響，伴隨著文化的衝突、整合、變遷、控制等錯綜複雜的情況。

歷史上，宗教通常是各國各民族人民文化交流的媒介，宗教的傳播往往是文化交流的一種形式。在民族宗教演變為世界宗教的進程中，除了借助政治或軍事力量外，本身就是各民族文化上兼容並蓄，相互吸收與融合的結果。佛教通過西域與中國內地長期的交通往來與文化交流，兩漢之際從印度漸傳入漢地。自漢至唐，六百年間，佛教在中國得到巨大發展，教派不斷創立，教理時有創新。伴

隨佛教東傳，印度的哲學、邏輯學、天文學、占星學、醫學、數學、歷法、文學、繪畫、雕刻、音樂、舞蹈、建築等文化內容也帶到華夏大地，經過長期的吸收、消化與交融，以佛教為代表的印度文化的許多因素便匯入中華民族文化之中，為中國文化注入了新的活力，也為中國佛教開闢了創造發展的新天地。四世紀後，佛教經由中國傳入朝鮮，六世紀傳入日本，並同它們各自的民族文化相結合，形式和內容都發生了相應的變化，具有各自的文化特點。伊斯蘭教在唐朝經陸上與海上的絲綢之路，由阿拉伯、波斯和中亞的穆斯林傳入中國，在其後的發展中，同中國各族文化相交融而具有中國的品格。在伊斯蘭教傳播的過程中，阿拉伯、波斯文化也隨之傳入，其中天文學、曆法、數學、醫藥學、建築、火炮、音樂、詩畫的知識與技藝，對中國文化的發展作出了積極的貢獻。與此同時，穆斯林也成為中國文化西傳的橋樑，把中國的造紙術、煉丹術、指南針、火藥、脈術、印刷術、醫學、算術、製圖、藝術等帶到阿拉伯世界，其後又傳入歐洲，推進了當地歷史文明的進程。基督教四次來華傳教，幾經挫折，最終在這個古老國度站住了腳，在此複雜的傳播過程中，基督教「曾有過被殖民主義者利用作為侵略工具的歷史，但它對傳播西方科學文化，如建立醫院，開設學校，提倡男女平等，出版報刊圖書，等等，在客觀上都起了一定作用」【23】成為西學東漸，東學西傳的重要媒介。

文化在傳播與交流過程中，不同特質的文化不可避免地會發生碰撞與衝突，同時在不斷地整合。各種宗教文化在傳播與交流時也不例外。中國文化所以具有無限的生命力，就在於過去兩千多年來本土文化與外來文化不斷整合，使之不斷更新、創造、發展的結果。佛教傳入中國後歷經依附、衝突、適應、調和、整合諸多過程，形成為與原印度佛教不同的中國佛教，教理經改造有了創新，

出現了眾多的中國化的佛教宗派。後來宋明理學吸收了儒、釋、道三種文化加以整合，成為中國傳統哲學的一部分。伊斯蘭教、基督教傳進中國，直到今日能生存、發展，也大致經歷了這樣的過程，是與本土文化交融與整合的結果，同樣具有中國化的特點。當然，在各種文化交融與整合中，同當時當地的社會、政治、經濟條件分不開，也同各種文化自身的成熟與穩定程度，即其生命力與活力有關。大體上說，一個國家或民族，其文化體系愈有活力，對不同文化的特質整合力就愈強，文化體系的涵蓋面和吸附力也就愈大。

當今的國際社會，是開放的多元文化社會，各種文化處於十分活躍的互動狀態中。在開放的社會裡，一個國家或一個民族要積極地對待文化的傳播與交流，對外來文化與原有文化不斷進行揚棄，去其糟粕，取其精華，在宏揚自身優秀文化傳統的同時，不斷吸取別種文化的長處，豐富與發展本民族的文化。宗教是人類的文化現象，是文化傳播與交流中不可缺少的組成部分。不容否認，宗教文化具有兩重性，既有積極方面也有消極方面，能起到強化或削弱社會制度，維護或破壞社會穩定的作用。任何社會系統往往運用其組織機制，對文化的生產、傳播、氛圍、交流手段與途徑、信息的選擇進行調適與控制，以達到有利於統一社會規範、社會穩定與發展的目的。在現代國家，一般對宗教文化的交流，通過國家的法制採用積極的、穩妥的、疏導的社會調控方式加以管理。

【注解】

【1】貝格爾：《神聖的帷幕》，第二〇五頁，上海人民出版社，一九九一。

【2】J. Milton Yinger, The Scientific Study of Religion, New York, Macmillan, 1970. p.4.

【3】邁克斯‧繆勒：《宗教的起源和發展》，第十三頁，上海人民出版社，一九八九。

【4】杜爾凱姆：《宗教生活的基本形式》，英文版，第四十七頁，紐約麥克米蘭出版公司，一九一五。

【5】彌爾頓‧英格：《宗教的科學研究》，英文版，第七頁，紐約麥克米蘭出版公司，一九七〇。

【6】參見蒂里希：《文化神學》，第八頁，工人出版社，一九八八。

【7】弗蘭克‧惠林頓編：《當代研究宗教的方法》，第一〇八頁，芒頓出版社，一九八五年。

【8】邁克斯‧繆勒：《宗教學導論》，第十二頁，上海人民出版社，一九八九。

【9】丁‧哈斯延斯主編：《宗教與倫理百科全書》，英文版，第十卷，第六六三頁，愛丁堡，一九一八。

【10】托馬斯‧F‧奧戴、珍妮特‧奧戴‧阿維德：《宗教社會學》，第十一頁，中國社會科學出版社，一九九〇。

【11】貝格爾：《神聖的帷幕》，第三十六頁、三十三頁，上海人民出版社，一九九一。

【12】貝格爾：《神聖的帷幕》，第三十六頁、三十三頁，上海人民出版社，一九九一。

【13】彌爾頓‧英格：《宗教、社會和個人》，英文版，第一一八頁，紐約麥克米蘭出版公司，一九五七。

【14】彌爾頓‧英格：《宗教的科學研究》，英文版，第七頁，紐約麥克米

蘭出版公司，一九七〇。

【15】基爾茨：《作為文化體系的宗教》，英文版，第四頁，倫敦，塔衛斯多克出版社，一九六五。

【16】恩格斯：《反杜林論》，《馬克思恩格斯選集》，第三卷，第354頁，人民出版社，一九六〇。

【17】《馬克思恩格斯全集》，第三卷，第五頁，人民出版社，一九六〇。

【18】卡里斯瑪，Charisma之音譯，意為憑人格的魅力或信仰的力量而產生的精神感召力。初由德國神學家、宗教社會學家恩斯特·特格爾奇（Emst Troeltsch，1865～1923）提出，後為馬克斯·韋伯所採用。

【19】中國通用漢語的穆斯林稱安拉為「真主」。此處「主」即指安拉或真主。

【20】參閱泰勒：《原始文化》（Primitive Culture），英文版，第一卷，倫敦，一八七一。轉引自G·鄧肯·米切爾主編：《新社會學詞典》，第七十五頁，上海譯文出版社，一九八七。

【21】馬克思：《〈黑格爾法哲學批判〉導言》，《馬克思恩格斯選集》，第一卷，第一頁，人民出版社，一九七二。

【22】參見司馬雲杰：《文化社會學》，第二五九～二六九頁，山東人民出版社，一九八六。孫本文：《社會學原理》，第三一四～三一七頁，商務印書館，一九三五。

【23】《中國大百科全書·宗教》，第六頁，「宗教」條（羅竹風、黃心川），中國大百科全書出版社，一九八八。

第三章 信教者及其宗教活動

　　第二章我們對宗教的本質及其特徵從社會學的理論層面上作了一般簡要的敘述。本章我們將把注意力投放在宗教的載體——宗教徒上面。在社會中宗教的特性總是體現在具體的人，也就是那些具有特定宗教信仰及宗教行為的信教者身上。在現實社會裡有一部分人是信教者（教徒），另一部分是不信教者（非教徒）。他們的主要差別並不在於政治態度和經濟行為，而在於精神世界中具有不同的信仰和由此而產生的部分不同的社會行為活動。至於如何去判斷一個人是否是信教者及其虔誠程度，信仰的標誌又如何去標定是個十分複雜的問題，已引發出宗教社會學家的各種爭議。當我們在研究信教者問題時，不可能僅從現象上觀察，因為一個人對宗教的信仰不是生來俱有的，而是同生活的社會條件與個人的情感體驗直接相關，換言之，要同信教者之信教動機聯繫起來考察，才能得出宗教信仰是否存在的比較完整的判斷。本章將圍繞信教者的標誌、宗教性的測定、成為信教者的原因、信教者的宗教活動等問題作些初步的介紹與分析。

第一節　信教者

　　當我們在討論信教者問題時。首先會提出何為信教者？對此似乎好回答又不好回答。確實，問題並不簡單。

　　首先，我們發現在當今世界，沒有一個國家能提供出一份較精確的信教者或不信教者的統計數字，更不用說全球教徒的統計數字

了。宗教團體或教會組織的教徒統計數往往出於擴大自身的影響或某種原因有所誇大或縮小。在許多國家，宗教信仰被國家視為純屬個人的私事，官方的人口統計或行政表格中是不設「宗教信仰狀況」的，信教人數通常是一種估算。由於各國社會歷史、政治、人文背景不同，各種宗教所處的地位及對社會所發生的影響不盡相同，有時也會給某種宗教信教者人數的統計帶來許多具體的困難。例如在進行調查統計中，當被問及人們的宗教信仰狀況時，有人願意作出正面回答，但也有人不樂意或迴避回答。

再者，由於對信教者沒有統一的標準和理解，依據不同，結果就出入很大。例如，據歐洲價值體系研究小組一九八一年在歐洲九國（英、西德、法、意、西、荷、比、愛爾蘭、丹）廣泛調查基礎上提供的報告稱，在每一百個被調查者中，有63%的人宣稱自己是宗教徒，但其中18%的人卻又申明不屬任何宗教，其中36%的人表示自己從不上教堂。【1】在美國，八〇年代初，約94%的美國人表示相信上帝或萬能的神靈【2】；可是只有67%的美國人自稱屬於某種宗教團體，而每周參加禮拜的人數卻占40%左右【3】。宗教團體或教會組織在統計信教者時其標準也不一致，有的將接受入教洗禮或特定宗教儀式的算作教徒；有的將傳統宗教家庭的所有成員（包括未成年的子女）也計入；有的把民族的所有成員等同於該民族主要宗教的信教者；有的宗教組織則把他們認為應屬於其派別的整個團體成員都包括在其教徒人數之中；也有的僅把那些積極參與宗教活動的成員認作是該教信徒。更使人感到難以理解的是，在某些西方所謂權威的教徒統計資料裡把當代中國及東亞國家為數眾多的人口歸為儒教信奉者。其實，何為儒教尚有爭議，看法不一致。宗教社會學家普遍感到，僅僅是根據某個人是否公開宣布信奉上帝或神

靈，抑或是去不去教堂做禮拜或參加某些宗教活動，並不能成為信教者的可靠證明。在對歐洲七國的調查中，人們發現有些人自稱是無宗教信仰，卻又經常參加宗教彌撒，其中約有1%的人每周都進教堂。西歐幾乎有十分之六的人經常進行祈禱或潛心默思，但其中有三分之一的人不參加宗教活動，四分之一的人沒有宗教信仰，約五分之一的人是無神論者。【4】在中國，許多人把打坐、入定、默思作為日常健身養性的活動，而不具備宗教的特性。即使在宣稱信奉某種宗教的人當中，每個人對教義的了解程度、參加宗教活動的頻度、信教的原由及信教的虔誠程度都有所不同，情況是錯綜複雜的。宗教社會學家威爾・赫伯格曾在分析美國人的宗教信仰時指出，美國是一個「最世俗同時又最篤信宗教的社會」，為數眾多的美國人信奉宗教主要是出於社交方面的原因，而不是為了宗教的目的，因為在他們看來，信奉宗教是做一個美國人的條件，是「美國生活方式」的體現【5】。這些情況無非說明了對信教者的判斷及信教者標誌的標定既是理論上的又是實際操作性的問題，同對宗教的界定及對宗教本質的理解相關連，比較複雜。

考慮到社會在不斷的變革與發展，社會中的宗教也是在不停地變化之中。當我們在研究信教者問題時，就不得不在社會的動態中去把握它。特別是在當今社會，科學和生產力在急速發展，社會的現代化與世俗化對宗教產生著巨大影響，帶來衝擊和挑戰。人們信教狀況在各種社會因素的制約和影響下，經常發生變動。換言之，各種宗教的信徒是個變量，隨時代的發展，其變動的速度或許會愈來愈快。例如，在歐洲「宗教制度正在受到削弱，只有半數的歐洲人對教會表示完全或部分的信任，而新教徒的信任度比天主教徒更弱。相反，各種精神需要應運而生」。【6】在美國，宗教變化也隨處

可見，當今傳統宗教漸衰正在復興，新宗教不斷湧現，信教者變化不小，有的從某一種宗教轉向另一種信仰，或成為形式上的教徒。馬丁‧馬蒂分析此現象時曾指出，許多美國人利用宗教作為證實和表現自我的一種方式，他們甚至像挑選某種能滿足自己消費需要的商品那樣選擇某種宗教【7】。在社會急劇變革的國家裡，社會的巨大變遷帶來信仰的變化，信教者與非信教者處於較大的變動中，有時界限是相當模糊不清的。信教者成為非信教者，不信教者轉向宗教，這些情況是屢見不鮮的。

一、宗教性的測定

　　二十世紀五〇年代以前，宗教社會學家們還比較熱中於給宗教下一個單一的定義，但是到了五〇年代，應用社會學盛行，宗教學受其影響，開始向微觀方向發展。此時，單一的宗教定義或宗教概念已不能使宗教社會學家滿足。加之統計分析的方法在宗教研究中的廣泛使用，使得很多研究者開始關注「宗教性」的問題。所謂宗教性，是判斷一個人是否是信教者及其虔誠度的標準。於是，什麼人可算是信教者及對宗教性的測定問題，一時成了宗教社會學研究的熱門。一些研究者為此對信教者的若干現象或特徵及其虔誠度的強度提出了可觀察測定與可操作性的解釋。正如宗教的定義一樣，對宗教性的測定也不存在統一的見解，而不同的觀點又使研究者的研究和結論呈多元狀態。

　　對宗教性的測定，起初使用的是一種一維測定法。即只用一個單一的標準，以參加宗教儀式的頻率為標準來判斷。一維測定法包括兩個方面：一是統計人們上教堂或參與禮拜的次數；二是通過問卷，徵詢人們參加宗教活動的情況。這種測定法本身就設置了這樣

一個前提，即假定了以上教堂的次數與頻率為標準就能反映宗教行為的所有方面及評估出宗教對某個人影響的強度。事實上，這個前提是不確切的。參加教堂活動並不能完全反映某個人的宗教意識和宗教情感，上教堂的原因是多種多樣的。脫離人們的宗教意識，不考慮行為的動機，僅以某種外在表現形式來判斷宗教性，難免有所偏頗。在六〇年代初，宗教社會學家杰哈德‧蘭斯基在其《宗教因素》一書中指出：「儘管美國人到教堂去得更勤，但他們的思想感情和價值觀念的培育，很少是由於宗教本身的原因，而主要是由於各種世俗的原因」，因此不聯繫宗教信仰的多種複雜因素，僅以去教堂為標準，測定人們的宗教性欠缺說服力。除此，我們還需要尊重這樣一種客觀事實：不同教會、不同教派對作為信仰標誌的行為的強調是各不相同的。例如，傳統的天主教認為，要獲得拯救，需要參加一定數量的彌撒儀式；有的新教團體認為，真正基督徒的標準在於向教會捐款的多少；有的教派強調祈禱和個人的虔誠；美國基督教聯合教會中的自由派則認為參加社會活動，如保衛和平運動、反對種族主義運動等等才是基督徒的標準。而且，除了教會教派團體方面的要求之外，個人對其信仰的最佳表達形式的認識也是各有不同的，也就是說，除了團體的標準外，個人內心還有一種衡量自己虔信程度的標準，這是一維測定法無法測量到的。此外，一維測定法還忽視了非常規的信仰以及不參加傳統的宗教團體儀式及活動的信教者。

在一維測定法中，有的是通過徵詢，根據被詢問者自己的陳述，表明是否為某一宗教群體的成員，或表示個人對宗教的態度、指出宗教在其生活中所起的作用（如「非常重要」、「相當重要」、「有些重要」、「完全不重要」等）來判定此人的宗教性。這種以人

們對宗教的表白及主觀態度作為宗教性判斷標準的做法，似近於身份測試，雖有助於了解人們對宗教的態度與認識，考察各種宗教群體的狀況，但並不足以確定信教者與非信教者以及信教者的虔誠度。例如，美國社會學家弗農就埃爾姆陶恩市大學生的徵詢材料說明了這種測定結果的不可靠性。被調查的大學生全部都宣稱自己是信教者，但其中9%的人說不出自己宗教群體的名字，51%的人卻同宗教組織毫無關係。【8】

隨著研究的深入，社會學家們發現宗教性不是單一的一維現象，因為每個信教者是在不同層面上，以多種不同的方式信仰宗教。某個人可能在某些測度上表現得較充分，得分較高；而在另一些尺度上體現得不充分，得分較低。因此，宗教性是一種綜合的反映，要在多層面上以多維與多種尺度去衡量。在社會學方法的運用上，從一維測定法走向多維測定法。

首次突破單一測定法的是美國社會學家約瑟夫・菲赫特。他開始把測定標準公式化，並注意到了宗教性的不同層面。例如，為了區別一個人是否為天主教信徒及測定其虔誠度，他提出了以出席彌撒的次數、參與或投身於教會活動的程度、對宗教的熱情與興趣等為標誌的宗教性的四重類型學。但他的多維測量法還是較初步的，測定標準仍以參加正式宗教禮儀和活動為基礎，有很大的局限性，類型也比較簡單。美國社會學家杰哈德・蘭斯基研究了「團體參與」（Associational involvement）與「共同參與」（Communal involvement）的區別。前者指教徒參加教會活動的頻率和參與這個團體的其他工作的頻率；後者指教徒的三親六戚、至交好友中有多少人與之屬於同一個宗教。蘭斯基的研究表明，這兩方面並無多大的關聯，但它們對教會成員的影響是不同的，「共同參與」比「團

體參與」對一個人的信仰影響更大。

　　美國社會學家查爾斯‧格洛克在五〇年代末提出了很有影響的多維測定法。格洛克的測定公式最初包括4個方面，後來又與其同事羅德尼‧斯達克一起，將公式擴展至8個方面：即從體驗、儀式、虔敬、信念、知識、倫理、社會關係以及個人得救信念等方面來評價一個人的宗教性。在此，體驗是指個人與神交往的感受（即認為已體驗到了與上帝的關係）；儀式是指參加崇拜活動的情狀與次數；虔敬是指個人有規律的祈禱及表達忠誠的行為（如研讀聖書、向宗教組織布施等）；信念是指個人對其宗教團體之信仰贊同的程度；知識是指對其團體的信仰及教義的了解；倫理是指宗教信仰與宗教行為對個人日常生活的態度與行為的影響程度；社會關係指個人的親朋好友是否與之同屬一個宗教團體；個人得救信念與普救論相對，是指個人相信自己的信仰能提供得救之希望的程度。

　　相比一維測定法而言，這種多維測定法自然是大有進步，它注意到了宗教性的多種層次和不同方面，提出了某些能反映問題的可操作性的測量指標，增大了可信度與有效度。但是，使用這種方法仍有許多缺陷，例如，這些測定法大多基於西方傳統的基督教社會背影，會把許多信仰原始宗教或其他非傳統的宇宙論的人排斥在信教者之外；另外，宗教群體的多樣性及不同傾向與宗教性的關係未能得到充分反映，使用這種方法往往得出的結論是，自由教派成員比保守派成員宗教性弱，好比貴格會教徒似乎要比南方浸禮會教徒的宗教性弱，而天主教徒要比公理會教徒的宗教性強等。這種結論並不具備充分的理由，而且貴格會教徒和公理會教徒從來也不認為他們的宗教性比別的信教者弱。

　　為了避免這些問題，美國學者詹姆斯‧戴維德遜和蒂恩‧克努

德森又提出了一種新的測定法。他們認為，由於各個宗教群體的信仰有別，因而不能籠統地一概而論，應該在「宗教取向」和「宗教信奉」上作出區別。宗教取向包括幾個因素：特殊的信念、個人得救信念的傾向，信仰在日常生活中的倫理作用、社會關係和宗教知識。宗教信奉分為兩個方面：宗教意識和宗教參與。宗教意識指信教者對宗教在其生活中之重要性的評價，如根據信仰者個人關於重要性的標準來評價宗教是否重要；宗教在使人生有價值方面是一種積極的還是消極的力量；宗教信仰在有助於日常生活中作用決定方面的程度等等。宗教參與則指清楚可見的宗教行為：參加儀式、參加宗教團體贊助的各種活動。宗教參與的測定可以通過問及這樣一些問題來獲得：一個月中參加儀式的次數；參加一般的宗教團體活動的次數；在教堂之外是否祈禱或讀經；飯前是否感恩等等。他們的研究發現，宗教意識和宗教參與之間有較高的相關性，即宗教意識強的信教者，宗教參與性就強，反之亦然。

　　總的來說，以上各種方法，無論是一維還是多維的測定法，都屬於傳統的方法。在變化迅速的現代社會，宗教為了自身的生存，也會隨著社會的變化而變化，宗教的新形式也會出現，因而用傳統方法測定新形式中的宗教性就會出現問題。鑒於這種情況，美國社會學家彌爾頓·英格另闢蹊徑，提出了一種新方法。其方法的理論基礎，是他關於宗教的功能性定義，即宗教是人對付終極生存問題的工具。他完全拋開了從傳統宗教性概念入手來確定宗教對日常生活影響的方法，而關注於真正能對人生提供意義和目的的東西。它既可通過宗教群體來表現，也可完全存在於傳統的宗教形式之外。英格提出了幾個命題，要求被調查者說明自己同意或否定的程度，以便確定其基本的宗教性。這幾個命題是：

1.苦難、不義，最後還有死亡，都是人的命運，但它們不一定是否定性的體驗，它們的意義和影響可以通過我們的信仰而形成。

2.無論如何，我對於「人的根本條件」和「人性的終極問題」這類說法不可能感興趣。

3.一個人最困難、最有害的體驗常常是增進了悟性和持久的力量之源泉。

4.儘管人類生活的環境常常非常混亂，但我相信，對生存來說，仍然有一種秩序和模式，有朝一日我們終會理解它。【9】

英格認為，對這些命題的回答，可以表明一個人的基本宗教性，然後，再要求被問者回答以下問題，就可以確定什麼是宗教信仰者的終極關切：

在你沉浸於反省的時候，當你的思考超越了日常的生活問題（不管這些問題如何重要），超越了看來最顯眼的事情，超越了短暫無常的事物之時，你認為人類必須面對的最重要問題是什麼？換言之，你把什麼看作是人類基本而又永久的問題？【10】

由於英格認為宗教從本質上說是一種群體現象，他還設計了一些問題，以便發現個人所參與的、支持並強調這種終極關切的宗教團體是怎樣的團體。

你是這麼一個團體——不論此團體是大是小，對它來說，這個基本而又永久的問題和與之有關的信仰是它關注的核心和生活的最重要的理由——的成員嗎？如果是，請簡要說明這個團體的特徵。【11】

我們從英格的上述問題中可以看到，他是把解決人生最高的終極問題的一切企圖都視為宗教現象，在此框架下進行宗教性的測定，不僅超出了大多數人對宗教及宗教性理解的範圍，而且使得宗

教性融入廣泛的各種社會表現之中，實際操作和測定是十分困難的。另外，英格使用的是一種誘導的方法，他企圖發現人們最終所關注的和為人提供意義、希望的東西，而不事先假定宗教是什麼，或者人們有哪一種信仰。這種方法不利於清晰的關聯分析和統計分析。當然，作為研究的工作，英格的方法需要修改和進一步的完善。在使用英格方法測定宗教性的研究中，有的報告發現，在傳統的關於宗教性之測定的答卷中得分高的人，在英格方法的測定中得分也高。也有一些報告認為，用英格的方法所得之結論，有助於發現人們不可見的或非常規的宗教信仰。由此可見，英格測定法具有自己的某些長處。總的說來，英格的方法雖然不及格洛克和斯達克或戴維德遜和克努德森的方法明晰有效，但對於那些只在個人層次上的宗教感興趣的人，或者那些只對作為文化體系的宗教感興趣的人來說，英格的方法不失給人們以新的啟迪，在一定程度上開拓了一個新的視野。

前蘇聯的宗教學者從二十世紀六〇年代始加強了對宗教性及宗教社會學的研究。儘管他們在一些概念上有不同的解釋，但大都把注意力集中放在宗教對個人及社會群體的意識與行為的影響、具體表現、特點、強度、變化等方面的考察上。多數學者認為，應借助於一系列可操作的判斷標準，從宗教意識、宗教行為及個體參與宗教團體活動的狀況等三個主要內容去判斷某個人的宗教性，確定信教者宗教信仰的內容和虔誠度。宗教意識指信教者相信或認識哪些宗教教義、思想觀念和神話傳統；有何宗教要求、宗教感情、信仰動機等。宗教行為包括三個方面：一是與宗教動機和意識直接相關連的崇拜行為，如參加宗教儀式、家庭祭祀、祈禱等的情況及頻率；二是非崇拜的宗教活動，如通讀宗教經典、參加教會組織的活

動、家庭的宗教教育、在親朋好友中宣傳宗教等；三是宗教對個人日常生活，包括對社會生活與家庭生活及道德倫理、風俗習慣等各領域的影響。除宗教意識和宗教行為之外，個體對宗教關係的歸屬性指標，即是否加入宗教團體成為其成員，也是判斷宗教性的標誌。

前蘇聯學者為了測定宗教性，多採用訪談、觀察、填寫書面調查表等相結合的方法。通過抽樣的調查材料與統計資料，對被調查者的主觀特徵（對宗教的態度）及客觀特徵（宗教行為）加以綜合進行分析，從二者的關連中考察每一個體的宗教性。同時在此基礎上，對特定的人群進行分類。由於分類的標準和著眼點不同，學者們提出了各種方案，有的是依據人們對宗教和無神論的態度；有的則重視個體所具有的宗教特徵；也有的是通過教派、宗派、教區成員所具有的信仰特徵的不同強度來進行分類。從一九七八年起，在前蘇聯社會學學會無神論與宗教社會學中央分部的會議上，曾多次就宗教性和無神論信念的方法論問題進行了討論。德·英·烏格里諾維奇提出的以對宗教和無神論的態度為主要依據世界觀群體的類型學模式得到了眾多學者的贊同。在這個分類模式中制定了測試宗教性的各主觀特徵與客觀特徵的經驗指標，把被調查者分別歸入虔誠信徒、信徒、動搖者、漠不關心者、消極無神論者、積極無神論者六類群體，實際上就是把人群分為信教者、不信教者和無神論者三大類。這種類型模式強調意識形態中宗教觀與無神論的對立，甚至把是否與宗教作思想鬥爭作為被調查者行為特點的標誌之一，無疑是將世界觀的分野放在重要位置上，客觀上不利於團結信教者與非信教者共同為社會服務。另外，這種分類法十分繁瑣，「無神論者」概念的界定本身又含混不清，其經驗特徵及指標是基本上參照

傳統的基督教提出的，對其他一些宗教的行為特徵未能得到完整而準確的反映。但是，前蘇聯學者在宗教性測定中，將個體的宗教意識、宗教動機、宗教知識同宗教行為以及所屬的宗教關係綜合起來加以考察的思路是有借鑑價值的。

在中國，民族眾多，歷史悠久，不同地區社會與文化發展又不平衡，宗教現象十分複雜紛繁。既有土生土長的宗教如道教，又有外來的宗教如基督教，還有從外國傳來但在中國已有悠久歷史變化的佛教，更有無數的民間宗教；既有與中國倫理道德交融在一起的儒教文化，又有與民族問題密切相關的伊斯蘭教。正因為中國國情的諸多複雜情況，關於宗教性的測定問題，具有較大的難度，不是幾個簡單問卷或公式就可以做到的。同時，宗教社會學的研究在中國起步較晚，大規模地使用統計分析方法和抽樣調查來研究宗教的工作尚未全面展開。目前只有一些零星的局部的調研資料及關於教會或信教者發展方面的統計數據，而統計的標準又未必十分科學、嚴密。毫無疑問，以上所介紹的各種測定方法，對我們今後開展統計分析、定量定性研究具有參考價值，可以成為我們的借鑑。如何根據中國的宗教實際情況，進行科學的宗教性測定仍是一個值得進一步加以探討的課題。

二、成為信教者的諸多因素

每個人從降臨到這個世界上那一時刻起，就是一個社會的人，人的本質就是一切社會關係的總和。人在嬰兒的時候，並不存在什麼「宗教的本能」，也是不可能接受宗教信仰體系的。一些人在人生的歷程中，接受了宗教信仰成為信教者，絕非是「傻子遇上騙子」那樣簡單，而是同他生活的社會條件和生活方式，以及其自身的主

觀因素相關聯。換言之，宗教現象之所以存在及個人信仰宗教的根本原因要從一定的歷史條件下客觀的社會環境（包括生態與文化環境）中去尋找。當然，僅是客觀的社會因素也不足以使一個人成為信教者，事實上在同樣的社會物質生活條件下或有同樣生活際遇的人並不意味著都會產生宗教信仰，這還要同每個人自身的主觀因素有關，即與個人的認識、感情、意志等心理活動或同個人精神生活和感情生活的多層面多元性的需要分不開。同時，成為信教者往往不是單一原因，而是多種主觀與客觀因素作用的結果。

具體說，成為信教者有自然的、社會的、文化的與個人的諸方面因素。

（一）自然因素

恩格斯曾深刻地指出：「一切宗教都不過是支配著人們日常生活的外部力量在人們頭腦中的幻想的反映」【12】，這裡所說的外部力量指的是自然力量和社會力量。人類最早神靈觀念的出現就是原始人在求得生存與自然界進行鬥爭中，限於生產力與認識能力的低下，對自然力量的壓迫幻想地反映為超人間的力量，並產生對自然現象（自然力與自然物）的崇拜行為。隨著人類社會的發展，社會生產力與科學技術有了巨大的進步，物質經濟基礎、生態環境和生活質量有了明顯的提高，特別是現代社會發展變化一日千里，人類戰勝自然的能力和信心日益增強，宗教所反映的超人間力量的內容已漸趨縮小。但是，人類利用自然力和抗拒自然災害的能力還是有限的，具有異己性的自然力量的壓迫也未完全消失。世界上每年的地震、風災、水災、旱災、海嘯、火山爆發及天然火災等還給人類生活帶來嚴重的威脅與損害。在發展中國家或生態環境比較差的地

區，社會生產力還不高，科學基礎和設施較落後，自然經濟和半自然經濟仍占有相當比重，在一定程度上未擺脫依靠大自然「恩賜」及靠天吃飯的狀態，減災抗災能力薄弱，對自然因素造成的各種困苦還不能應付裕如，人們還未能從自然界的壓迫中真正解放出來。據聯合國認定，在一九六三年至一九九二年的三十年間，世界上共發生了一千五百三十一起大災害，尤其是洪水、颱風和乾旱這三大災害呈上升趨勢，90%以上的大災害發生在發展中國家。【13】在此情況下，影響了某些人對自然力量的正確認識，把自然的災害和生態的嚴峻與某種神意或天命聯繫起來，視某種自然力量為異己的壓迫力量或人格化的神秘力量，對其產生盲目信仰與頂禮膜拜。

在自然條件惡劣地區生活或從事一些受自然條件影響較大而易發生危險事故的行業（如航運、漁業、採礦業等）的人們，由於容易遭受自然條件的變化而發生不測事件，經常生活在恐懼與不安中，因此為了求平安、祈豐收、消災避禍，更容易皈信宗教從中尋求神佑和精神慰藉。

當今世界，一方面人們隨著社會進步和科技的迅猛發展，對自然現象及其規律的認識日益加深，但是另一方面，也不可否認以目前的科學水準，在宏觀或微觀的自然科學領域中尚有許多有待認識和發現的對象，大自然的奧運遠未被人們掌握窮盡。就以宇宙科學、原子科學、生命科學為例，不少現象之謎尚未解開，為此爭議頗多。只要人們還不能達到用科學手段製造出生命，自然力量的異己性也就不能最終消失，宗教的神創說、三世輪迴說、兩世論等都還會有一定的市場被某些人所接受。當一些人尚不能辯證地對待個人的有限認識能力與無限發展的客觀世界之間的矛盾，正確地解決相對真理與絕對真理、偶然與必然的關係時，就有可能打開宗教信

仰之門。

（二）社會因素

　　社會生產力總水準的低下，物質經濟上的貧困，科學文化的不發達，是人們產生宗教信仰的重要社會根源。馬克思、恩格斯說過：「當人們還不能使自己的吃喝住穿在質和量方面得到充分供應的時候，人們就根本不能得到解放。」【14】要提高人們衣食住行的質與量，需要有強大的社會生產力與物質經濟基礎，有賴於具有強大的科學技術手段。生產力的落後，支配與改造自然的力量低下，甚至會把自然力量當作支配人類自身的異己力量加以崇拜。科學文化的不發達，限制了人們對許多自然現象和社會現象的正確認識，往往把它們看成某種神祕的東西，容易自覺或不自覺地接受各種天命觀、鬼神觀及宗教思想。處於貧困而又乏力擺脫的人們往往為緩解精神上的壓力，把希望寄託於求助神靈，消災降福，治病袪難。聯合國在關於世界災情報告中，認為多數大災害發生在發展中國家，其主要原因就在於「貧困帶來人口爆炸、人口流入大城市、破壞自然環境等結果，造成了面對災害無力應付的脆弱結構」。【15】說到底，也還是生產力低下，無力擺脫貧困所致。

　　在階級社會裡，階級壓迫和社會不公平現象的存在，是人們到宗教中尋找精神寄託與安慰，成為宗教信徒的主要社會原因。在現代資本主義社會裡，儘管社會生產力有較高的水準，人們的文化科學水準普遍提高，但是只要階級剝削和壓迫制度存在，資本主義生產方式仍然是一種支配人間日常生活的外部社會的異己力量，人們就不可能從根本上改變謀事在人、成事在神的狀態。當人們還處於不能掌握自己的命運時，「在各階級中必然有一些

人，他們既然對物質上的解放感到絕望，就在追尋精神上的解放來代替，就在追尋思想上的安慰，以擺脫完全的絕望處境。」【16】列寧也說過，「現代宗教的根源就是對資本盲目勢力的恐懼，……因為人民群眾不能預見到它，因為它使無產者和小業主生活中隨時隨地都可能遭到，而且正在遭到『突如其來的』、『出人意料的』、『偶然發生的』破產和毀滅，使他們變成乞丐，變成窮光蛋，變成娼妓，甚至活活餓死。……只要受資本主義苦役制度壓迫、受資本主義盲目破壞勢力擺布的群眾自己還沒有學會團結一致地、有組織地、有計劃地、自覺地反對宗教的這種根源，反對任何形式的資本統治，那麼無論什麼啟蒙書籍都不能使這些群眾不信仰宗教。」【17】在無情的資本盲目勢力面前，各個階級，也包括剝削階級成員，都是無法控制和預見到它的，因此視其為一種異己力量而感到恐懼。在現實中得不到的東西，在宗教中可以得到補償；心靈上的緊張、不安與不平衡，在宗教中可以享受到暫時的寧靜與安和；充滿罪惡與不公正的世界被死後「天堂」幸福生活所取代；社會的無情與冷酷被宗教的「兄弟情誼」化解，自身的無能為力被神的萬能與威嚴所補償；人間的爾虞我詐與罪惡的貪婪被上蒼的赦贖所滌除；生命的短暫與命運的不幸被「靈魂永生」去償足；人生的痛苦與炎涼用宗教中的「平等」與「精神自由」去消解。這一切正如馬克思所言：「宗教是被壓迫生靈的嘆息，是無情世界的感情」，也是「現實的苦難的抗議。」【18】

在社會的變化運動中，每當處在劇烈的社會變遷或社會轉型時期，往往伴隨著宗教的變遷。在這種歷史時期，一些群體在社會劇變中會發生解體，原有的價值觀及社會規範產生了動搖，造成某種「失範」或「無規範」狀態。某些群體的個體成員喪失了安全感和

認同感，思想上出現混亂與困惑，產生一種明顯的挫折感或失落感。他們一方面抱怨舊時代的敗壞、物質的匱乏及道德的淪喪；另一方面去追隨一種新的價值觀，依附可以重新獲得安全及共鳴的新的載體。這時，宗教會成為這部分人獲得內心平衡與精神撫慰最易理解、最為方便的一種途徑與手段，因此就會轉到宗教中尋求出路與寄託，成為某種宗教群體的一員。

社會生活中存在著種種現實的矛盾，人們一旦得不到完全合理的、妥善的解決，又不能取得科學正確的認識時，信仰宗教就難以避免。即使在階級已不存在的社會主義社會，宗教仍然存在著社會根源，還會有人成為信教者。換言之，只要明白合理的人際關係尚未完全建立，就還存在著支配人間生活的社會異己力量，宗教也就會存在。例如，當今的中國，大規模的階級鬥爭已經結束，轉入以經濟建設為中心，建設有中國特色的社會主義的新時期，產生宗教的階級根源已不存在，但在一定條件下各種社會矛盾仍會通過信仰宗教反映出來。在上層建築領域，社會主義民主政治制度和各項管理制度、社會主義法制都需要逐步完善；管理工作中的失誤、環節上的缺陷、幹部中的某些特權與不正之風、社會上種種不合理的東西及陳舊落後的思想意識，以至某些消極腐敗與醜惡現象仍然存在。在經濟領域，社會主義市場經濟正在形成還不成熟，有待培育；各地區及各部門經濟發展不平衡；多種經濟成分並存，競爭機制的引入及生產、流通、分配、消費過程中的各種複雜局面等，都必然引起各種社會關係與利益格局的變化，改變了人們原有的思維定式、生活方式和生活節奏，造成個人與社會間、個人與個人間、群體與群體間、現實與理想間、眼前利益與長遠利益間、失敗者與成功者間諸多矛盾。在迅速變化的社會面前，各種關係一時難以理

順，一部分人的生活、思想、心態難以適應或無所適從，一部分人獲得成功，有些人卻遭到不幸與失敗。一個人如果沒有樹立起科學的世界觀、人生觀、價值觀、勞動觀、生死觀，面對各種複雜的社會矛盾而未能妥善地加以對待與處理時，就會感到命運難以捉摸，不能發揮個人主體的能動創造精神。一旦遇到挫折與打擊就難免對生活和未來失去信心，「只要人們還有一些不能從思想上解釋和解決的問題，就難以避免會有宗教信仰現象。有的信仰具有宗教形式。有的信仰沒有宗教形式。」【19】

婚姻與家庭是社會生活的一個重要組成部分。婚姻本身是一種社會制度。家庭作為社會的細胞，是一個動態的社會實體，它除了血緣關係外還是社會關係（包括經濟的、道德的、法律的關係）的體現者。婚姻與家庭的組成、狀態，可以給人們帶來生活的美滿、和諧與幸福，也會給某些人造成不幸與痛苦。在一些國家或社會、經濟不發達的地區，相當一部分群眾中，男尊女卑、重男輕女的觀念十分嚴重，包辦婚姻、買賣婚姻，甚至拐賣婦女兒童的現象仍還存在；在當代工業化社會，表現為婚姻破裂和離婚現象的婚姻危機呈上升趨勢。家庭成員間往往因利益的紛爭和感情上的摩擦出現各種矛盾。有些人因婚戀或家庭生活遭受挫折或感到「不完美」、「不如意」、「不幸」，在精神的重負下，對塵世生活悲觀失望，為擺脫煩惱和痛苦，尋求心靈上的寧和，投入宗教的懷抱，成為信教者。

（三）文化因素

宗教是一種重要的社會文化現象，其內容有極為豐富的文化蘊涵，是各民族傳統和精神財富的組成部分。宗教為了自身的生存與

發展，伴隨著社會生活的演變，在教理內容和活動方式方面不斷進行自我調適，有著順世隨俗的適應性，通過對世俗文化的吸收與交融愈益走向世俗化。

宗教群體一旦形成後，在其社會化的進程中，總是會通過系統的或非系統的、正規的或非正規的種種途徑與手段將其宗教信念、思想、主張、知識和行為方式傳播或影響周圍的人們。長期生活在宗教家庭或宗教氛圍中的人是比較容易接受宗教影響而信教的。家庭的宗教教育及宗教團體舉辦的各類學校在對兒童、青少年實施的系統宗教教育所起的教化作用是不可低估的。例如在一些虔誠的天主教、佛教或穆斯林家庭中，家庭生活占有重要地位，在家長的言傳身教下，子女從幼兒到成年，長期耳濡目染，潛移默化，非常普遍地遵守家庭的宗教要求與約束，學習與參與宗教的崇拜活動。當今世界範圍內的大多數宗教組織一般都建有正式教育的機構，把教育活動作為宗教的重要活動內容，是傳播宗教、增進宗教品質、保存宗教傳統生活方式的一種手段。在西方國家，天主教、基督教的教會學校，吸引了不少教徒家庭和非教徒家庭的青少年入學，由專門的教師授以教理等系統的宗教知識，對學生的宗教生活進行正規的訓導。

宗教都有比較嚴密的組織與制度，有一系列儀軌和活動，不僅能增強信徒的信仰和凝聚力，對非教徒也會產生一定的影響。各宗教群體成員在社會互動中通過懇談、交友、旅遊、建立互助組織（如團契、青年會、俱樂部、婦女會、老人之友等團體）與婚姻關係等，在正式宗教關係之外增強與密切聯繫，傳播宗教思想，這種活動自然會擴及到作為信教者親密朋友的非信教者，吸引他們參加進來。當今的宗教活動更趨實用與簡化，並採用現代化傳媒手段和

現代語言，加上便捷的現代化交通、電訊工具，人們交往頻繁，為社會上更多的人（包括非信教者）了解宗教與接觸宗教提供了方便。有些原無宗教信仰的人通過較多地接觸宗教或參與宗教活動，就容易更多地接受宗教信念，獲得宗教知識，成為皈依宗教的一種催化劑。事實上，從不信教到信教的轉變是個漸進的過程。皈依只是一個標尺，表示對宗教信仰與宗教生活的一種更自覺的接受。

各種宗教道德中都有一部分內容是反映人與社會的普遍性關係，同人們的基本社會公德的要求相一致。宗教徒還受到反映人——神關係的宗教道德觀念與戒律的約束，對自己的行為起到某種自律的作用。在社會生活中，大多數宗教信徒行為端正，富於友愛與團結互助精神，具有良好的道德風範。不容否認，宗教道德對社會中一部分人有一定的吸引力，有些人由此對宗教產生好感或從宗教道德中尋找實現自我的價值與自律的精神力量而去信教。

宗教是精神世界的產物，它具有多種表現形態和豐富的文化蘊涵，不僅與人歷史上特定的時代相聯繫，而且還表現出強大的傳統力量。宗教文化涉及人生價值與理想意境的索求，故較之一般意義上的文化有著更深的層面。宗教經籍、建築、音樂、繪畫等保存了大量民族歷史、社會、科學、藝術的寶貴資料，宗教的寺觀堂所通常就是文化傳播的中心。例如，中國歷史上多種宗教並存，在數千年的封建社會中，以儒家為主體的傳統文化長期占統治地位，儒學雖不等同宗教，但含有宗教的某些特點，起著道德教化的作用，具有類似宗教的社會功能。作為一種文化體系的儒學在歷史上同佛教、道教相互滲透，融會貫通，成為中國傳統文化的重要組成部分，其影響幾乎遍及所有意識形態領域，對中國的文化模式和國民

心態的形成都發生巨大作用。人類文化是個不能割斷的連續過程，在把宗教文化作為歷史文化的內在物繼承與揚棄的進程中，也就不可避免地向人們傳遞著宗教的軌跡與信息。雖然這種宗教信息更多地會作為一種文化給予人們以知識和精神的享受，並不一定會導致人們皈依宗教。但是也會有一部分人在對宗教文化發生濃厚興趣或進行探討的過程中，出自個人的情趣與愛好，或精神上的、心理上的需要而皈信宗教。

世界上許多具有強烈宗教文化傳統與背景的國家及民族，圍繞著人生中重要的時期和事件，如出生、命名、成年、結婚、死亡等，通過一系列的宗教儀式，表達慶祝或撫慰，提供指導與教誨，給以人生社會的、文化的意蘊，人類學家稱其為「生命禮儀」。這種禮儀不只是為宗教家庭的成員舉行，也為非教徒所採用，這就在事實上為部分不信教的成員提供了選擇宗教信仰的機會。雖然，對於一個嬰兒或未成年人來說，這種「生命的禮儀」或多或少是被動的、不由自主的，對其自身而言缺乏名副其實的宗教意義，但伴隨著個體生活體驗的增多，在社會輿論或宗教氛圍的影響下，這種宗教意義往往會從被動到主動，從不自覺到自覺內化為真正的信仰成為信教者。

世界上有的民族幾乎全民信奉某一宗教，宗教文化滲透到民族的生活方式、節日、風俗、飲食等各個方面乃至影響到民族共同心理素質的形成，成為民族傳統文化的重要組成部分與核心內容。在這種情況下，宗教對每個民族成員的關係是十分密切的，在思想觀念及行為中都會留下深刻的烙印。這些民族往往在孩子出生後，出於對民族認同的需要被人們視為本民族宗教群體的自然成員。

（四）認識與心理因素

對每個人來說，都是生活在特定的社會環境之中，但是能否皈依宗教成為信教者，是同每個人的具體社會背景與個人閱歷分不開，強大的社會因素和社會影響對個人起著重大作用。只有在社會環境與情境的先決條件同個人的心理需要及認知活動、可受性有某種程度的結合時，才會出現對宗教的信仰。對宗教信仰的過程往往是漸進的，包括了許多階段和程度的遞增。

宗教信仰的產生同人的認識活動直接相聯繫。人對事物的認知是主客體相互作用，通過人的大腦複雜的機能，由感性上升到理性，由特殊到一般，由具體到抽象，不斷往返，逐步深化的結果。人類的認識能力是無限的，客觀物質世界是可知的，精神活動本身卻是複雜的。對於個人來說，其認知能力則會受制於歷史的條件、知識水準、思想方式、生理與精神狀態等因素。每個人在對客觀事物近似圓圈式、螺旋式的認識過程中，如將曲線中的任何一個片斷、小段、環節，片面地加以誇大或絕對化，使主客觀脫離，都有可能使認識脫離客觀事物的原本，產生唯心論或宗教。正因如此，在對事物的認識中有可能得到正確的反映，獲得正確的結論；也可能歪曲地反映，得出錯誤的結論。即使同一個人，在不同場合、不同條件下，認識也會出現差異，有的正確有的錯誤；時間先後認識也會發生變化，有不同的結果。正確的認識與錯誤的認識，各種思想和觀點也都可同存於一個人的腦中。例如，有的科學家在進行某項具體科學研究時，其自然觀是唯物主義的，但在世界觀上卻是唯心主義的或是個虔誠的宗教信徒。同樣，由於認識的變化，可以從無宗教信仰轉到有宗教信仰；也有可能從信仰宗教轉到不信仰宗教。總的說來，人類的認識能力和認識領域，隨著社會生活的進步

和科技生產力的發展在不斷增強與擴展，但人類對自然與社會現象的認識遠未窮盡，未知的對象還很多。只要人們對自己的命運尚不能把握，社會力量和自然力量還具有異己性和盲目性，人們的錯誤認識就有可能將其導向宗教信仰之路。

人類是高級生物，既有複雜的、多種多樣的精神需要與感情生活，也有各異的心理素質與心理活動。心理素質同每個人的個性發展和自我意識的演進又密切相關。人生的道路短暫而又曲折，有各種各樣不可預料的機遇與境況，至於生離死別、悲歡離合更是每個人都會碰到的事情。當人在苦難或險惡的逆境中，一旦不能獲得正確的認識，感到無力擺脫，難以駕馭自己的命運時，有時就會失去鬥爭的勇氣與信心，出現恐懼、孤獨、空虛、緊張、壓抑、苦悶等複雜的心理感受，需要有所援助、愛撫、宣洩與解脫。例如處於青春期階段的年輕人，由於生理上正發生著變化與趨於成熟的過程中，如在生活道路上偶遇不幸（失學、失業、失戀、事業不順心、人際關係不如意、意外事故、身患重病、親人亡故等），就易導致極度的緊張、躁動不安、心理上與情感上出現困惑。人們由於各種原因而沒有通過慣常的解決問題與減緩精神緊張的辦法，不能有效地釋放個人精神上的重負與感情上的不適，往往會到宗教中找尋寄託，得到精神上的慰藉與感情上的滿足。正如費爾巴哈在分析宗教心理時所說：「宗教的前提，是意志與能力之間、願望與獲得之間、目的與結果之間、想像與實際之間、思想與存在之間的對立或矛盾」，又說：「只有依賴感才是表明和解釋宗教的心理根源和主觀根源的唯一正確而普遍的名稱和概論。」【20】

人都有對愛的渴求，世間正是有了愛，生活才感到豐足，有了色彩。人在生活中也總是需要從周圍人們那裡獲得理解、同情、共

鳴、援助、憐憫和撫慰，這是比較普遍存在的心理需求。「宗教是被壓迫生靈的嘆息，是無情世界的感情」，【21】最易撥動人的心弦。各種宗教都宣揚博愛，講普渡眾生、靈魂拯救，十分迎合人們心理與感情的需要，特別是對人生旅途中漂泊不定、生活境遇淒慘坎坷的人有很大的吸引力，提供了心靈暫時寧和與安全的避風港，賜予感情上的溫暖及未來永恆福樂的許諾。當人際交往中缺少溫暖、友誼和理解時，有的人就會寄希望於宗教，從中彌補這種不足。此外，宗教道德具有較強的精神力量和感情作用。由於宗教的道德與戒律被信徒認為是神的旨意，若違背會受到懲罰，故能起到趨善避惡的效應。因而它有神聖威權的一面，同時也有寬容的一面。宗教裡的神總是被塑造成既威嚴、不可抗拒的，而又慈愛、祥和、寬恕與厚道的，具有雙重品格。也就是說，宗教「剝奪人和大自然的全部內容，把它轉給彼岸之神的幻影，然後彼岸之神大發慈悲，把一部恩典還給人和大自然」，【22】在這個意義上，宗教起到了釋減人們羞恥感與負罪感的心理安慰作用。有些人為了追求自我道德的完善，增加對行為的自律及對社會的責任感而趨向宗教；也有的人在生活中發生了錯誤行為，出現內疚感和負罪感，陷入精神苦悶與迷惘，產生改過自新的需求，而去求助宗教的慰藉及神靈的寬赦，重新獲取心理平衡。

人們在生活中時常會受到外部力量的限制與壓迫，抑制了主體能動精神，被隱伏的思想、感情、欲望往往要通過某種方式有意無意地宣泄出來，否則會導致精神的失調或生理上的疾病。如果出於種種原因正常的宣泄不能通暢，那麼在一定條件下宗教卻為感情的宣泄提供了方便的途徑。精神上被壓抑的人有時通過各種宗教活動，可以暫時忘卻現實中的一切苦惱與困擾，排除各種雜念，使精

神上緊張與抑鬱的狀況在某種程度上得到緩解，儘管這種緩解並未能改變人們的生活條件。

宗教自身是一種具有凝聚力的群體，成員都有著某種共同的信仰和期望、共同的心理與情感、共同的道德行為規範和價值取向，因此會產生特殊的認同感及親和感。宗教群體通過集體的宗教活動不僅能增強與堅定宗教的信仰，而且也使成員間感情互相交融，增進了群體的團結與活力。正是宗教群體的這種社會聯繫作用，對某些心理上有失落感、感情上有冷漠感、生活上有孤寂感的人頗有吸引力，皈依後到那裡去獲得情感的交流及社會需要的滿足。

宗教在心理上有時還能產生使人一時解脫痛苦的精神作用。人生的短暫與對人世的眷戀永遠是一對矛盾。對終極的關切，對老、病、死的畏懼與對健康、幸福、長生的追求是人之常情。不少人為此而苦惱，特別是風燭殘年的老人或病魔纏身的病人，往往面對無情的現實，思想負擔沉重。他們之中一些人被宗教中的來世說、輪迴說以及長生不死成仙的幻想所打動，或半信半疑，或「寧可信其有，不可信其無」，來個「雙保險」，或祈求神靈帶來奇蹟與護佑，而去皈信宗教。在某種情況下，信仰的強烈依賴感和思想的集中，使得心理與生理的關係獲得重新調整，有可能起到精神治療的作用，延緩了病情或增強了人體對疾病的抵抗力及對病痛的承受力，提高了自身抗擊衰老及戰勝疾病的信心。於是有人把此歸結為神和宗教的作用，也有人為此作「見證」到處傳播，進而擴大了宗教的影響。

第二節　信教者的宗教活動

在現實社會中人們總是在一定的社會規範下活動著。人們的所有活動也都是在社會中實現的。個體、群體、社會三方面能動性的互動使得社會生活呈現出豐富多彩，推動著歷史的前進。人們的活動包含物質的活動與精神的活動兩大類。宗教活動則是連接物質——精神的特殊活動。初時，宗教活動同人們的物質活動有著直接關係，後來隨著物質生產的發展和社會活動的分化，宗教活動才逐漸相對地獨立出來。

宗教活動是信教者通過一系列外在的語言、身體動作及象徵媒介，從物質的與精神的兩方面表達其內在的宗教觀念及宗教體驗的活動。宗教活動的表現形式多樣，不同的宗教、民族及人文背景，宗教活動各具自身的特點。各種形式在各個宗教的發展中都經歷了從自發、分散到制度化、社會化的過程。概括起來，主要的宗教活動有巫術、禁忌、祈禱、崇拜儀式、宗教修煉等。

一、巫術（Magic）

巫術起源於早期原始社會，普遍存在於世界各民族、各地區和各種宗教。直至今日，巫術不僅殘存於原始宗教、薩滿教、民間宗教，在系統化宗教中亦有反映和表現。巫術活動內容廣泛，通過一系列行為來實現，包括象徵性的歌舞、被認為具有魔力的咒語及運用某些有象徵意義的實物，在特定的時間和場合進行。行巫術無非是力圖利用、求助或操縱某種超自然、超人間的異己神秘力量去實現自己能力與知識所不能達到或期望必成的目的。它並不借助經驗

知識和科學，而緊密建立在神話傳說基礎之上，同所有的宗教活動一樣，是在人與神之間所特有的一種敬畏、神秘、超凡而奇異的氣氛中進行。

巫術通常由從事「通神接鬼」的宗教職業者主持。中國《說文》中載，「巫，祝也，女能事無形以舞降神者也。」女為巫，男稱覡。據稱他們能通過歌舞咒語，在鬼神與人之間進行溝通，調動神靈之力，祈神降雨、占卜夢事、卜知休咎、除祟驅鬼、醫治疾病，為人祛災降福。商代，「殷人尊神，率民以事神，先鬼而後禮」，【23】宗教巫術有較大發展。商巫操掌宗教大權，在奴隸主貴族統治集團中據有重要地位。直到漢代以後，情況有所變化，巫術轉為民間信仰，俗稱「黑巫」。

巫術行為的表現形式多樣，門類繁雜，奇特怪異。中國歷史典籍中就有方術、法術、妖術、邪術、魔術等類分。西方人類學家和宗教學家曾對巫術按不同的標準進行過分類。大致上，按巫術產生的原理為標準，可分為「模仿巫術」和「接觸巫術」；按巫術在人類生活中的功能為標準，可劃分為「生產巫術」、「保護巫術」和「破壞巫術」；據巫術的道德價值在社會生活中的功能，又可分為「白巫術」與「黑巫術」。【24】

大凡在人的力量和技術工具無法控制，偶然性和危險性充斥的場合，人們為了達到某一具體的實際目的，又不甘無所作為，巫術就有活動餘地。在原始社會，原始人大量使用巫術手段，成為原始宗教重要的宗教活動。階級社會形成後，在人為宗教中，仍然存在著巫術的成分，新約聖經中就描述了耶穌基督在傳教過程中的巫術行為，不過把它說成是種種「神蹟」罷了。中世紀的歐洲，巫術相當盛行，以至到十五世紀初，如果一個人不相信巫術，不承認女巫

的存在就會被視為異教徒，在此後兩個世紀中，歐洲幾乎是生活在女巫的恐怖之中。這種局面直到官方態度發生了變化後，以火焚了多達50萬名所謂的女巫才告終。到了現代社會，除某些地區原始宗教中巫術仍為重要宗教活動外，已漸被各種制度化系統化宗教排除。有的西方學者竭力對巫術與宗教嚴加區分，將巫術說成是與宗教對立的不同質的東西。即使這樣，並不能真正表明巫術與宗教在本質上的分離，事實上巫術只是發生了形式上的變化，成為宗教次要的和補充的宗教行為。在反映人神關係中，宗教與巫術目的相同，手段各異。求助神靈「在一般情況下總是軟硬兼施，奴隸式的祈禱、賄賂式的獻祭與權術式的巫術一齊用上。」【25】例如，現代宗教中某些求神降雨、召魂、占卜吉凶活動，身佩護身符、吉祥物或避邪物，特別是驅魔治病或捉鬼去病活動，都在不同程度上與巫術纏繞在一起。

巫術的宗教功能在人類早期社會中十分顯著，當人類控制自然能力低下，經驗知識貧困的情況下，如馬林諾斯基所列舉的「生命轉機、重要業務的失望、死亡與傳授部落秘密的戒禮、失戀與莫可如何的憤怒」等情況【26】，巫術為處於困境和厄運中的人們提供了一個超自然的避難所，增強其驅害、征敵的勇氣與信心，一定程度上減緩了對於恐懼、焦慮、仇恨與怨氣的自然反應，使之在精神上得到某種撫慰與滿足，以致盡可能保持其平衡與統一，提高戰勝恐懼、困難的希望與自信。在原始社會，巫術適應了當時人類社會的需要應運而生，還發揮著其社會功能。規範化的巫術既是一種整合力量，又是一種制度，它使社會中的成員組織起來，投身於解決那些不可避免的衝突，並在某種意義上成為推動原始人在組織和有計劃地安排勞動方面的積極因素。但是，巫術畢竟建立在人們對於事

物之間因果關係虛妄的認識基礎上，它不是科學而是原始的宗教行為，雖能一時鼓舞原始人的鬥志，增強其信心與勇氣，卻不能保證成功，達到真正的現實效果，終究會陷入盲目迷信的深淵，得到相反的效應。信賴巫術程度愈大，探守科學真知的阻力也就愈大。比如用巫術去治病，反而貽誤醫療而導致死亡。有的巫術甚至為人們以象徵的方式發泄其侵犯、占有欲或敵意提供了機會，對個人、群體、社會都帶來了直接的危害。人類社會文明只有擺脫巫術迷信的羈絆，在科學與理性的基礎上才能得到發展。在中國物質文明與精神文明已有高度發展的現代社會，巫術已失去存在的客觀依據，與時代精神相違背只能是愚昧、落後的表現，應從正常的宗教生活中排除出去。至於少數在社會上以不法手段騙取錢財、傷人害命、擾亂治安或進行反社會活動的巫婆神漢，他們的種種巫術活動已為法律所不容，作為封建迷信活動而被取締。

二、禁忌（Taboo）

禁忌是一種應用範圍較廣且常見的現象，源自於玻利尼西亞土語tabu，原意為「禁止做的」或「被禁止的」，指此事做不得，既有世俗性的，也有宗教性的。宗教的禁忌行為是體現和處理人與神關係的一種特定的態度和方法。有些直接同人們所崇奉的異己力量和神聖物關聯，出自對其畏懼、尊敬及屈從而受到某些限制與禁戒的宗教現象。在信教者看來，神聖就是非世俗，意味著聖潔，與污穢或不淨相對應。神聖物地位高尚，人們不能隨意處置或使用；不淨物為神所厭惡或排斥，人們亦應規避與禁用，否則都構成了對神的褻瀆。自有神聖事物與凡俗事物的區分，就會有相應的宗教禁忌出現。世俗生活中也有禁忌或避諱，若有違背只關係到好運還是惡

運，但違背了宗教禁忌則關係到終極命運，帶來的卻是有罪感，存在懺悔或贖罪的問題。世俗禁忌與宗教禁忌的出發點與後果是有區別的。巫術與宗教禁忌同為宗教行為活動，但是「在表現形式上，巫術是積極的、進取性的，禁忌則是消極的、防範性的；在目的上，巫術是為了達到某種有利於己的目的，禁忌則是為了避免某種有害於己的結果發生。」【27】

　　各種宗教都有各自的禁忌規定，範圍和內容十分廣泛。凡涉及神聖物自身，包括具有超自然神力或神性的人與物，體現神聖對象或事物的時間、場所，表達與宗教觀念有關的事物都可成為宗教禁忌。原始宗教中的禁忌往往同傳統的習俗結合在一起，階級社會出現後的人為宗教中，宗教禁忌除吸收各民族文化傳統的因素外，還受到當時社會生產關係的影響，通過神學教義或教法學演變為制度化與規範化的宗教戒律和禮儀，有了新的社會意義。例如猶太教的「十誡」被認為是上帝同以色列人訂立的約法，成為猶太教的最高律法，「十誡」中的許多誡條反映了當時社會人際關係的需要，是世俗社會生活中人們行為準則的宗教化，變成了宗教禁戒及宗教的道德規範。

　　各種宗教都有一套複雜、繁瑣的禁忌與戒律，隨歷史的演變和教派的分立也會發生變化。從其內容看，大致有以下幾方面：

　　⑴有關具有超自然神力或神性之人與物的禁忌。在原始宗教中，許多氏族部落以某種特定的動植物或其他物種為圖騰，視其為源出而具神聖性，備受尊崇與愛護，往往被禁觸、禁食。如鄂溫克族崇拜熊神，禁食熊的心、腸等，因為這些內臟被看作是熊的靈魂之居所。有的禁忌在經過特賦靈力的巫師、祭司處理後或經過某種儀式方可變通。在一神教中，只有唯一的至高神，嚴禁拜唯一神之

外的任何神；即使在稱謂上也不能妄稱主（最高神）名。猶太教、基督教的「十誡」中就此都有明確規定。伊斯蘭教「真主」獨一，嚴禁多神或偶像崇拜，提出安拉有九十九個美名，除此不能妄稱。在一些宗教中，對神聖物的稱謂以諧語或隱語代之，以免冒犯而帶來凶禍。

(2)體現神聖對象或事件存在的時間、場所的禁忌。宗教中神聖對象或事件的存在、發生總是同一定的時間、空間相聯繫，因而這些與神聖相關的時間、場所也相應具有了某種神聖性而有了禁忌的規定。宗教中的神聖人物（包括祭司、經師、長老、宗教創始人、教主、聖徒等）是神聖世界與世俗世界的中介，通常被教徒視為神聖的化身，他們的誕辰、忌日以及神聖事件的發生日都有重大的象徵意義，往往形成一些宗教節日，在此期間都有宗教禁忌規定。穆斯林在伊斯蘭教曆九月要齋戒一個月，此間每日從黎明至日落禁止飲食和房事等（病人、旅行者、孕婦和哺乳者可例外，以延緩補齋或施捨辦法罰贖）。定九月為齋月，是紀念《古蘭經》在該月首先「降示」，穆罕默德受安拉之命為「使者」；也是在該月，穆斯林在早期白德爾之役（西元六二四年）中取得了第一次軍事上的重大勝利。

對於神聖時間的禁忌，也被引申到同人類生產與生活有關的季節轉變及個人成長過程中重大轉折時刻或事件發生時的種種禁忌，因為在宗教信徒的觀念中，這些關鍵時刻與事件的發生是同神聖物相關，在此時間裡規避一些神靈所不悅或不潔的行為是必要的，以示感謝神靈的賦予，並求得其歡心繼續給予護佑。

宗教中有關神聖的地點或場所，例如宗教發源地、重大宗教事件發生地、舉行特殊宗教儀式的場所、聖殿、寺廟、聖墓等，被視

為聖潔之處而具有不可侵犯、不可褻瀆的特殊意義，有相應的禁忌規定。許多宗教要求信徒在進入聖地之前或之後須禁欲、淨身、齋戒、禁獵殺、禁嬉耍，甚至不得口出狂言穢語。伊斯蘭教把麥加城中的「克爾白」視為人類始祖阿丹依天上的原型而建的「天房」，在該地禁止凶殺、搶劫、械鬥，故亦稱「禁寺」。伊斯蘭教規定，凡有條件的穆斯林一生中最少朝覲麥加聖地一次，並有一系列朝覲禮儀，其中包括朝覲者進入「戒關」時，要淨身（包括大、小淨）、脫下常服，穿上戒服，戒修飾、戒房事、戒爭吵、戒流血、戒狩獵或傷害陸地生靈、戒砍伐樹木等，直到完成主要朝覲儀式後須剃頭或剪髮、剪指甲，象徵受戒狀態結束。中國西南地區彝、佤、納西、哈尼、景頗等少數民族寨子裡有「神林」，被認為是神靈住地，嚴禁在此砍伐、拾柴以及破壞樹林的行為。

(3)體現某種宗教觀念的禁忌。各種宗教觀念中都有自己的神聖物或應受尊重的神聖對象；同時，也有一些被認為是與不潔、不義、邪惡相聯繫，與神聖相對立的事物，對此則有所禁忌或規避。這方面的內容很寬泛，名目繁多，不同的宗教情況也不盡相同。由此而產生出對於各教教職人員的禁忌與戒律往往數量多，十分嚴格。

這類的禁忌大致有以下幾種：

1.殺生禁忌。例如，佛教認為一切生物皆有靈性，生死不息，不應殺害。殺生被視為一種罪行，直接同其一切無常、因果業報、輪迴轉生等宗教觀念相聯繫。耆那教、摩尼教的殺生禁忌，也是源自它們的教義思想。

2.性生活與婚姻的禁忌。許多宗教對性問題十分敏感，認為性欲是罪惡的根源之一，特別視亂倫和婚外性生活為不潔之大忌而加

以棄絕。早期原始宗教中，原始初民認為血緣近親間的亂倫和性混亂行為是冒犯神靈的罪行，懲罰十分嚴厲。在後來的人為宗教中，仍然把縱欲、亂倫看作是不潔淨、不高尚的事情，為神明所厭惡的恥行，故在宗教戒律中把「不奸淫」列為重要的一條。對宗教的教職人員（如修士、神父、僧尼等）甚至規定不得婚嫁，以示超凡脫俗，顯現其淨身敬神的高潔品性。有些宗教派別提倡禁欲和苦行，包括斷絕或節制性生活，注重宗教的精神修煉，以求達到超脫凡俗世界走向神聖世界的所謂神秘境界。有的宗教對性生活的禁忌同重大的宗教儀式活動、神聖的時間、神聖的場所相結合。例如，伊斯蘭教規定在教曆9月的齋月中，從黎明至日落禁止房事；在朝覲「克爾白」期間也戒禁房事。基督教的某些教派在大齋節（復活節前40天）期內教徒不舉行婚配。

3.飲食禁忌。許多宗教出自對神聖對象的情感，或與其特定的教義有聯繫而賦以宗教的意義，對某些飲食有禁忌的規定。圖騰民族一般不食被尊為圖騰的動植物，有的經過特定儀式後或在特殊情況下才可食。中國大乘佛教經典中有反對食肉的條文，故信奉大乘佛教的漢族僧人乃至許多居士都不吃肉，有食素的風習，歷史上經梁武帝的提倡而普遍起來。古印度的佛教僧侶過著「三衣一鉢，日中一食，樹下一宿」的生活，這種傳統現在東南亞上座部佛教中仍有影響，僧侶們過午不食。猶太教的飲食禁忌較為嚴格，《舊約聖經》中的《利未記》第十一章和《申命記》第十四章都有明確規定。凡是被認為不潔的和可憎的東西都不可食，如不反芻的和蹄未分兩瓣的動物（豬、兔、駱駝等）、無鰭無鱗的水生動物、自死之物、地上爬行的動物、動物的生肉、血液等。屠宰牛羊禽類時須一刀致命，是否潔淨要由專人檢驗。伊斯蘭教在飲食上要求以「清潔

的為相宜，污濁的受禁止」。《古蘭經》中明文規定禁食自死之物、動物血液、豬肉以及未誦安拉之名宰殺的牲禽等，也禁飲酒。對在非自願而迫不得已的特殊情況下雖食禁物，可採取變通辦法，不為罪過。宗教中的禁食規定有的是要求在特定的時間和空間，如重大宗教節日、齋戒期間或進入聖地時實施，各教情況各異。猶太教徒在逾越節時不食一切含發酵物的食品。成年穆斯林在齋月期間，每日從破曉至日落禁止飲食。虔誠的天主教徒、東正教徒一般於星期五不食肉。某些原始宗教中，在諸如孩子行成年禮期間、婦女分娩後或婦女月經來潮期間都有短期的或特定的飲食禁忌規定。

　　禁忌是宗教生活中的重要內容，成為教徒的一種宗教行為，隨著倫理含義和民俗成分的融入也成為社會生活的一部分，具有明顯的社會功能。禁忌與神聖對象和宗教觀念相聯繫，宗教生活中禁忌行為反過來可以強化宗教意識，使神聖對象處於聖潔而不可侵犯的地位。信教者通過嚴守各種宗教禁忌，生理上抑制某些欲求，精神上備受磨煉，心理上獲得某種聖潔的宗教體驗，進而提高了克己順從、畏神守法的宗教靈性。宗教禁忌的社會作用與影響，在不同的社會背影與歷史階段是有所不同的。原始禁忌是原始初民對於災禍的一種防禦手段，對於維護人類自身的進化發展及社會秩序起過積極作用。在原始時代，通過自發宗教的禁忌規定，原始初民區分出事物的潔淨與污穢；區別某種事物是應受保護，能保護自己的，哪些是不受保護或不能保護自己的；也區分開危險與安全的界限，表明了不僅已注意到人與自然的關係，且注意到不同圖騰標記的社會群體間的關係。某個社會群體成員遵行其所屬群體的禁忌規定和特定的宗教儀式，不做被其群體視為危險的或會帶來災害的事情，在一定程度上增強了社會集團成員的認同感，維護與鞏固了群體內部

的凝聚力和傳統力量。杜爾凱姆認為，社會集團的神聖物是社會本身的反映，相應的禁忌制度不過是把社會神聖化，在一定意義上是一種集體的社會制度。這種觀點是不無道理的。不難發現，原始人通過宗教禁忌抑制了人類動物式本能的潛欲，有助於倫理意識的培育，推動了文明的發展。在人類社會尚未產生法律之前，宗教禁忌曾起到了類似律法的作用，它調節著人際之間、社會群體之間的關係，制約著人們可能會給社會秩序帶來危害的某些行為，具有社會整合的意義。人為宗教出現後，宗教有了明顯的社會屬性，宗教禁忌增加進更多的倫理、道德內容而進入世俗社會。弗雷潔認為，同神聖觀念相聯繫的禁忌制度在社會生活中，對政治的穩定，婚姻神聖性的維護，生命和私有財產的尊重，都有過積極作用。這個看法是有一定道理的。在特定意義上可以說禁忌在社會生活中，對法律是某種程度和範圍內的補充。即使在當代社會，在某些國家宗教教法（包括宗教禁忌與戒律內容）仍是國家立法的基本依據之一，並在民間作為強大的傳統力量，規範與制約著人們的社會行為。當然，宗教禁忌畢竟同法律不是一回事，不能等同。隨著人類社會的發展和文明的進步，人們的認識能力與道德水準提高了，社會關係的整合與個人行為的制約因有了一整套法律制度的建立而加強，宗教禁忌愈益成為人的消極、軟弱狀態的表現，束縛人的主體精神、積極性與創造性的發揮。與此同時，有的禁忌原本是一種宗教行為，在其後的歷史發展中，宗教的神秘色彩與含義漸被淡化，積澱於意識的深層，延伸與轉化為人們的一種社會習俗，與民族文化的傳統相融合，成為影響人們心理與社會生活的文化模式的一部分。這也是客觀存在的事實。

三、祈禱（Prayer）

這是信教者宗教生活中最常出現的宗教行為。它出自信教者對所崇奉的神靈或神聖物的依賴感和敬畏感，用以溝通人與神之間的聯繫，表達人對神的順從、感恩、讚美、忠誠、奉承、祝願、祈求、悔過等宗教情感與態度。目的是討得神靈的好感、喜悅與悲憫，有求必應地實現自己的願望，賜予各種福分，擺脫苦難、罪惡與精神上的孤獨感與絕望感。費爾巴哈認為祈禱體現了人的本質，是宗教異化的心理基礎。祈禱不僅是對神靈的祝福，而且含有人們自身的目的與需求，借助神靈的仁慈與力量，幫助實現自我完善和克服困難。十八世紀德國新教徒習用的一本通俗手冊中，有一段話把信教者祈禱的心態講述得十分清楚：「除了祈禱和感恩，我們生活中的一切全都無有，這也就是說，我們每天都要在祈禱中籲請上帝賜予我們福樂、援助、安慰和恩典，一旦我們獲得這些東西，我們就應全心全意地感謝上帝。」【28】

每個人的需求是多方面的，且因人而異，要實現自己的願望談何容易，因此各種宗教要求信教者不斷地進行祈禱，而且強調祈禱時信念要「誠」。於是「誠則靈，不靈則不誠」成為祈禱者的基本條件，也是檢驗願望能否實現的標準。這樣一來，能否實現願望的最終責任在人不在神，成敗，神皆在理，祈禱者都要心悅誠服。為了達到「至誠」，信教者除了堅定信仰外，還須不斷堅持周而復始的祈禱，信心和忍耐就必不可少，祈禱也就成為每日離不開的宗教活動了。

祈禱是人與神交往和聯繫的行為方式　」通過語言工具和身體動作來表達。祈禱時，借助語言使神與人雙方都成了發話者和聆聽者，縮短了人與神之間的距離，直接傳達了信息，賦予了意義，具

有一種特殊的心理作用。祈禱可以有出聲的「口禱」，以語言的音量或韻調來增強效力，烘托氣氛；有不出聲的「默禱」（「心禱」），突出與神溝通的神秘感與敬畏感。祈禱者可用宗教現成的祈禱書文，也可無成文禱韻地隨口祈禱。通常許多宗教都有自己精緻而規範的祈禱詞或禱文，有的是宗教詩篇。一些宗教祈禱中還用一些專門詞語，如基督教的「哈利路亞」、「阿門」；印度教的「奧姆」等，用以增強情感與加大力度感。祈禱大多時候是個人單獨進行，在宗教場所或重大宗教活動時往往集體進行，由神職人員主領。有的祈禱伴有某些類似禮拜的身體動作。由別人代為祈禱稱之為「代禱」，宗教中把彼此間代禱或主動為他人祈禱視為一種美德。

祈禱有時同獻祭相聯繫，同是表示對神靈或神聖物的敬畏、感恩與祈求，只是在方式、手段上有所不同。獻祭是通過供獻犧牲或其他供品，以物質手段來換取神靈的恩惠與幫助；祈禱則偏重於精神手段，本質上是一致的。祈禱並不一定要求獻祭相伴隨，後者更多是作為整個宗教禮儀活動的一部分進行。

祈禱就其內容與表現形式，有以下幾種：

1.祈求。懇求神靈消災賜福，實現或滿足個人、親友、群體在物質生活與精神生活中的欲求。

2.懺悔。向神靈認罪、悔罪的表示，求得神的寬恕、原諒、拯救與賜福。

3.表白。向神靈表明自己信仰的堅定與虔敬。穆斯林口誦「清真言」，以示對伊斯蘭教信仰的公開表白或「作證」，是五項宗教功課中的一項。

4.崇拜。是同禮拜儀式相結合的祈禱行為。往往念禱詞、誦經文、唱頌歌、鞠躬、叩拜及其他身體動相結合，充分地表現對神靈

的敬畏感。新教「主日」教堂舉行禮拜時，祈禱是重要內容之一。伊斯蘭教禮拜規定，禮拜者要完成抬手並口誦「真主至大」、端立、誦經、鞠躬、叩頭、跪坐等「六儀」。在許多宗教中，禮拜被視為最崇高的祈禱形式。

5.發願。向神靈明確表述自己某種願望或意向，請求予以佑助。祈禱中一般採取向神靈發誓或許願的方式。天主教修會的會士或修女通過當眾公開發願或個人默念發願以示對天主誓守神貧（絕財）、貞潔（絕色）和聽命（絕意）清規。佛教徒常向佛發願要求解脫苦難，往生淨土或成佛等，謂之「發心」。祈求者向神靈發願的同時，往往伴隨著還願的信守，表示在某種願望實現後將以各種善行或功德加倍進行補償與謝恩。

6.靈交。各種宗教神秘主義派別或專注宗教修煉的教徒，較強調通過崇拜性的祈禱與神靈直接溝通，獲得與神靈性相通以至神人合一，如痴如醉忘我的神秘體驗。當代新教神學家內爾斯·費里在《怎樣使宗教為真》一書中把祈禱說成是把自己融於上帝之存在中的關鍵所在，「祈禱是使宗教變成實實在在之物的重要途徑。我們除了在祈禱中與上帝交流之外別無他路，因為祈禱本身就是與上帝交往。」這類祈禱往往在神秘、寂靜、寧和的氛圍中進行，有的伴有劇烈的身體動作，甚至聲淚俱下，神志昏迷，無非是達到某種由於專注入神而產生的心理幻覺境界。

祈禱可以說是信教者最普遍的宗教行為，是宗教生活中不可缺少的內容。二十世紀八〇年代初，國外的某些統計資料表明，整個西歐約有十分之六的人經常祈禱，其中以老人、婦女、鰥夫和寡婦及有孤獨感者更為突出。在美國，75%的美國人每周祈禱一次，52%的人每天至少祈禱一次，甚有的人把其作為「擴展生活領域的

一種方法」。宗教神學家都十分推崇和特別宣揚祈禱的意義和價值，因為他們看到了祈禱強化了人對神的依賴感和順從感，有利於固定人與神的關係，堅定信教者的宗教信仰，即起到了增強信教者個人對神「真實存在」的體驗，使靈魂得而「充實和歡樂」，「令人獲得新生的生命之泉沐浴了整個內心世界」的作用【29】。祈禱體現了人對神的順從、敬慕、謙卑、崇拜，並按神的旨意自省個人的行為，在某種程度上提升人的精神品味與道德責任感，有助於社會秩序和人際間道德的維繫，加強了統治集團的社會控制。這種社會功能能否對社會發生積極作用，抑或是消極作用，顯然要同時代的背景與社會發展的需要聯繫起來，因時因地因事具體分析，不能一概而論。

四、宗教禮儀（Sacred Ritual）

任何宗教都包含著信念和禮儀兩大部分。信念指的是宗教的觀念意識；禮儀則是表達宗教信念與體驗的行動方式。兩者一內一外，互為表裡，相輔相成，相互作用，是宗教缺一不可的兩個方面。宗教禮儀通過人的語言與身體動作來表現，各種宗教根據其信仰內容及教義要求有各自的規定。不同的宗教儘管禮儀不盡相同，但其共同的特點是具有集團性、相對穩定性、神聖性。換言之，各種宗教有各自基本統一的規範化的禮儀程式，它適用於同一宗教社團的所有成員，因宗教觀念意識的基本內容是同神靈或神聖物相關聯，與之相應而生的禮儀也具有一定的神聖性、權威性和約束力。

人類早期宗教有各種巫術、禁忌、獻祭、祈禱等宗教行為，往往混合組成某種宗教儀典。階級社會出現後，人為宗教的宗教禮儀漸趨系統化和制度化，日臻精細與完善，並賦以道德意義。宗教禮

儀在制度化的過程中，一般都是根據當時社會的背景和需要，並繼承與改造了各民族原有的崇拜習俗，逐步形成規範，若一旦確立，就具有強制性，成為信徒必遵的宗教神聖義務和職責。宗教禮儀表現出來的是人——神關係，但本質上是人——人關係的宗教化，是人與社會關係的異化。而宗教神學家卻把宗教禮儀說成是神的啟示和旨意，是神定立的「聖事」，為此塗上神聖的油彩。

宗教禮儀就其內容可分為以下幾類：

1.同崇拜的神聖對象與重大的宗教事件直接相關的禮儀活動。其中，有的是為了向神聖對象表白信仰與堅貞；有的是為了紀念神聖對象或創教人的誕辰、忌日、聖事、聖跡與重大歷史事件；有的是為了向神聖對象表達敬畏、讚頌、感恩與親近的情感。

2.同個人生命成長過程中重大階段或社會生活中重大轉折點相關的禮儀活動。如嬰兒出生後的命名禮、青春期的成人禮、婚配禮、亡人的喪禮或追思活動。人類學家稱其為「生命禮儀」。

3.同祈求實現某種世俗欲望相關的禮儀活動。如為祈求降雨、豐收、平安、和平、消災的宗教祝福儀式或法事活動。

4.同某個人入教或擔任聖職相關的禮儀活動。如基督教的受洗禮、佛教的授戒儀式、天主教的授聖職禮。

宗教禮儀應用一系列象徵形式體現人與神的關係，把現實世界與虛幻的想像世界融合起來。宗教象徵是宗教觀念的物化與標志，例如宏偉壯觀的神殿廟宇；各種雕塑、繪製的神像；精製的法器、徽標；具有特殊含義的自然物品；特定的服飾物飾。甚至某種特定的色彩，都在宗教儀式中被廣泛地使用。宗教儀式還需要莊嚴肅穆的氛圍及各種藝術形式的配合，如舞蹈、戲劇、音樂、有序的形體動作，不僅可以彌補形象的不足，而且烘托、激勵著參與者的情感

與執著。當形象、意境和情感融於一體時，宗教禮儀活動就把人們領入到一種和諧的、神秘的、充滿活力的超凡脫俗及超越自我的精神境界中去，以展示與領悟宗教的含義，尋求對神聖的宗教體驗。

宗教禮儀活動是信教者對神聖對象及神聖力量基本態度的表達，也是對信仰內容的反復陳述，而且這種宗教行為是時常不斷重複進行的。由此「一方面，宗教信仰行為規範套上神聖的光環，並為它們提供最高的辯護；一方面，宗教禮儀則又引發並表現出種種態度，以表達並因此而強化對這些行為規範的敬畏。」【30】從根本上起到了強化與堅固信徒信仰的作用，並加強了他們對宗教的興趣與依賴感。宗教禮儀活動在某程度上消除了信教者精神上的某些疑慮，增強了他們生活的勇氣與信心，提供了適當的感情宣泄的機會，給予心理上暫時的安定感和滿足感。

宗教禮儀把信教者納入了一個規範化的行為模式和統一的宗教生活之中，特別是通過對宗教的基本信仰與價值觀的不斷肯定，無疑增強了宗教群體內部的聯繫和凝聚力。在幫助信教者產生認同感的同時，為這種群體成員資格提供了保證，並給以宗教的共同信念與價值觀、道德觀的指導及教誨，使他們適應新的社會角色和要求，具有與之相適應的道德使命感。宗教的「生命禮儀」在這方面更有其特殊的社會功能與文化的、道德的意義。在人類早期，宗教禮儀活動起到了保存部落傳統、增進內部傳結、教化部落成員的社會作用。在階級社會中，宗教使現行的社會規範與價值觀念神聖化，宗教禮儀一般也就成為統治階級利用的工具，有助於神化剝削制度和統治階級對社會的控制，有助於化解人們對現行統治秩序的不滿情緒，抑制人們的反抗精神，充當一種阻礙社會變遷的力量。制度化的宗教禮儀往往使人們的行為不易適應社會發展的變化，神

聖光環籠罩下僵化的規範成為束縛理性、科學與社會進步的繩索，也為宗教自身的分裂與社會的衝突播下了種子。

宗教禮儀包含著人類的各種文化因素，在歷史上凝聚了許多人類文明傑出的成果，在保存與推動人類文化藝術方面是有巨大貢獻的。同時，事物還有另一方面，因為宗教依賴的是超驗的觀念意識與不同於經驗領域的神秘體驗，它對文化藝術的需要與利用，是建立在一種虛幻的和不穩定的基礎之上，追求的是表現神聖對象的「真實性」及人神之間的關係而非現實的人，勢必會在一定程度上割斷或封住了文化藝術來自現實生活之源，從而又限制了文化藝術的發展及活動。

五、宗教修行

這是信教者為獲得宗教上一定的階位或神秘的宗教體驗所特有的宗教行為。不同的宗教及教派根據其神學思想體系與傳統的文化背景，宗教的修習行持方法各異，對宗教超驗狀態的描述也不盡相同。但修行的目的大體上是一致的，即集中思想與意志，通過內省與修煉，排除各種情欲，擺脫物質條件與社會生活的干擾，使身心達到超凡脫俗，超越自我的神秘境界，實現「神人合一」或「自然神通」。

宗教神學家對宗教修行十分推崇，稱此為使信教者與「終極的源泉」神靈合一的手段，或是修心悟道、淨化精神獲得解脫的重要途徑。佛教認為人若要擺脫痛苦，唯有依經、律、論三藏，修持戒、定、慧三學，超越生死輪迴，達到「涅槃」或「解脫」之最高境界。其重要修行方式禪定通過內省靜思、精神集中、專心致志，才能參悟真理，顯發智慧，明心見性，解脫自在。中國道教認為神

仙可通過道術修煉而成，故重視修命與養性。修煉之術有吐納引導、外丹內丹、養氣服氣等，達到「精神充足而自守，心性圓明以自然，恬淡虛無，若存若亡」【31】，獲得長生久視，心神虛靜、精神逍遙、自然解脫的「返樸歸真」。伊斯蘭教蘇非派的修煉一般在嚴師指導下，通過對安拉的愛和沉思入迷，用懺悔、禁欲、斷念、守貞、堅忍、讚念（齊克爾）等方式，歷經數個階段，拾階而上，最終達到「寂滅」，與安拉永存的「既醉又復甦，兩體合為一」的神秘境界，實現真正的「返本還原」。當代西方某些神學家甚至宣稱宗教修持構成了宗教的核心，決定了宗教的各個方面。基督教的某些教派強調「因信稱義」，不承認「聖事」，對宗教儀式並不重視，注重信徒的內心誠信和精神體驗，即所謂個人內心與上帝的靈性交感。

宗教修行的方式和具體做法各式各樣，名目繁多。有集體進行的，也有個人獨自進行的。天主教、東正教有男女修會，還有各級修道院或隱修院，設有各類正規的教義神學課程及修習活動，並培養出專門的聖職人員及傳道人員。有些宗教由信眾組成某種教團群體，在導師或教主的帶領與引導下從事宗教修行活動。有的信徒採取隱居方式或居家方式，或雲遊方式進行個人的宗教修行活動。也有集體與個人兼而有之的方式。一般說來，宗教修行是極其困苦的，同禁欲、守戒、苦行等聯繫在一起。

信教者參與宗教修行活動的程度，往往體現了其宗教意識的強度和虔誠度。在意念高度集中的情況下參加宗教修行活動，較易於出現各種神秘的宗教體驗或幻覺，反過來這種宗教體驗或幻覺又作為對崇信的神聖對象與神性「真實性」的根據及驗證，進一步強化了他們自身的宗教信仰。在社會生活中，人們面對大量經常發生的

天災人禍，把世間的戰爭、邪惡、不公視為異己力量，充滿了恐懼與不平，與虔敬的宗教信徒中容易產生對世俗生活的厭倦感，力圖在精神上擺脫情感、欲望、痛苦帶來的束縛，嚮往一種永恆的福樂和超脫，達到既生亦死，既是無意識無形態的自我，又是無意識無形態「真我」的復活。因此，他們通過宗教修行，在某種意義上說，一方面是對社會的消極抗議；另一方面在一定程度上按宗教教義要求淨化自己的道德行為，獲得精神上的完美自由，戰勝各種暫時的苦難。這種社會與道德功能在不同的社會及社會發展時期，所起的作用是要作具體分析的。在階級社會，逃避現實的社會鬥爭，忍受現實的苦難，顯然對維護統治階級的統治秩序是有利的，起到了消極作用。某些修行方法，如佛教禪定過程中的調身調氣、息心靜坐，道教的坐忘入靜、內丹煉養等，若拋開其神秘的宗教內容，在正確指導下運作，可作健身強體，祛病延年的輔助療法。但宗教修行中有的採用禁欲苦行，棄絕物質生活，抑制情感，甚至對自己身體實行自虐、折磨的做法，無疑有悖於人的自然本性，是非人道的，不利於社會發展的客觀要求。

【注解】

【1】讓‧斯托策爾：《當代歐洲人的價值觀念》，第六十五頁，社會科學文獻出版社，一九八八。

【2】戴維‧波普諾：《社會學》，第三七二頁，遼寧人民出版社，一九八七。

【3】尹恩‧羅伯遜：《現代西方社會》，第五八七頁，河南人民出版社，一九八八。

【4】讓‧斯托策爾：《當代歐洲人的價值觀念》，第六十一頁、六十五頁，社會科學文獻出版社，一九八八。

【5】轉引自尹恩‧羅伯遜：《現代西方社會》，第五七五頁，河南人民出版社，一九八八。

【6】讓‧斯托策爾：《當代歐洲人的價值觀念》，第二〇六頁，社會科學文獻出版社，一九八八。

【7】轉引自尹恩‧羅伯遜：《現代西方社會學》，第五八五頁，河南人民出版社。一九八八。

【8】Vernon, G.M：Sociology of Religion, p. 22, New York（英文版），一九六二。

【9】彌爾頓‧英格：《宗教之亞結構的比較研究》，英文版，第七十六頁以下，一九七七。

【10】彌爾頓‧英格：《對宗教的結構考察》，《對宗教的科學研究》，一九六九年第八卷，第一期，第九十三頁。

【11】彌爾頓‧英格：《對宗教的結構考察》，《對宗教的科學研究》，一九六九年第八卷，第一期，第九十三頁。

【12】恩格斯：《反杜林論》，《馬克思恩格斯選集》，第三卷，第三五四頁，人民出版社，一九七二。

【13】聯合國一九九四年五月二十四日在日本橫濱舉行的世界減災會議上發表的世界災情調查報告。該報告從一七九個國家關於五千起以上十五種自然災害的情況進行分析後提出的。報告認為大災害的判斷標準是：財產損失超過該國年國民生產總值的百分之一，受害者超過該國人口的百分之一；死亡人數超過一百人。

【14】《馬克思恩格斯全集》，第四十二卷，第三六八頁，人民出版社，一九七二。

【15】聯合國一九九四年五月二十四日在日本橫濱舉行的世界減災會議上發表的世界災情調查報告。

【16】《馬克思恩格斯全集》，第十九卷，第三三四頁，人民出版社，一九七二。

【17】《列寧選集》，第二卷，第三七九頁，人民出版社，一九六○。

【18】《馬克思恩格斯選集》，第一卷，第二頁，人民出版社，一九七二。

【19】《周恩來選集》，下卷，第二六七頁，人民出版社，一九八四。

【20】《費爾巴哈哲學著作選集》，下卷，第四六二頁、五三三頁，三聯書店，一九六二。

【21】《馬克思恩格斯選集》，第一卷，第二頁，人民出版社，一九七二。

【22】《馬克思恩格斯全集》，第一卷，第六四七頁，人民出版社，一九五六。

【23】《禮記·表記》。

【24】參見呂大吉主編：《宗教學通論》，第二六七～二七○頁，中國社會科學出版社，一九八九。

【25】呂大吉主編：《宗教學通論》，第二六一～二六二頁，中國社會科學出版社，一九八九。

【26】馬林諾斯基著，李安宅譯：《巫術、科學、宗教與神話》，第七十五

頁，中國民間文藝出版社，一九八六。

【17】呂大吉主編：《宗教學通論》，第二七四頁，中國社會科學出版社，一九八九。

【28】J・F・斯塔克：《日常手冊・解除俗世的悲喜》。轉引自斯特倫著，金澤、何其敏譯：《人與神——宗教生活的理解》，第五十七頁，上海人民出版社，一九九一。

【29】R・瓊斯：《內心世界》，第十八～十九頁，一九一八年版。轉引自斯特倫著：《人與神——宗教生活的理解》，第五十六頁，上海人民出版社，一九九一。

【30】托馬斯・F・奧戴、珍妮特・奧戴・阿維德著，劉潤忠等譯：《宗教社會學》，第二十五頁，中國社會科學出版社，一九九○。

【31】（清）汪昂：《勿藥玄論》。

第四章　作爲社會組織的宗教

　　宗教是人類社會中複雜的社會現象。它不僅僅是一種主觀的觀念形態，而且是一種客觀存在的社會實體，成為社會組織系統中的一個子系統。宗教的各種要素及其社會作用集中體現在信教者身上，他們都不是游離於社會實際生活之外抽象的人，也不可能不食人間煙火，而是活動於現實社會中的人。信教者由於具有某些共同的信仰和期望、感情和志趣、行為規範和價值取向，有著同樣宗教生活與滿足宗教心理的需要，形成各種宗教群體，並為了達到這些特殊目的而有意識地建立起各種宗教組織、團體。宗教組織一旦建成，必須依靠一定的制度與手段加以維繫。宗教組織是社會歷史的產物，與每個歷史階段的社會、經濟、政治、文化關係密切，具有社會屬性。在宗教組織制度化的進程中，往往具有兩重性，為宗教自身與社會帶來積極的與消極的兩方面後果。由於宗教的不同、各個民族與國家歷史條件的差別，宗教組織數量繁多，類型不一，變化複雜，千差萬別，需要一些學科具體研究（如宗教史、教會史、宗教組織制度史等）。本章只就西方宗教社會學中有關宗教組織之結構要素、形成與發展、類型學等方面問題，略加介紹與討論。

第一節　宗教群體

一、對宗教群體的社會學理解

　　作為社會的人，必然反映他們生活的時代一切社會關係的總和。人生活在社會中，各個方面都須和別人打交道，發生關係，而

且都生活在各種各樣的社會群體中，不斷地在各種群體中與他人發生相互作用，因此，群體生活是人類生存的基本方式。從社會學的意義上講，社會群體是具有共同的社會身份，通過一定的社會關係和聯繫紐帶所形成的具有某些確定的共同目標與期望，並有指導行動的共有規範，互相間表現出一種認同感，建立起特定的互動模式的相對穩定的整合性。社會群體規模不等，小至家庭，大到民族群體。宗教徒作為具有宗教信仰與體驗的人同樣離不開社會群體，尤其離不開宗教群體。具有各種不同宗教信仰、宗教體驗和宗教感情的信教者組成了各種宗教群體。在宗教群體的共同宗教活動中，宗教信徒不僅獲得了實現個人信仰的宗教意義，而且通過群體內個體角色在共同目標與規範的指導下，相互溝通與認同，也獲得了群體意義。宗教群體的規模大小不等，小至家庭，大至跨國界的教會組織。宗教群體透過信教者的宗教活動與實踐，在社會生活中發生一定的影響，使之獲得了與其他社會群體發生互動與相互作用的社會意義。

二、宗教群體的若干表現形式

宗教不僅是一種文化現象，而且是一種社會現象。作為一種文化現象，它表現為教義經典和物化的宗教象徵（如佛教的念珠和基督教的十字架）、建築藝術以及宗教倫理等等；作為一種社會現象，則突出地表現為在社會中有較大數量的宗教徒的群體活動，宗教群體及其集體性宗教實踐活動是宗教徒與外界社會發生聯繫的主要媒介體。換言之，宗教群體既是一種具有宗教意義的社會群體，又是一種與其他社會群體發生互動與社會影響的群體。

具有宗教性與社會性二重性的宗教群體，其行為與活動方式是

多種多樣的。例如，基督徒聚會處傳教講道所形成的宗教聚會，宗教家庭或家族中的集體祭神或拜祖的儀式活動，伊斯蘭教清真寺的集體禮拜活動，佛、道教的法會、道場活動，天主教修道院和修女院中修道士和修女們的集體隱修生活，以及宗教聖地常見的宗教徒的集體朝觀活動等等。它們的共同特徵是都具有同一目的，即都是為了宗教目的所進行的社會性集體行為，其差異在於集體行為的內容制度化程度有所不同。聽牧師傳教布道的宗教聚會，顯然與具有嚴格組織制度的修道院修道士的集體隱修生活的制度化程度相差甚遠。

在人類社會歷史發展的進程中，宗教群體在不同國度、不同民族、不同地域和不同的歷史時期經歷了紛繁複雜的變化，呈現出千姿百態的形式，從宏觀上講，它主要表現為宗教家庭、宗教社區和高度制度化的不同的宗教組織。

（一）初級宗教群體──宗教家庭

社會學一般將社會群體分為初級群體和高級群體（或稱次級群體），高級群體就是社會組織。

初級群體指至少由兩人或兩人以上組成的規模不大的、其成員間經常直接面對面進行接觸而形成的人與人關係親密的、具有共同價值規範的社會群體。初級群體的存在和發展依賴於傳統習慣和人際關係的力量，而非制度化的規章制度。

家庭作為以血緣和婚姻關係形成的一種基本的初級社會群體，對人的幼年和成長發育階段影響較大。以血緣和婚姻關係為紐帶形成的家庭生活群體是人類社會結構最基本的細胞，其基本功能除了生育子女繁衍後代、教育後代和經濟功能（即維持家庭生活的功能）

之外，在某些社會中，家庭還具有政治功能、宗教功能和娛樂功能等擴大功能。宗教家庭就是宗教功能在家庭中擴張的產物。

一般而言，宗教家庭是指整個家庭成員都信仰某一宗教的家庭。在宗教家庭的家庭生活中往往用宗教的教義和教規來規範其成員的行為，宗教倫理與家庭倫理、宗教生活與家庭生活合而為一，家庭成員一生下來就是宗教徒或者一生下來就行入教儀式。天主教、伊斯蘭教、藏傳佛教、猶太教等宗教中的宗教家庭尤多。

（二）初級宗教群體的擴展——宗教社區

在現實社會生活中，人們會發現不少村莊裡整個村子的居民都信奉某一宗教，形成天主教聚居村、伊斯蘭教聚居村等等類似宗教社區的宗教聚居地。在西方的某些社區也存在類似現象，形成了諸如猶太教聚居區、基督教各教派聚居區等等宗教社區。

「社區」是社會學研究最常用的概念之一。社會學把「社區」界定為一定地域內、按一定的社會制度和社會關係組織起來的、具有共同人口特徵和社區意識的地域生活共同體。其主要特徵是：1.它是一個人口集團，即以一定的生產關係和社會關係為基礎形成的人群；2.它有一定的區域或地域界限；3.它有自己一定的行為規範和生活方式；4.它的成員有共同體感和社區共同意識，具有共同的地域觀念和認同感。

任何社區都是社會體系中的一個子系統，各自均有制度化程度不等的社區管理和服務系統。現代人們的日常生活幾乎都隸屬於一定的社區範圍之內，因而人們的生活方式既受到各自家庭的熏陶，又受到各自所處社區環境的影響。

依據不同的標準可以將社區分為不同的類型。依照社會結構的

不同，社區可分為農村社區和城市社區等；依照社區不同的功能和作用，可分為工業社區、農業社區、商業社區、文化社區和行政社區等等；按照社區的歷史發展可分為血緣社區、地緣社區和業緣社區等；按照社會風俗和民族宗教傳統習慣可分為民族社區、宗教社區和種族社區等等。

宗教社區除具有一般社區的特徵與功能外還具有宗教功能。它是一定地域範圍內的宗教徒以某一宗教作為本社區成員所認同的主體文化和社區意識而形成的地域共同體。「國中之國」的羅馬天主教梵蒂岡就是天主教最著名的宗教社區。美國的猶太人社區通常為猶太教社區。中國歷史上以一個清真寺為中心的穆斯林聚居區所形成的「教坊」（又稱「寺坊」），一定意義上也是伊斯蘭教宗教社區。

可見，宗教社區是初級宗教群體──宗教家庭擴及到鄰里和社區範圍的結果，是宗教家庭的擴展和延伸。一個家庭信奉某種宗教謂之「宗教家庭」，一個村落或居民區（統稱之為社區）信奉同一宗教則謂之「宗教社區」。對宗教社區的研究和跟蹤調研通常具有重要的社會學價值。

第二節　宗教組織

一、社會學對「社會組織」概念的解釋

在考察宗教組織之前，我們有必要說明一下社會學意義上「社會組織」的一般含義。

「社會組織」在社會學中通常可以從社會結構──功能及社會群體研究兩個角度進行解釋。

按照美國社會結構功能學派大師帕森斯的觀點，社會組織是社會結構中社會系統的構成成分之一，是社會體系中四個結構性因素之一。社會體系的四個結構性要素是：角色（role）、集合體（collectivity）、規範（norm）和價值（value）。角色是社會體系中的最基本單位；集合體是一群扮演角色的人；規範是指以約束個人行為的社會約束力；價值指社會的目標和社會需求的方向。【1】這裡的「集合體」就是社會組織。

　　帕森斯的社會系統結構分析是與其功能分析密切相關的，按照這種聯繫，社會系統的存在與其結構性因素的功能要求相始終，即社會系統的各個組成部分均具有一定的社會功能，帕森斯將這些功能分為如下四種，即適應環境（Adaptation）、目標的實現（Goal Attainment）、整合（Integration）和模式的維護（Latency, Pattern Maintenance），簡稱為「AGIL」。並且可以將社會系統的結構性因素與功能需求間的關聯對應起來，即角色對應Ａ，集合體（社會組織）對應Ｇ；規範對應Ｉ；價值對應Ｌ。可見社會組織具有實現專門目標的功能，換言之，實現特定的組織目標是社會組織的基本功能之一。

　　從研究社會群體的角度看，人類社會是由各種各樣、大小不一的社會群體及其相互關係構成的，進行群體性的社會生產和社會生活是人類存在的基本方式。社會群體分為初級群體和高級群體，高級群體就是社會組織。

　　高級群體指在複雜的社會生產關係和社會分工基礎上發展起來，基於政治關係、思想意識關係和宗教關係等等複雜的社會關係而形成的社會組織體。以社會組織的方式將人類組織起來是人類社會分工不斷發展的結果。

我們將以上兩個角度聯繫起來，社會組織就是為了特定目標（該目標是具體的、闡明的、並為成員充分理解的）而有意識建立起來的高級社會群體。

二、宗教組織

社會組織之間不是彼此孤立存在的，而是聯結成相互聯繫與影響的一個整體——社會系統。作為一種社會組織，宗教組織是社會系統中的一個子系統。

社會學作為研究人類社會的發展、組織及行為的社會科學，其核心問題是研究社會角色和行為的相互作用與影響。宗教社會學的基本觀點就是認為宗教生活和宗教組織在其結構和制度表現上完全是社會性的。

法國著名宗教社會學家埃米爾・杜爾凱姆所著《宗教生活的基本形式》【2】一書中提出，宗教是與神聖的事物（區別於世俗事物）有關的一種統一的信仰與行為體系，它將所有信奉者結成一個統一的社會群體（即道德共同體的教會）。其中心思想就在於把宗教視為社會崇拜和社會團結的形式，並將原始社會中各種氏族部落自身特有的圖騰崇拜視為宗教的最初形式和最基本的形式。圖騰既是神的象徵，也是社會本身的象徵。後來的一些宗教社會學家繼承了這一思想，並且進一步將一切有維繫社會團結的意識形態體系均納入宗教或「準宗教」的範疇，下文將要述及的美國的所謂「公民宗教」就是一例。

杜爾凱姆的觀點對後來不少美國宗教社會學家尤其是超構——功能學派的社會學家影響甚大。他的觀點的可取之處在於不是孤立地研究宗教現象，即不是把宗教視為外在於社會體系的孤

立存在，而是將宗教與社會聯繫起來，尤其是最初的宗教形式——圖騰崇拜具有社會整合與團結的社會功能。不過他的觀點也有其誤區，即將宗教視為維繫整個社會系統存在的必要前提，也就是說，宗教於社會是完全必要的前提條件，且是必然的，這就錯置了宗教與社會相互關係的位置。社會歷史事實一再表明宗教現象是一種社會現象，是一定社會歷史階段的產物，不同的宗教現象與各自不同的社會歷史背景相關聯，先有人類社會，後有宗教。至於宗教群體，尤其是高級宗教群體——宗教組織則更是後來隨社會分工發展到一定程度、制度化宗教出現以後的產物。與政治組織和經濟組織等其他社會組織一樣，作為社會上層建築，宗教組織的出現、存在和發展歸根結蒂是由社會經濟基礎決定的，是社會生產力和社會分工發展到一定階段的產物。宗教組織只是社會體系中諸多社會組織之一，它不可能成為決定其他社會組織存在的前提條件，它與其他社會組織間的關係只是相互影響與作用的互動關係而已。

　　宗教社會學家們從不同角度對宗教下的定義很多，但是對宗教組織則一般理解為它是宗教的若干構成要素之一，對其界定不夠嚴格。對宗教組織的界定，既要將它區別於其他社會組織，又要使之有別於初級宗教群體，就是說，宗教組織是一種與統一的宗教信仰目標與行為體系相聯繫的、共同遵照一定的制度規範的信奉者所結成的社會群體。

第三節　宗教組織的特徵與結構

一、宗教組織的社會特徵

宗教組織是社會生產和分工發展到一定階段的產物，是宗教制度化發展的結果。在各種制度化宗教中，宗教組織形態各異，具有不同的表現形式。不同名目和形態各異的宗教組織成為不同宗教的象徵，例如，寺庵代表佛教、宮觀代表道教，教堂代表基督教、清真寺代表伊斯蘭教等等。雖然名目繁多、形態迥異，但是作為存在於社會系統中的社會組織，各種宗教組織都不同程度地具備一般社會組織的某些要素。例如，角色【3】是各種宗教組織都存在的共同的構成成分，雖然在不同的宗教組織中角色的名稱、作用有所不同。宗教組織在其結構與制度上具有與一般社會組織相同的共性及其本身所持有的個性，往往使得這種社會組織被籠罩上一層神聖的光環，成為一種頗具神聖性的社會組織。

　　與其他社會組織一樣，作為社會系統中的一個子系統，宗教組織具有一定的社會性，並且具備一定的社會內容。例如，宗教徒作為一種角色叢【4】，既可以是宗教組織中的角色，也可以在其他社會組織中充當一定的角色。宗教組織不但具有作為社會組織所必須具有的結構性要素，如權力機構與制度，經濟資源和成員資格等，還具有不同於其他社會組織的一些社會特徵。

　　首先，在整體上任何宗教組織均標榜自身為具有「神聖性」的組織，從組織的象徵體系到其行為與神聖性」的組織，從組織的象徵體系到其行為與活動都籠罩了一層神聖性的光環。

　　再者，宗教組織是具有宗教情感和宗教信仰的宗教徒的聯繫紐帶，每一個宗教組織都是培養、維護和實踐宗教體驗與信仰的基本中介，因而具有反映宗教一般本質的特徵。這基本上表現為兩方面。一方面，宗教組織的成員是宗教徒，他們具有一種身份意識——即一種認為其組織有別於其他宗教組織和異組織的獨特的排他

性的宗教意識；另一方面，宗教組織以宗教信條、教義和經典為依據建立起組織的價值規範和道德約束機制，以此指導和約束其成員的行為與活動。

　　總之，宗教組織是以共同的宗教信仰為組織目標的社會組織，這是它與其他以別的信仰或利益為組織目標的社會組織相區別開來的最顯著的社會特徵。

二、宗教組織內部之領導成員

　　宗教徒是宗教組織的成員。在宗教組織中不同的宗教徒充當著不同的角色並相應地承擔不同的義務。

　　在宗教組織中，權威體系即領導集團或組織領導管理體系的確立和制度化是首要的環節，它是其他制度得以推行的前提；只有權威體系合法化和制度化了，組織內成員的相互關係、組織內資源的調動與流通以及組織的目標才能得以實現。

　　宗教組織的領導成員通常為宗教職業人員，他們主要來自以下幾個途徑。

1.宗教的創始人

　　大多數宗教在其創立時尚未制度化，因而其組織較為鬆散。然而當宗教的制度化發展漸趨完善與成熟，當宗教組織與制度逐步形成時，各種宗教組織一般均尊崇或追認其最初創始人為其當然的領袖或「教祖」或「先知」、「聖人」，享有崇高的威望。例如，基督教新教各派組織也都公認耶穌為其崇拜的核心。佛教各支——不論是大乘亦或小乘佛教，均尊崇佛陀釋迦牟尼為其佛祖。宗教的先知（如耶穌、穆罕默德）一般都成為後來發展而形成的各種宗教組織

的法定領袖或權威，其言行和著述則往往成為各宗教組織制度和規範的濫觴。

2.世襲宗師制或門徒制

　　一些宗教組織的領袖或權威來自師徒相承制度或祖師制度。這一現象既存在於一些大的宗教組織中，也存在於較小的宗教組織中。例如，耆那教和錫克教就是兩個較大的宗教組織中祖師制和門徒制的典型。在印度流傳的耆那教是祖師制的代表，傳說耆那教有二十四祖，其真正創始人是第24祖筏馱摩那（Vardhamana），教徒尊稱他為「大雄」，他在世時就曾組織教團，成為耆那教僧團組織的領袖。錫克教其名源自梵文錫克（Sikha），意為門徒，因其信徒自稱是祖師的門徒而得名。該教從創始人古魯那納克（Nanak）時起就建立祖師制，其祖師共十代，那納克為第一代祖師。早期錫克教祖師制的建立使兩代祖師成為錫克教教團組織的法定領袖被教徒們奉為神明。在較小的宗教組織中祖師制和門徒制度典型的例子是佛教各宗派組織的寺院組織。在禪宗和淨土宗等大乘佛教分化出的各支宗派組織中一般均採用祖師制度，如禪宗祖菩提達摩，二祖慧可，三祖僧璨，四祖道信等；在佛教的寺院組織中，作為較小的宗教組織，各個寺院組織沒有掌管全寺的最高領導人——方丈，其繼承人通常為衣鉢相傳的傳法弟子。

3.宗教教育途徑

　　上述兩種宗教組織領導成員的來源途徑均為確定宗教組織領導人的傳統組織制度。隨著宗教教育制度的發展，不少大的宗教組織的領導成員大多來自從其教育系統中培養造就出的具有較高宗教神

學造詣並有一定領導能力的宗教職業人員或「大師」。例如天主教、基督教、佛教和伊斯蘭教等制度化程度高的宗教均不同程度地通過各自的教育機構培養並通過一定程序產生出其各類組織的領導成員。

對宗教教育的重視以天主教為例。最早是修道院學校，專門培養研讀《聖經》的修道士。到十一世紀，修道院教育衰落，十二世紀後出現了以士林哲學體系（即希臘哲學與基督教教義相結合的體系）為核心內容的制度化大學，並產生了托馬斯‧阿奎那等著名的神學家，巴黎大學成為當時世界上最著名的神學中心。十三世紀時，聖多明戈在法國的圖盧茲建立了以強調神學教育，提倡學術研究，傳播經院哲學，並且教徒可以依據神學教育選擇領導成員的傳道者修會（托鉢修會），從而開啟了天主教歷史傳統中由宗教教育途徑選擇宗教組織領導成員的先河。後來天主教和基督教新教均通過獨立的神學院或一般大學中附設的神學院培養教會組織中的神父和牧師等領袖人物。

伊斯蘭教的教育制度亦由來已久，主要是在清真寺內附設學校（「馬德拉薩」）開展宗教教育。中世紀，有的馬德拉薩發展成為正規伊斯蘭教大學，如著名的埃及愛資哈爾大學，由此培養伊斯蘭教的各類宗教職業人員和宗教學者。

佛教發展到近現代出現了一些制度化的佛學院，不少佛教界領導人物誕生於此。但佛教的領袖人物基本上按一定的程度召推產生或以轉世形式產生（如藏傳佛教），通過佛學教育產生的以佛學學者為多。近現代一些佛教領袖還來自在家居士等。

三、宗教組織的成員資格

　　社會組織的重要特徵之一是其成員資格的規定性和相對固定化，即加入組織和退出組織均須履行一定的手續或符合一定的條件。換言之，宗教發展到一定階段出現了制度化的宗教組織之後，相應地形成了一定的成員資格規定，這在許多宗教組織中均有所體現。這裡所謂的「成員」，主要指有組織的宗教徒。而有的宗教，由於一般信徒只要思想上和精神上信仰某一宗教，沒有嚴格的入教手續，因此信徒人數是無法統計的。正式的宗教組織中，成員間關係較為密切、制度規範較為嚴格。如教會組織、教派組織、修院組織和寺院宮觀組織等。履行一定意義上的入教儀式是確認宗教組織成員資格的必要程序之一。天主教徒和基督教徒的入教程序是在其出生或成年時行洗禮或浸禮；猶太教徒出生時須行割禮。皈信伊斯蘭教需按教法規定，當眾念誦「清真言」或作證詞，表示誓證，遵奉伊斯蘭教信仰，履行宗教功課，行善止惡，即被視為正式的穆斯林。佛教徒有在家男女二眾與出家男女二眾，合成為雙重的教團。前者主要在家修持，歸依「三寶」，奉行五戒和持齋。後者有僧伽組織，出家為僧尼需根據佛制經剃度、染衣、受戒（持受具足戒），方能取得僧人資格，由傳戒師授給「戒名」或「法名」，發給「戒牒」。早在古代中國就有為出家受戒的僧尼頒發的受戒證明書——戒牒，唐宣宗大中十年（西元856年），「敕法師辯章為三教首座。初會僧尼受戒給牒」。【5】此前唐玄宗天寶五年（西元746年），「制天下度僧尼並令祠部給牒。」【6】這種牒即唐代祠部給合法出家者的證明書——祠部牒。另外，許多民間宗教和十九世紀以來大量湧現的新興宗教組織往往有著更為嚴格的入教程序。

　　關於宗教組織的成員資格，由於實際操作上標準不一，統計方

法是不同的。一些組織將那些受過洗禮或經過一定儀式的入教者視為其成員；有些則把積極參與其活動的人也統計為正式的組織成員。事實上，宗教組織成員的統計確是比較複雜的，情況有較大差別。有些個人聲言自己信奉某一宗教，但未與任何組織發生關係；也有人認為自己的宗教信仰僅只表現為在道義上與其父母或親屬或他們所屬民族的信仰相一致。在嚴格意義上這些人能否算作某個宗教組織的正式成員是有爭議的。前章中我們也就此問題作了闡述。一般說來，宗教組織規模愈大，成員愈多，其成員間宗教信仰的虔誠度差異也就愈大。

四、宗教組織的權力結構與制度

任何組織除了有明確的共同目標外，組織自身還需要有成員的分工、權力的集中與活動的規則。必須通過有效的交往模式（組織結構）及一套井井有條的工作模式（組織制度）來協調組織內成員的行為和工作，用以實現其共同目標和價值觀，為組織的存在、運行及獲得實際利益提供保證。宗教組織與其他社會組織一樣也有自己相應的權力結構以及與之相應的制度。例如，佛教寺院有僧伽制，天主教有等級分層的權力結構——教會教階制和隱遁修道的修院制度。在任何一個宗教組織裡，對於信仰的特定教義、思想，需要有權威的界定與解釋；對於宗教的崇拜行為與儀式，需要有統一固定的規定與章法；對於成員的生活態度有宗教道德的約束。每種宗教複雜的教義、信條、教法、戒律及程式化的宗教禮儀構成了一種廣泛的規範體系。通過一致的規範與宗教制度，才能將分散的個體的宗教信念與崇拜行為納入共同組織的統一信仰體制中，並加以約束，形成組織內成員必須遵奉的傳統。這是宗教得以鞏固與發展

必要的手段與前提。

在社會的發展中，往往新的宗教觀念或信仰內容不斷出現，勢必關係到組織目標的堅持或修正或變更，與維繫組織的傳統規範及制度發生矛盾、衝突，這就導致宗教組織通過內部的調適與控制加以強制性的干預，維持原組織的正常運轉；也可能這種衝突造成原組織的失序和危機，其結果原組織出現分化或衰退，有可能建立起與新宗教觀念相適應的規範及宗教制度，即形成了新的宗教教派或組織。

宗教組織的形式與結構，受制於該組織的信仰內容或社會目標，並為之服務。需要指出的是：1.在人類社會中，特別是人類早期社會，宗教的組織結構與機制往往與社會的組織機構與管理職能交叉，甚至合一或重合。古代的氏族社會中，原始宗教同氏族社會密不可分，宗教組織同氏族社會組織融為一體，其組織結構與機制起到了當時社會組織的功能。換句話說，在歷史的一定階段或某種特定的歷史條件下，宗教的組織機構常常同政權機構、司法機構、文化教育機構全部或部分重合。至今在某些伊斯蘭國家仍存在政教合一的現象，伊斯蘭教法是世俗法律的主要依據，伊斯蘭法庭仍管理與處置民間的民事糾紛。穆夫蒂（伊斯蘭教教法說明官）、伊馬目（教長）、烏里瑪（有名望的宗教學者）在社會中享有較高的地位，成為社會生活及教徒的日常行為的指導者與監督者。2.宗教本身是複雜的社會現象，與社會的經濟、政治關係密切，又同哲學、法律、道德、文學、藝術、教育等上層建築有著一定的關係，相互發生影響。宗教組織作為一定歷史條件下的產物，必然要隨著社會與宗教自身的發展，經歷演化和完善的過程，從自發到自覺，由簡單到複雜。在不同的歷史時期、不同的民族與地域、不同的人文背

景下，即在不同的社會歷史條件下，宗教組織的內容與形態不盡相同。就是同一個宗教組織在與社會不斷互動，即從不適應到適應，又出現新的不適應到適應的自我調節過程中，前後也會發生變化。

　　為了有序而正常地開展宗教組織內的宗教活動與有關的社會活動，協調成員的行為，一般說來，從縱向與橫向，建立起相應的多層制的組織管理機構，體現決策、管理、監督三方面的機制與職能。它們分別有明確的責任與權限，各司其職，實行控制。機構的設置因各種宗教與教派、國家與地區、民族或人文傳統的差異，彼此是不同的。同一宗教在不同的國度、地區有不同的組織機構往往屢見不鮮。即使同一宗教，在不同的歷史時期其機構設置也會發生變化，在不斷調整。組織制度是社會上層建築，總是離不開特定的社會歷史條件，需要與當時的經濟基礎、社會狀況、國家法令相適應。中世紀基督教的教階制及其相應的一套組織設置，是西歐封建等級制度在教會內部的反映。基督教新教出現於近代，它反映了資本主義共和制的需要，其教會機構設置既表現出不同於天主教會的時代特徵，又受其神學上特有的宗教性質的限定，往往分別採用主教制、長老制或公理制，各有一套組織體系。明清之際，在中國伊斯蘭教內，出現了蘇菲神秘主義與中國封建制度相結合的門宦，採用集政治、經濟、宗教一體的封建的宗法制度，內部建立了以清真寺為中心劃為若干教區，等級森嚴的宗法管理體制。

　　現代各種宗教組織還參與社會生活中的多項社會活動，如開設學校、醫院，出版報紙、刊物，興辦慈善、救濟等社會服務，有的還參與金融、實業活動，有的成立政黨、工會以及群眾性國際或地區的社會團體，情況比較複雜，組織建制也較龐雜。有的宗教組織下附屬有若干多領域、多層次的組織、團體或建立非正式的或志願

的組織、團體。自然也還會有另一種情況，為了適應當代社會生活，有的宗教組織將龐大而複雜的機構與制度予以削減合併或簡化，比較鬆散，以利於組織成員更多地直接而靈活地參與宗教生活及社會生活，也便於更多地吸引組織外的成員加入或參與本組織的宗教活動。

大凡正式的宗教組織以其社會性質與宗教性質各自所占比重及側重點之不同，主要以兩種形式存在。一種是像基督教、天主教和伊斯蘭教那樣入世型的宗教社區或類似宗教社區的以清真寺為中心的穆斯林社區。以教堂為宗教活動中心的天主教社區又稱為教區，以教堂或聚會處為宗教活動中心的基督教社區又稱為牧區或獨立教派轄區。另一種是像東方佛教、印度教、耆那教和道教那樣出世型的注重個人修行得道的寺院宮觀組織。說其「入世」與「出世」皆相對而言，嚴格的出世型宗教並不多見，「出世」的程度也大小不等。有些宗教中的神秘主義或虔誠的信徒追求循世修煉，多為個人宗教行為，形成組織的較少。這裡講的「出世」，主要指的是出家（非居家）修行，並不意謂著與社會生活完全脫離。當然在西方宗教中並不是說沒有重修行的修道組織，如天主教中有修道院和修女院，但是修道院或隱修院這類修道組織在西方宗教中並不居主導地位。西方宗教組織中的主流是大量存在於世俗社會中的教區、堂區或牧區或者宗教生活與世俗生活融為一體的宗教社區。而東方宗教中也並非完全是出世型的宗教組織，如佛教中的居士組織、從日本佛教中演化出的新興宗教創價學會就屬於入世型的。然而縱觀佛教歷史發展，其組織型態的主流是寺院僧伽教團組織，寺院組織中的僧尼的主要目的是出世成正果。

以下從兩方面考察宗教組織的結構與制度，一是以羅馬天主教

教會組織為典型代表的西方入世型的教會結構與制度；一是以中國佛教寺院組織為典型代表的東方出世型的寺院修行修道組織與制度。

（一）羅馬天主教教會組織與制度

這裡描述的焦點並非羅馬教會組織的歷史由來和發展，而是羅馬教會組織的結構與制度本身。

從中世紀起，羅馬天主教會為了統治羅馬帝國的需要，模仿世俗官僚等級權力體制建立起羅馬教王組織和教區組織，與之相配套的是教階制度、類似世俗官僚體制中的品秩制度。這種組織與制度是到目前為止世界上各大宗教中世俗官僚化色彩最濃，制度化、科學化發展最完備的宗教組織權力體系，從下表4-1中可以看到，羅馬教廷是以教皇為君主的政教合一的城國（梵蒂岡城國），不僅有一套嚴密的組織管理和執行機構，而且擁有法庭等組織監督機構和司法機構。羅馬教皇（教宗）被稱作是基督、聖父在世間的代表，是羅馬教廷的最高統治者，集大權於一身，對整個教會和教徒擁有管轄權。自二十世紀六〇年代中期，梵蒂岡第二屆大公會議召開後，為適應時代需要，體現「集體權力」的精神，成立世界主教團與教宗共同行使教會的最高權力。羅馬教廷目前由國務院、九個部、三個神聖法院、十二個委員會及若干行政辦事機構與單位構成，教宗指導管理這些機構，每一部門都有由教宗任命的樞機主教為首，下設由教宗任命的秘書和助理秘書。樞機團是教宗的顧問團和高級助理，由樞機主教構成，教宗由樞機團投票選出。教廷的龐大組織體系可參見表4-1：

羅馬教廷採用主教制（教區制）管理世界各地的天主教徒。主

教制相當於教廷在世界各地的地方性教務行政組織，以主教為主體管理教會，其基本單位是大主教區和教區。大主教區是天主教固定的地方組織，有地域性大主教區和全國性大主教區，由總主教或樞機主教以及相應的國家或地區性主教團統一管理。教區是主教管轄的特定區域，其中央機構是主教公署，下設副主教、法官、書記和教區參議等負責各種教區事務的人員。與主教制相應的制度是教階制，主體由司祭（主教和神父）、助祭和副助祭三個正級品位組成。主教品位又分為教皇、樞機主教、宗主教、都主教、總主教和一般主教。在正級神品（又稱大品）之外，還有次級神品（又稱小品），不同神品的人員分享不同的「神權」和行政管理權。

總而言之，在羅馬天主教教會組織中居主導地位的並不是修會和修道院等出世修行組織，而是與教徒宗教生活密切相關的教會教區組織和教廷官僚科層組織，這是一個龐大且具有世界性的複雜官僚化體系，是一種跨越國界的超級社會組織。【7】

（二）中國漢地佛教寺院組織與制度

佛教組織的主體是以寺院為中心的出家的修行組織。在佛陀時代，出家修道已在印度成為風習，佛祖釋迦牟尼本人出家，使出家風氣在佛教中得到鼓勵，建立了最初的佛教僧團，開創了僧伽制度。後來佛教分出的大乘佛教和上座部小乘佛教均具出家修行的傾向。

佛教在不同的國家和地區形成了各不相同的寺院教團組織，例如在中國漢地佛教為叢林寺廟制度；藏傳佛教為喇嘛寺廟制，南傳佛教在泰國為僧王制度。

佛教徒本有四眾，即出家男女二眾及在家男女二眾，合成為雙

表4-1　教宗和世界主教團

教宗和世界主教團
│
樞機團
│
羅馬教廷

- **國務院（教宗事務院）：**

  1.總務部；2.各國關係部

- **各部：**

  1.信理部：①教義司②婚姻司③誡律司④國際神學委員會⑤宗座聖經委員會；2.主教部；3.東方教會部；4.聖事聖禮部；5.教士部；6.獻身生活會及使徒生活團部；7.萬民福傳部；8.冊封聖人部；9.天主教教育部：①修院司②高等教育司③專科學校司

- **法院：**

  1.宗座特赦法院；2.宗座親署最高法院；3.羅馬聖輪法院

- **宗座委員會：**

  1.宗座平信徒委員會；2.宗座促進基督徒合一委員會；3.宗座家庭委員會；4.宗座正義與和平委員會；5.宗座「一心」委員會；6.宗座移民與朝聖者牧靈委員會；7.宗座醫職牧養委員會；8.宗座立法條文詮釋委員會；9.宗座宗教對話委員會；10.宗座與非宗教信仰者對話委員會；11.宗座文化委員會；12.宗座社會交流委員會

- **行政辦事機構：**

  1.宗徒院；2.聖座遺產管理局；3.聖座經濟事務局；4.教皇宮廷管理局；5.宗座禮儀慶典辦公室

- **其他機構：**

  1.梵蒂岡秘密檔案館；2.梵蒂岡宗座圖書館；3.聖座科學院；4.梵蒂岡電台；5.梵蒂岡電視中心；6.聖伯鐸大殿管理委員會；7.教皇福利辦公室；8.梵蒂岡印刷廠；9.梵蒂岡出版社；10.宗教事務院（梵蒂岡銀行）；11.《羅馬觀察家》報（梵蒂岡官方報紙）

重的教團。出家修行的佛教徒一般稱為僧侶或僧人，負主持佛法之責。在家佛教徒負護持佛法之責，除歸依三寶外，還要奉行五戒和持齋。

出家人組成的僧團稱為「僧伽」。在北傳漢地佛教中，自唐代以後僧侶居住修道在寺院（又稱廟宇，習俗上稱比丘居地為寺，比丘尼居地為庵）。各寺院大多採用了禪宗的組織形式及叢林制度，並採納了禪宗的叢林清規。「叢林」原初指禪宗寺院（「禪林」），如樹林叢集，現泛指佛教僧眾聚居之處。印度的佛教僧人大多數過著托鉢乞食的生活，以戒律為生活規範。佛教傳入中國內地後，中國的僧團組織除戒律外，還制定了其他一些約束僧尼言行的「清規」，並就寺中各機構和職能作出規定。叢林清規戒律就成為與中國佛教叢林組織相配套的管理制度。

漢地最早的清規（「僧尼軌範」）由東晉僧人道安（314～385年）創立。他要求僧人住寺修行。南朝梁武帝在佛教中推行素食制度，到唐代禪宗創立後形成了完備的叢林清規。唐代僧人馬祖道創立了十方叢林制度，其嗣法弟子百丈懷海禪師（720～814年）制定了禪定的清規，編了《百丈清規》一書（現已佚）。元代皇帝根據封建統治者的需要假托百丈之名制定了《敕修百丈清規》，後又經明代統治者下旨執行，遂後漸成中國漢地佛教各派僧團組織的管理制度。在大的寺院中組織體系較為完備，一寺之主稱為寺主、住持或方丈。「叢林」分為子孫叢林和十方叢林。前者寺院主持或方丈師徒相承，不傳外人。十方叢林的住持或方丈是在僧眾監督下，由十方名宿大德中選賢擔任，也有依法系相傳承，稱為傳法叢林。當代某些佛寺作了革新，住持由寺院僧人用差額選舉方式民主選舉，任期有明確規定。在較大的寺院中，建有職責分明的管理制度。住持

或方丈為一寺之首，下設四大班首，八大執事，各司其職，分管各類事務。四大班首主理或指導宗教修行活動。八大執事：「監院」綜理全寺事務及財務；「知客」負責接待外來賓客；「僧值」管理僧眾威儀及治安；「維那」主掌宗教儀式的法則；「典座」分管齋堂伙食；「寮元」負責管理雲遊來寺僧侶及眾寮事務；「衣鉢」輔助住持個人事務與協調關係；「書記」執掌寺院文書。較小的寺院一般設職較少，有的身兼數職，情況不等。

五、宗教組織的經濟資源

任何一個社會組織要實現其社會目標，在社會中開展活動，就需要掌握一定的經濟資源，有物質手段作必要的保證。宗教組織也不例外。每一個宗教組織都有自己統一的宗教信仰目標，其成員要在日常的宗教活動中體現其信仰目標，並通過各種方式向社會宣傳其信仰與主張。宗教本身就是上層建築的一種特定的意識的形態，它是一定社會經濟的反映。儘管宗教比起政治、法律、文學、藝術等上層建築來似乎更高地懸浮於空中，成為更遠離物質經濟基礎的意識形態，但是與社會物質經濟的聯繫始終是存在著的。每一宗教或教派都有著自己的社會主張，包含有經濟觀，特別在開創的早期，往往特別強調社會公正，反對與抨擊社會上橫征暴斂、欺詐豪取、貧富不公、奢侈浮華等不合理的、不公不義的社會經濟制度與現象，提倡勤勞廉潔、節儉守貧、助人為樂、好施奉獻、趨善避惡，並描繪出一個沒有貧困、痛苦、煩惱，充滿公平、富裕、極樂的永恆世界（天堂）的圖景，給人以期許、希望，進而爭取、吸引、凝聚信徒。這些有關經濟的主張和觀點，都在不同程度上在每一個宗教的教義思想與宗教道德中得到反映，成為各自宗教社會組

織的社會目標內容的一部分。

　　宗教組織是每一種宗教在社會上存在的載體。只有作為社會的組織實體，宗教才有其存在的意義，才能實現其社會功能與價值。社會上的人都離不開衣食住行，然後才能組織起來，從事各類活動，包括宗教活動。宗教組織有了必要的經濟資源，才能生存、發展，開展活動，保有設施，在與社會互動中產生自己的影響。歷史上和當今世界上的宗教組織，無論是傳統宗教還是新興宗教，都擁有自己的物質手段，一些歷史悠久的或影響較大的宗教組織，一般都握有強大的經濟實力。在中世紀，由於教會與寺院組織擁有大量土地和資財，文物和珍寶，有的甚至廣設苛捐雜稅，出賣聖物、神職或「贖罪券」，巧取豪奪，斂聚財富，以致與國家政權發生衝突，並引發宗教戰爭。當代，世界各地規模不等的宗教組織，普遍關心現世的經濟利益，許多宗教組織除靠教徒奉獻或繳納一定比例的宗教稅收等傳統方式外，還直接參與工商業、金融、土地、國際貿易、投資等活動，直接獲取利潤，實際上已成為擁有較大數量經濟資源，掌握強大經濟實力的經濟實體。

　　梵蒂岡當今就是一個「金元大帝國」，它在國外有幾百億美元的投資，還握有大量的黃金、證券和外幣儲蓄。據某些報導，美國教會財富包括不動產、有價證券和各項投資總額約一千億美元，其中天主教教會產額最大。另據報導，如基督教救世軍在二十世紀八〇年代中期，全世界有一百五十萬成員，但其組織一九八五年的年收入就高達五十億美元，該派積極從事社會慈善與服務事務。像一九五四年由文鮮明創立的新興宗教——統一教會，其經濟資源的主要來源有三：一是入教信徒須將前三年的收入全部交教會，三年後則每年交什一稅；二是不擇手段地以各種名目搞社會募捐活動；三

是辦銀行、工廠、商店、旅館等，甚至做軍火生意，遂成為一個擁有巨資的商業帝國。

伊斯蘭教組織依靠天課制度獲得可靠的經濟來源。交納天課是穆斯林應盡的宗教義務，為五項宗教功課之一。最初，是一種自願捐助，被視為宗教上的「善功」。在哈里發國家時期，成為宗教形式徵收的國稅，按每年財產的收入分類以不同稅率交納。當代，伊斯蘭國家中情況不盡相同，大多作為宗教上的自由施捨，與國家稅收相分離。在中東一些伊斯蘭國家，伊斯蘭宗教組織還可從政府憑藉石油資源獲得的財富中得到大量的撥款。因此，有些較大的宗教組織一手拿著經費，一手拿著支票簿，從事宣教活動及對國外的援助與投資。

佛教組織在不同的國家和地區，不同的歷史時期，經濟資源的狀況有所不同。以中國漢地佛教寺院組織為例。北魏時期就已形成了一定規模的寺院經濟，各個佛寺都有自己的田地和佃戶（僧祇戶），還有寺院奴隸（佛圖戶）。北周武帝廢佛時將僧祇戶和佛圖戶一併廢除。隋唐時期，佛教寺院經濟隨社會經濟的發展與繁榮又重新振興，在官府支持下佛教寺院擁有自己的寺田或寺莊，僧侶成為貴族，寺院經濟演化為地主式的莊園經濟，不僅囤聚大量資財，且不上稅，且不少人為逃稅而出家，嚴重影響到封建國家的財政收入、兵役和賦稅，以至引發了與當時社會的對抗，招致唐武宗時再度廢佛。禪宗叢林制度中農禪並重的經濟形式，解決了中國佛教寺院組織的生存問題，改變了僧人不事生產的風習。宋代後遂形成「一日不作，一日不食」，自耕自食，獨立發展的良性寺院經濟模式，使佛教寺院組織走上獨立自養的道路。當代，各國與各個地區，以及不同的宗派的佛教組織，經濟來源渠道是多元的，一般除

從施主的捨施或捐贈、各類佛事活動中取得收益外，有的佛教組織或寺院還興辦起工商業或服務業的經營活動，或依靠旅遊觀光的門票、出售宗教用品或紀念品得到數額可觀的收入。

一九四九年中華人民共和國成立後，中國基督教、天主教發起了三自（自治、自養、自傳）愛國運動，割斷了同外國教會在政治上與經濟上的聯繫，走上獨立自主、自辦教會的道路，佛教、道教、伊斯蘭教經歷民主改革，廢除了舊有的封建特權和壓迫制度。隨著以土改為中心的社會改革，漢地佛教、道教廢除了寺廟、宮觀的封建土地所有制與高利貸剝削；一九五八年後，結合少數民族地區政治經濟制度的改革，藏傳佛教結束了政教合一的農奴制度，廢除了寺院的封建特權與壓迫制度，實行政教分離；伊斯蘭教廢除了向群眾徵收宗教稅、攤派無償勞役及部分地區以教主為中心的門宦制度。各教都建立了以愛國宗教人士為核心的全國及地方的愛國宗教組織，在經濟上逐步實現了自養。

第四節　宗教組織的形成與制度化發展的兩重性

一、宗教組織的形成及其必然性

（一）宗教組織的形式

社會群體從同質性因素（如血緣等）構成的簡單的初級群體（如家庭）向異質性因素構成的複雜的高級群體（社會組織）的演進，是社會生產力和社會分工不斷發展的結果。各種高級群體，即不同的社會組織具有各自的社會分工和社會功能，個人可以同時參加許多種社會組織，一個人可以具有多重組織身份，多種角色，這

樣不僅使同一社會組織中的異質性因素增多，從而使社會組織的分化不斷地進行，同時也使個人個性的發展具有了更多的機會。

作為一種社會組織，宗教組織也經歷了由初級群體的氏族部落宗教向高級群體的制度化宗教演變的過程。在原始社會，社會分工極不發達，社會群體以氏族部落為單位，這時的宗教與社會生活融為一體，宗教群體與氏族部落群體密不可分，合二而一。社會結構以機械整合為基礎，其特徵就是成員在信仰上和情感上的高度同質性。人一生下來就被迫接受包括氏族宗教崇拜在內的氏族部落的一切傳統習慣，個人在信仰方面沒有任何選擇的餘地。隨著社會生產力及社會分工的進一步發展，加速了社會內部的分化，社會職能與利益分配更趨複雜化，社會便逐步形成高度的功能專一性，為履行某種特定社會目標與任務的社會組織應運而生，專門宗教組織的出現即是這種功能專一性趨勢的產物與反映。社會從機械整合逐漸演進為有機整合。從社會分工趨於專門化的發展中，產生了一批職業神職人員階層，他們具有顯赫的社會地位，特別在階級社會中往往成為統治階級上層的一部分，對社會生活有著巨大的影響。社會成員間利益的矛盾和個性特徵的差異日益凸現，各種宗教體驗也益愈豐富，特別是階級社會中日趨尖銳的政治鬥爭與社會矛盾，必然會反映在宗教信仰上歧異的增加與多元化趨勢的發展。換言之，作為一種社會組織的宗教組織異質性因素增多，人們可以對多種宗教信仰和其他意識形態進行選擇，對同一宗教的信仰內容作出多種詮釋或實現目標的多樣化，也可以有不信仰信何宗教的自由。異質性因素的增加及宗教本身規模與傳播範圍的不斷擴大，約束力與管理控制能力的相對縮小，促使宗教組織自身既不斷地進行自我調節，以適應社會條件，又不斷發生分化和衍變，從而在不同的社會歷史時

期和社會環境下，呈現出不同的組織形式。

　　三大世界性宗教佛教、基督教和伊斯蘭教的形成與發展就是最突出的例子，它們都經歷了由同質性因素構成的初級群體（即以簡單的師徒關係為紐帶的先知及其門徒構成的小群體）向異質性因素構成的各種複雜組織衍變的過程。

　　在三大宗教形成宗教組織初期，基本上均為民族宗教或地域性宗教，後來由於傳教活動範圍的擴大以及世界各國社會政治、經濟和文化事業的發展與交流，這些宗教均發展成為世界宗教，並在不同時期和不同地域文化背景下呈現出多元化的宗教組織形式，同時這些宗教組織本身還不斷地分化衍生出一些新的教派或宗派組織，甚至分化出一些極端的膜拜團體或是融匯不同宗教信仰為一體的新的宗教團體。例如歷史上基督教的兩次分野（即公元一〇五四年東正教與基督教的分裂和公元一五二〇年馬丁‧路德宗教改革後基督教新教與羅馬天主教的決裂）；基督教新教各派組織的分立；佛教成為世界性宗教後也分裂為在東南亞傳播的小乘佛教、在東亞傳播的大乘佛教以及在中國西藏地區與當地本教融合形成的藏傳佛教，其中大乘佛教又分支出禪宗和淨土宗等許多宗派組織；伊斯蘭教也分化為什葉派和遜尼派兩大教派組織，此外還有蘇非派各教團組織和中國伊斯蘭教特有的門宦組織等具有地方特色的組織。三大宗教在不同地域表現出的組織形式各異的例子還很多，例如羅馬天主教就很典型，它在意大利、法國、西班牙、比利時和菲律賓等國家以教會組織形式出現並在各宗教中占主要地位，同時又受羅馬教皇的統一領導；而在美國，羅馬天主教僅僅表現為與新教各教派組織以及猶太教地位平等的宗派組織形式，【8】尚構不成教會的規模；另外在中國，天主教一方面與基督教新教、佛教、道教和伊斯蘭教等

宗教並列為中國法律上所認可的五大宗教之一，具有全國性的愛國會組織體系，另一方面中國天主教會又獨立自主、自辦教會，教務活動不受制於羅馬教廷的領導。又如佛教也有類似的情形，它在中國有全國性的佛教協會組織體系和各地星羅棋布的寺院組織；在泰國表現為僧王領導下的等級權力組織（包括僧伽議會、僧伽內閣和僧伽法庭等）和地方行政組織（即各級僧伽委員會）；在歐美的佛教表現為採用教區制的佛教教派組織；在日本佛教表現為大量的宗派組織及其分化出的新興教團組織，二十世紀八〇年代統計共十三宗一百六十餘派。【9】

（二）宗教組織制度化的必要性

當宗教領袖領導一個宗教運動並且建立起最初的宗教群體時，這個宗教群體必須制度化為宗教組織才能生存下去，也就是說，宗教組織只有通過制度化才可能得到發展，統一行動，實現信仰目標。

宗教領袖通常是具有開拓性的和宗教革命性的人物，他所創立的宗教團體最初往往不很穩固，有必要經歷一定的過程，發展成為一個由角色分層和制度規範構成的母體，這一發展過程就是制度化。換言之，宗教組織在制度化進程中，既要適應宗教運動內部的變化，使之形成穩定的結構，又要不斷對社會進行自身的調適，使之適應社會的發展變化。

一般而言，制度化服務於宗教組織中的兩個主要利益——宗教信仰和物質資源。一方面制度化的宗教組織可以促進宗教信仰體系的維繫和向社會的傳播；另一方面還可以有效地處理每個教徒投入該組織的時間、精力和財力所形成的經濟利益。

制度化的宗教組織是一種服務於宗教信仰目標的具有穩定的角色分層和制度規範體系的組織模式。其核心內容，即主要構成因素一般有以下幾個：

1. 合適的宗教組織領導成員繼任或傳承制度和官僚化的權力分層組織體系與管理體制。

2. 對宗教教義的統一解釋及其在該組織中作為組織制度和道德規範基礎的可信程序，並以此為基礎制定出規範制度。

3. 穩定的經濟資源和一定的物質設施。

4. 有關吸納新成員的成員資格規定，以及對成員的教育、監督、懲治等有關制度。

總之，一個新的宗教運動要想存在和發展下去，就必須經歷一定的制度化過程，建立起自己的制度化的宗教組織。各種宗教組織的制度化程度可以有所不同，但是某種形式的制度化必然要發生；否則宗教運動的生存就會面臨威脅。

二、宗教組織形成的主要因素

（一）宗教領袖和社會條件

宗教社會學的奠基人之一馬克斯・韋伯將宗教運動的創始人稱為具有「卡里斯瑪」品質的先知，「卡里斯瑪」為英文Charisma的音譯，意為超人的品質與人格魅力（感召力）。韋伯將創立宗教的先知視為個人具有卡里斯瑪靈性的人，可分為多見於西方宗教中的作為神與人中介的倫理先知和多見於東方宗教中的以個人德行為榜樣的楷模先知兩種類型。【10】不論哪種先知，均為獨具超凡品質與魅力的卡里斯瑪式人物，即卡里斯瑪領袖。

宗教運動一般由宗教領袖，即卡里斯瑪領袖憑借其吸引力與感召力建立起最初的信仰崇拜團體。具體而言，卡里斯瑪領袖運用自身特有的魅力和感召力吸引信徒，信徒對他存在一種神秘感和敬畏感，甚至會認為卡里斯瑪領袖與神具有特殊關係，可以通神或與超自然力量溝通，因而宗教創始人的言行往往在信徒心目中被視為真理和真理的見證。可見卡里斯瑪領袖及其言行通常成為一個宗教運動最初勃興的原動力。

　　然而不能就此得出單靠卡里斯瑪領袖就足以創立宗教並左右宗教發展的結論。在看到卡里斯瑪領袖作用的同時還要看到社會條件對卡里斯瑪領袖具有制約作用。社會條件既可以對卡里斯瑪領袖具有傳導力，又可以對卡里斯瑪領袖具有絕緣力。只有卡里斯瑪領袖和一定的社會條件這兩個因素同時奏效，宗教運動的產生和一定的制度化宗教組織的發展才有可能。

　　以伊斯蘭教為例，伊斯蘭教創始人穆罕穆德可以說是一位卡里斯瑪式的傑出領袖，他創立伊斯蘭教與當時成熟的社會條件有著密切的關聯。

　　穆罕穆德生活於公元七世紀初，當時的阿拉伯半島正面臨日益加劇的社會危機和外族不斷入侵的威脅，社會各階層的人都在為自身尋找出路。要想擺脫這種困境有必要聯合各部族建立一個統一的國家，這是當時社會發展的大勢所趨。穆罕穆德洞悉了當時的社會，看到了社會癥結之所在，領導和組織了一場劃時代的變革運動，肩負起歷史賦予的使命，創立了伊斯蘭教並把社會變革運動與宗教革命結合起來。據傳說，他40歲時（公元六一○年），來到麥加城郊希拉山的小山洞裡冥修，一天夜裡真主派天使哲布勒伊來向他傳達神諭，並向他「啟示」《古蘭經》的真諦，使他受命為聖，

從此他宣稱自己接受了真主給予的使命，開始傳播伊斯蘭教。隨後他提出一系列改革社會的主張、倫理道德規範和法律原則，通過神學的折射，逐漸形成一套伊斯蘭教的教規制度，用宗教的精神力量支持社會的變革。

　　成熟的社會條件和宗教領袖一起構成了新的宗教運動產生的主要動因，那麼什麼是成熟的社會條件呢？

　　一般而言，產生變革性宗教運動及其制度化組織的成熟條件大多是在一個社會發生動蕩、轉型和危機時期。因為當一個社會處於穩定狀態時，既有的文化模式可以滿足大多數人的需要，即便有一些文化調適，也僅是漸進的方式出現，並不會威脅社會的安定。當社會遇到動蕩和激烈變遷時，諸如政治上的改朝換代，經濟危機或重心的轉移，社會矛盾的激化，道德危機的蔓延，軍事上的戰敗，人口遷徙或瘟疫天災等等，此時作為社會成員經濟利益與個人的角色地位受到威脅，其緊張程度急劇增加，面臨不得不做出抉擇的命運關頭。這時舊的社會文化模式已無法滿足人們的需要，人們開始探尋新的能夠減輕緊張的文化模式，於是社會文化進入轉型時期，一些人開始考慮世界觀、價值觀和文化模式的重新建構問題，卡里斯瑪領袖就屬於這種探尋新的文化模式的先鋒。當卡里斯瑪領袖形成自己的一套新的世界觀、價值觀後就通過宗教說教和講道，規勸社會成員接受其說教以獲得自身省醒並改良社會，於是新的宗教皈依現象出現了，宗教運動的端倪也就應運而生。以卡里斯瑪領袖及其門徒構成的小群體成為人們競相皈依的核心集團。卡里斯瑪領袖通過組織宗教運動衝擊舊的社會秩序，最終影響社會秩序的變遷或者以其世界觀體系取代舊的世界觀體系，從而從社會的邊緣逐漸走向社會的中心，在這種發展過程中，宗教群體逐步制度化為穩定的

社會組織。

　　總之，宗教革命與社會變革是密切相關聯的，新宗教運動往往與社會變遷相伴隨。如果卡里斯瑪領袖或先知生活於一個沒有強烈的社會文化緊張的社會環境中，他們就很可能會淪落為凡夫俗子。可見社會條件對宗教運動和宗教組織的產生和制度化發展至關重要。

（二）宗教的觀念體系

　　宗教經驗涉及教徒歸屬宗教組織的認知過程，宗教儀式有助於強化教徒的集體意識，宗教組織就是為支持教徒個人的信仰和行為標準而建立的。換言之，宗教組織就是為支持宗教的觀念體系而建立的，它是教徒個人與外在的其他社會組織間聯繫的最重要的紐帶，也是一種組織內部的教徒成員所共同享有的宗教觀念體系的集體表象和集體表達。

　　宗教觀念體系是一種信仰體系的意識形態體系，它是一種具有綜合意義的解釋體系。

　　在人類社會發展進展時，宗教觀念體系與其他意識形態體系進行著不斷的競爭和較量，個人很少能夠單獨駕馭它，個人只能通過群體與組織的力量來共享某種意識形態並實現與其他意識形態體系的對抗。教徒就是通過宗教群體尤其是高級的宗教群體——宗教組織來踐履其宗教觀念的。

　　宗教觀念體系既解釋了宗教和宗教組織存在的合理性，又是一種價值標準規範。因此在宗教組織和宗教觀念體系之間存在著必然的直接關聯。一方面宗教組織通過教徒共同具有的宗教觀念體系得到統一和鞏固；另一方面宗教觀念體系又以宗教組織為其社會基礎

及有效載體，只有這樣，宗教觀念體系才能繼續存在下去並顯示出其生命力。

杜爾凱姆早已認識到宗教組織作為集體紐帶的重要意義。他認為宗教儀式和宗教符號是宗教組織的象徵，這種集體象徵是宗組織對其成員表示集體紐帶重要性的方式。通過參與宗教組織中的宗教儀式，教徒個人加強了與宗教組織的聯繫，並接受了該組織成員共同享有的宗教觀念體系，從而形成了對該組織的忠誠關係。

宗教觀念體系要繼續存在下去需要一定的宗教組織為其社會基礎，美國著名社會學家貝格爾將這種社會基礎稱為似然性結構（即看似有理結構，Plausibility Structures）或可信性結構（Believability Structures），他將宗教觀念體系視為宗教組織內部教徒共同具有的意義體系，這種宗教觀念體系僅在該宗教組織內部被普遍接受。該組織的教徒成員將宗教觀念體系看作是可信的，並成為其教徒共同信仰的理所當然的觀念體系。貝格爾認為，各種宗教為了使其宗教觀念體系的可信性持續下去，必須有各自穩定的組織作保障；反之，宗教組織要想維繫下去，其宗教觀念體系在組織內部的成員中必須具有可信性。【11】

總之，一種宗教的宗教觀念體系要想存在下去並與其他意識形態觀念體系相抗衡，就必須有宗教組織作為其社會基礎，宗教組織的形成和鞏固是宗教觀念體系持續存在和發展的需要。

（三）宗教組織形成的其他因素

1.某些社會階級或階層的社會經濟地位或政治權力的被剝奪狀態

在階級社會裡，一些宗教組織在其形成時往往處於社會的邊緣，組織成員也大都來自社會較低的階層，政治上處於被剝奪權力

的狀態，經濟上處於被剝削狀態。換言之，一些宗教組織在其形成時往往是由於其多數成員在經濟上處於被剝削地位，政治上處於被壓迫、歧視或排斥的異端地位的緣故，這一點在基督教的形成中表現得十分明顯。

　　基督教最初是猶太教中的一個非正統的異端教派，從公元一世紀開始傳布於羅馬帝國境內的一些城市中，到公元二世紀中葉，它已發展成一個與猶太教完全分離的宗教組織，公元三世紀後基督教逐步成為羅馬帝國內除羅馬帝國政權外最大的宗教性政治力量。然而在公元三一一年羅馬帝國頒布「寬容敕令」規定停止迫害基督徒之前，基督教一直處於受羅馬帝國迫害的狀態中，教會史學家認為，從公元六十四年羅馬帝國皇帝借羅馬城大火對基督徒進行捕殺開始，共發生十次大的迫害基督徒的活動。當基督教日益發展壯大成為與帝國政權相抗衡的力量，帝國便動用整個國家機器對基督教實行普遍迫害。由於一系列鎮壓和迫害的徒勞，公元三一一年，帝國終於頒布「寬容敕令」規定停止迫害基督徒，接著又於公元三一三年頒布「米蘭敕令」，宣布承認基督教在羅馬帝國境內的合法地位，從此羅馬帝國開始大力扶持和利用基督教，並逐步使基督教成為羅馬帝國的官方宗教。

　　2.移民或人口遷徙

　　移民或人口遷徙也會對某些宗教組織的產生具有較大影響。移民或人口遷徙可以導致不同社會文化模式的碰撞與衝突，從而誕生出新的宗教組織形態。例如美國作為一個由移民組成的國家，近年產生的許多新宗教運動和新興宗教組織就是各國移民帶來的不同文化融匯消長的結果，其中不少為亞洲移民帶來的佛教、印度教和道教等東方宗教，與西方基督教新教各派相互融攝的產物。

三、宗教組織制度化的兩重性

當代宗教社會學家奧戴曾經指出，宗教既需要制度化，又最易受到制度化的損害。【12】換言之，對任何一個宗教運動的持續發展而言，制度化是必要的，這是積極的一面，與此同時，制度化中還存在消極的一面。這是一個問題的兩個方面，是一種辯證關係。宗教組織的制度化既可以保障其延續性、穩定性和有效性，確立成員交往過程中具有倫理性或強制性的規範，增強內部的凝聚性與依賴性，又有可能產生出某種僵化的機制，從而限制教徒的創造力和靈活性。這一點類似於宗教觀念體系。在某個宗教運動的初期，宗教領袖的言行或傳達上蒼的「啟示」往往顯示出一定的獨創性和革命性，激勵了最初一代教徒的信徒，及至後來，當這種新的信念逐步隨著制度化宗教組織的形成而發展成為該組織的一種體系化的「可信性」宗教觀念體系時，它便呈現出某種程度的教條化或僵化的特徵。宗教組織的制度化也類似於此，最初如果不進行制度化，宗教運動就難以維繫下去；但是隨著制度化的開始和不斷發展完善，它所帶來的消極方面也同時相伴產生。宗教組織在制度化過程中，使許多相互對立的異質性因素結合在一起，特別是宗教所追求的是超驗的神聖的精神價值，即人們對彼岸世界的取向，又要通過世俗制度化的社會組織作為載體，在此岸世界不斷取得自我完善加鮮的現，必然帶來自身的矛盾，形成矛盾的結合體。正如奧戴所說：「在宗教的制度化過程中，超驗性和具體經驗形式結合在一起，脫俗性和世俗性的表達形式結合在一起，與來世的關係和現世的社會形式、觀念形式和儀式形式結合在一起。」【13】因此制度化對任何一個宗教組織而言都是必要的，但又必須面對制度化帶來的消極的一面。以下就從五個方面考察一下宗教組織制度化的兩重性。

（一）入教成員動機的變化——從單純動機到複雜動機

一般而言，在宗教組織制度化形成的前後，其成員皈依宗教組織的信教動機會有所變化。在制度化之前由第一代宗教領袖所領導的第一代成員中，其信教動機往往較為單純，他們對宗教領袖及其傳述之「啟示」或「預言」表現出絕對的信奉與忠誠，並且願意為此做出最大的奉獻甚至犧牲。歷史上許多宗教運動在其初創期所表現出的虔誠、統一與團結甚至宗教狂熱可為佐證。一些在其初期處於社會中被壓迫地位的宗教運動尤其表現出其成員個人動機與其群體目標的一致性，如基督教和道教等。

然而，隨著穩定的制度化結構的出現和發展，宗教組織漸趨穩定，利益衝突成為角色衝突的主因，而複雜的信教動機又使利益衝突加劇。入教動機的複雜化影響了成員對宗教組織的虔信程度，進而對宗教組織的發展產生了消極影響。複雜動機的目標顯現出與單純宗教信仰目標的分歧，這種分歧在歷史上往往導致宗教組織出現兩種情況。一種情況是宗教組織的分裂，分化出更小的組織，如宗派、教派或一些膜拜團體。另外在各教組織中保留單純信仰動機的組織往往遵奉與恪守該教第一代領袖的啟示或教誨，因而往往大多表現為原教旨主義傾向。第二種情況是一些宗教組織採取一些措施，包括興辦教會醫院、教會學校及其他各類慈善事業，目的在於將教徒的動機吸引到宗教目標上來，擴大宗教組織的社會影響，使教徒動機趨於單純的宗教信仰。因而在一定意義上可以說教會學校、醫院和各種宗教慈善事業是宗教組織制度化進程中為提高宗教成員對信仰的虔信度並淨化成員及望教者的信仰動機而採取的適應性措施，它們是在第一代宗教領袖已不存在的情況下可以起到類似於第一代領袖及其啟示的感召力作用的替代品。

（二）成員與宗教組織象徵體系的疏遠

宗教感性的象徵體系，作為教徒在組織中共同崇拜時為表達共同的信仰關懷與宗教經驗而形成的一套共同的符號標誌，在一個宗教組織的早期往往對其成員具有有效的崇拜意義。例如許多基督教教堂建築的窗戶上的彩色玻璃上往往繪有魚，這是早期基督教的一個有力的信仰標誌，魚在當時被用來象徵基督，魚的標誌成為當時基督教的標誌之一。隨著制度化的發展和成熟，某些宗教象徵符號漸漸成為司空見慣或乏味的東西被後來的教徒所淡忘。那些關於象徵的某種規範程序的儀式，隨著連續不斷的重複，也使一些教徒失去了昔日的興趣與吸引力。其結果是，原本是借助世俗媒介體現神聖的東西，卻導致了神聖性本身的失落，人與神之間情感意義上的和諧與共鳴被淡化了；原本借助集體崇拜儀式來體現終極性意義的東西，卻變成了一種呆板的例行公事，導致了終極意識的削弱。

制度化過程中，象徵體系所產生的另一個問題是象徵體系被視為與神交流的障礙，因而出現了反象徵主義，某些清教徒就屬於這一情形。清教徒拒絕彩色玻璃窗戶和用十字架作為偶像，以此與羅馬天主教會相區別，他們認為有形的標誌意味著繁冗的儀式和形式主義，而非超驗的信仰體驗。這種擺脫舊的組織形式、象徵符號體系和儀式的異化傾向往往導致對原有宗教的反叛、改造或淡漠，以及對世俗化影響的反抗，或追求個人的消極遁世修道，或加深對世俗社會的反抗情緒。

可見，將宗教教徒對宗教的主觀體認用象徵體系予以客觀物化、用宗教儀式加以模式化和規範化，這是宗教組織制度化所不可缺少的，對團結教徒並強化其共同信仰是必要的，但是隨著時代的變遷，也會出現某些反象徵主義傾向。因此，如果一個宗教組織的

象徵體系中的某些符號標誌對其成員失去了效力和宗教意義，那麼該宗教組織就必須產生出某種新的象徵符號，或者尋找出替代物。

（三）行政制度化發展與官僚主義的滋長

宗教組織常在行政管理上會發展出一套具有科層結構制度化的規章和機構設置，這些機構和制度發展到一定程度常常形成類似世俗行政機構所常見的繁冗的機構和複雜的辦事程序，這樣就與制度化所要求的提高辦事效率的初衷和目標相悖，從而形成權力、角色地位等級、特權、繁瑣規章制度以及冗員等諸多官僚化因素的滋生，易使領導成員蛻變為官僚並帶來官僚主義作風，與組織中的普通成員相脫離，失去了一個制度化組織所應具備的靈活性與解決伴隨時代發展而出現各種問題的能力。例如羅馬天主教會的機構就呈現出一定程度的官僚化特徵，保守的羅馬天主教會在辦事效率方面和官僚設置方面也遠比改革後的基督教各派複雜。在基督教新教各派中也存在著不同程度的官僚主義膨脹趨勢，六、七〇年代美國的聯合長老會就曾陷於這種組織管理上的官僚主義所造成的困境中，七〇年代後期，它雖然調整了組織機構，但收效不大。【14】

總之，官僚主義作風往往會導致不少組織的功能喪失，從而影響其工作效率和組織對社會變遷的適應性，宗教組織亦不例外。

（四）教義的界說及道德準則的程式化與原初精神被消解的危機

為維持宗教教旨的本意，體現宗教最初的道德準則，避免日後各種與原初精神相違背的曲解萌生，宗教組織在制度化進程中需要對宗教教旨做出嚴謹的界說，對宗教倫理通過一整套複雜的教規、教法予以固定化、程式化，以便其組織成員或新皈依者能理解掌

握，在日常生活中可以操作，有所遵循。但是，這樣做的結果又會導致另外幾種結果。一是，持續不斷地對宗教教義作出複雜的、教條式的、微妙的界說與詮釋，從而使那些沒有經過系統的或受過神學傳統教育的成員感到費解。那些宗教倫理精神的睿見與道德準則轉化為教規與教法後形成只須墨守的成規，拘泥於字面上的理解，不可避免地忽略了某些基本精神與本義。因此，在某些後來的教徒心目中，宗教教條成為拯救靈魂的信仰表白書或道德說教或道德評判標準，至於教義及倫理精神的原本蘊涵則很少去探究。二是，當教義界定一旦作出，教法教規被固定化後，往往是不可更改的，這樣一來，在這些領域新思想的大門被堵死，適應時代變化需要及時做出調整與反應的能力被遏制，進而導致宗教組織內部衝突、分化及宗教組織與整個社會或其他社會群體的關係緊張，乃至對抗局面的出現。三是，教義界說與行為條款的過於瑣細繁雜，反而會異化為「從學究層面向大眾層面」的逐步「下降」，使象徵系統或儀式轉化為「神聖對象的替身」或「與之建立聯繫的手段」。換言之，宗教象徵系統可能退化為幼稚、機械而粗糙的東西，即導致了巫術或準巫術性質的出現。【15】

　　總之，抽象的啟示、預言或原始經文教義必須被具體化為普通教徒都能夠理解的日常生活與行為的道德倫理規範，這是制度化所不可缺少的，與此同時也會產生一些消極後果，即有時會掩蓋住經文與教義最初的原始涵義和本義。

（五）宗教組織制度化所帶來的強迫性皈依

　　宗教組織的整合與團結建立在其成員價值觀和行為規範一致性的基礎之上。在宗教運動初期，基本上由自願皈依者構成。皈依者

忠實於第一代宗教領袖，對第一代宗教領袖所領導的宗教群體有一種非理性的感情色彩較重的皈依體驗。隨著制度化宗教組織的出現和發展，原先一些資深成員可能會對新領導集團因制度化而獲得的權威地位和特權提出異議和非難。同時，宗教組織的發展中不可避免地會分化產生一些異端組織。為了保持宗教組織機構的完整性和權威地位，新的領導集團往往會採取強迫性的組織控制措施。例如天主教中開除教籍（即絕罰）就是一種維護宗教組織制度化的合法性和權威性的排除異端的措施。在天主教歷史上，異端甚至要受到宗教裁判所酷刑的迫害。

與此同時，宗教為了生存、發展，宗教組織總是尋求與所處時代的社會制度及文化價值觀相聯繫，與世俗的統治階級聯手，盡力用世俗法律權威與公眾輿論及情緒支撐信徒對宗教信仰的忠誠。在階級社會，特別是中世紀，宗教組織上層與世俗統治者相互利用，以維護統治秩序和宗教的權威，共同強化宗教的一致性。這種聯盟通常建立在強力威懾的基礎上，宗教組織與世俗政權更趨於保守。在這種情境下，對宗教的皈依及表面上對組織的忠誠卻容易掩蓋著某種深層的對社會與宗教組織日益增長的不滿或懷疑情緒。其結果，政治上的反叛與社會的動亂必然變成宗教上的對抗，而宗教上的對抗又加深社會的動亂。歷史上無數內亂與宗教戰爭就是明證。

宗教信仰原本是一些人的精神需要，參加宗教組織是個人建立在宗教體驗基礎上自發自願的行為，也是宗教制度的根本依靠，但在制度化過程中，宗教組織採用高壓手段與嚴厲的懲治性措施，在一定程度上對維持教徒信仰的一致性與組織的團結有效，但失去了自發自願的初衷，始終伴隨著希望與失望、虔誠與懷疑、強制與離心、穩定與動蕩，最終會導致信仰一致性的日益衰退。

總而言之，宗教組織的制度化發展不是一帆風順的，它往往會不斷產生並盡力克服某些制度化所招致的消極後果，及對社會發展適應性調節能力的退化和滯後。宗教復興運動、新興教派以及其他再生或改革運動都是宗教組織尋求克服上述這些機能性失調或功能障礙的途徑。可見對制度化的宗教組織的反叛成為新興教派發展的重要原因之一，宗教組織中多數內部衝突和分裂都可歸結到對制度化弊端的反感和對再生的渴望。一個新的宗教組織的產生雖然主要是各種社會因素的產物，與社會結構及社會變遷的過程緊密相聯，但也有不少宗教組織是在舊的宗教組織軀體內，在制度化所帶來的消極後果的驅使下產生的，或者是從舊的制度化宗教組織中裂變出來的，面對新的不同的社會需求對其原有信仰的重申。顯而易見，制度化對宗教組織是必需的，但同時也在不斷增長和加劇宗教組織內部、宗教與社會的關係中固有的那些張力和衝突，這就是宗教組織作為一種矛盾統一體制度化二重性發展的必然結果。

第五節　宗教組織的類型研究

一、宗教社會學對宗教組織理想類型的基本研究方法

　　宗教有許多組織形式，對於不同的制度化宗教組織，可以從不同的角度依據不同的變量標準進行分類。宗教按照所信仰的主要神靈的數量可以分為一神教和多神教；從政教關係的角度可以分為合法宗教和非法宗教，或者分為正統宗教和非正統宗教，或者分為官方宗教和民間宗教（非官方宗教）；從傳播地域範圍大小可分為氏族宗教、國家宗教和世界宗教；從救贖的方式可分為入世宗教和出世宗教等等。那麼從宗教社會學角度對各種形式的制度化的宗教組

織又如何分類呢？由這一問題引發了宗教社會學對宗教組織的類型化研究。

宗教組織作為社會系統中的一個子系統，與社會中其他社會組織之間存在著相互作用和影響，不同形式的宗教組織與社會環境間的相互作用與影響的方式也不盡相同。

宗教組織形式的各不相同、新的宗教組織又不斷湧現，使得宗教組織與社會環境及其變遷之間的關聯的研究複雜化了。因而為了盡可能地理清各種宗教組織與社會環境及其變遷之間的內在聯繫這一宗教社會學的核心問題，發展一種理想的類型研究方法是必要的。於是許多著名的宗教學家便致力於宗教組織的類型學研究，企望從類型學角度並借助類型學抽象概括出的特徵中找到宗教組織社會學分析的關鍵，這種努力從宗教社會學的鼻祖之一韋伯起，中間經歷了特格爾奇、瓦特、尼布爾、英格爾、威爾遜和羅伯遜等著名宗教社會學家們的不懈努力，取得了較為精深的發展，以西方基督教為主要研究對象，構建出了一種全新的理想型的類型學體系，即教會——教派類型學（Church-sect typology）。雖然這種類型學遭到了不少批評，但是直到今天它仍在繼續不斷得到修改和發展，成為宗教社會學家研究西方宗教組織類型公認的研究方法。

這種方法的核心是一種理想類型，即設定一系列概念或範疇，如教會（Church）、教派（sect）、宗派（denomination）和膜拜團體（cult）等等，這些範疇不是憑空臆造的，它們都有具體的內涵，它們都是宗教社會學家們根據大量西方宗教組織的經驗研究得出的特徵加以分類概括。具體的實證研究是理想類型的社會學基礎，這是宗教組織類型化研究直到今天仍受到推崇和發展的根本原因。

教會——教派分類是從宗教社會學角度對宗教組織進行的分

類，宗教與社會的相互關係問題是教會——教派分類的主要變量標準。換言之，從宗教與社會相互關係的角度可以將宗教組織區分為教會、教派、宗派和膜拜團體。

二、宗教組織類型研究的發展

（一）韋伯和特洛爾奇——初期階段

最早提出教會——教派兩分法的學者是韋伯和特洛爾奇。

韋伯十分關注不同類型的宗教組織與社會變遷有不同的關聯。他首先注意到早期基督教中耶穌及其追隨者形成的早期組織與當時的猶太教組織有質的不同。他認為卡里斯瑪型領袖具有感召力和變革性，這往往會刺激社會變遷。為了保障卡里斯瑪型領袖領導的變革具有持久性，組織上的制度化成為必要的方式。韋伯根據宗教組織的成員資格原則（即包容性還是排他性的原則）提出了教派的概念以及教會和教派的區別。【16】韋伯認為，教派是一種排他的組織，其成員必須滿足某些條件，諸如特定的戒律和宗教實踐（如新教中成年人行浸禮或戒酒等），而教會則是一種包容範圍較廣的組織，它鼓勵所有社會成員加入其組織。

韋伯對教會和教派的簡單區分得到了他的學生、德國基督教神學家和教會史學家特洛爾奇的發展。特洛爾奇本是一個側重於研究基督教倫理和社會思想的神學家，因而他在發展韋伯的教會——教派兩分法時強調的重點有所變化，他區分教會與教派的側重點不是韋伯的成員資格原則，而是宗教組織與外在社會環境間的相互關係是拒斥還是妥協。他指出教會的最顯著特徵是它對世俗社會秩序的承認和妥協，而教派則傾向於拒斥

社會秩序。在《基督教會的社會教義》（1912年）【17】一書中，他將其類型研究應用於基督教社會倫理這種歷史學和神學的目的，指出他對教會和教派的概括僅限於基督教的歐洲文化，不可能適用於美國的基督教研究。此外，特洛爾奇還引入了另一個宗教組織類型——神秘主義宗教（或稱神秘教），即側重於個人的非理性經驗的宗教組織，它不注重信仰者之間的親密聯繫，不關心教義、聖事；由權威進行控制。他使用這一範疇的目的是描述十八、十九世紀德國路德教的獨特的神秘主義現象。他預言現代社會將不斷增加除教會和教派而外的第三種關聯——「理想的神秘教」或「精神宗教」。【18】特洛爾奇所提出的神秘教會後來的學者稱之為「膜拜團體」（cult）。

特洛爾奇對韋伯教會、教派兩分法的發展的初衷僅在於比較研究具體的歷史發展，而非有意於創造一種理想類型框架，但是客觀上卻為後來的宗教組織類型研究的發展奠定了基礎。特洛爾奇對宗教組織分類研究的局限性在於未能指明不同類型宗教組織產生的社會條件。

（二）尼布爾和貝克爾——發展階段

美國神學家尼布爾是教會——教派類型研究的第三位關鍵人物。【19】

尼布爾對形成宗教組織的社會條件頗感興趣，並從基督教的社會倫理入手研究宗教與社會間的相互關聯。他將教會和教派視為宗教組織發展過程中的不同階段，並且增加了一種新的組織類型——宗派（denomination）。宗派以適應社會為特徵，卻缺乏支配或控制社會的能力。尼布爾根據特洛爾奇的宗教組織是否與外界社會相妥

協的標準來考察教會與教派間的差異，同時還認為宗派也是「基督教與世俗世界之間更為巧妙的妥協……，它代表著基督教對世俗世界的等級制度體系的適應。」【20】

尼布爾把從基督教組織分裂出的派別視為與基督教基本價值觀相對立的排他的派別，特別是新教有一種產生新的變革性組織的持續性傾向。他認為一個組織的內在制度化結構會導致其組織上的變化，各種基督教組織的存在還表現出種族、氏族、社會階級和地域上的差異。尼布爾是第一個將教會——教派類型研究從歐洲介紹到美國的人，但是他發現早期的教會——教派類型研究無法解釋美國的宗教組織，例如，歐洲的教會——羅馬天主教、路德宗和英國聖公會等——在美國歷史上表現為教派，在現代的美國卻表現為他所謂的「宗派」，各宗派彼此相容共存。他創造了「宗派」這一新的理想類型來解決美國社會中宗教組織解釋的困難，從而發展了教會——教派類型研究。

特洛爾奇曾指出從教派向教會有一個變化發展過程，但是未指明引起這種變化的社會條件。尼布爾認為宗派是教派和教會間連續發展統一體中的一個中點，即教派→宗派→教會是一個連續的統一體。

理解教派向宗派發展的關鍵是宗教教育這一制度化因素的發展。教派第一代成員對其弟子進行宗教教育，宗教信仰知識成為其弟子皈依宗教組織的尺度之一。宗教教育為宗教皈依提供了新的標準，使宗教組織更趨秩序化和制度化，從而向與社會相適應的宗派的方向發展。他把主日學校視為教派向宗派發展的一個標誌。隨著宗教教育的發展，制度化進程加速了，一種更有文化、更有秩序且更具理性的崇拜組織類型——宗教開始代替教派。

尼布爾對宗教組織類型研究的另一貢獻是他認識到了某些導致不同類型宗教組織形成的社會條件。宗教組織的意識形態與社會間的衝突就是一個因素。例如基督教的社會倫理呼籲社會上的所有人要有兄弟姊妹之愛，即博愛，並希望建立一個正義的人人平等的社會，這種社會責任與不平等的、充滿偏見和戰爭的現實社會間的衝突會導致組織分裂，產生教派分裂和新的宗教組織。導致新的宗教組織中，非個人化和秩序化居支配地位，一些成員可能對組織崇拜中缺乏自主性和感情色彩不太滿意，例如對一個文盲教徒來說博學而理性的長老會牧師的布道猶如聽天書一般。因而成員崇拜的不同感情和認知程度也會造成不同的組織類型和分化出新的組織類型。產生不同類型宗教組織的最後一個因素是種族、民族、國家、地域或社會階級。他認為宗派成員的社會地位高於教派成員，這是由於宗教教育在宗派中成為制度化因素的結果。宗派與社會相適應，其受過宗教教育的成員漸漸步入社會中上層。還有一些宗教組織是種族價值觀或國家忠誠的表現，例如德國的衛理公會組織與其他衛理公會相分離，意大利羅馬天主教會與愛爾蘭天主教會相分離等等。有的學者分析指出21%的美國教派都是依據種族或少數民族身份建立的。【21】

貝克爾在特洛爾奇神秘主義宗教的基礎上提出膜拜團體（cult）這一宗教組織類型。他提出了一種由膜拜團體→教派→宗派→教會的連續統一體。【22】

三、宗教組織類型研究的深入

上文簡單介紹了宗教組織類型研究的初期發展以及教會、教派、宗派和膜拜團體等基本範疇的形成過程。尼布爾將教會——教

派類型研究介紹到美國後，美國的宗教社會學家們對此進行了相當深入的展開和發展。

（一）宗教組織類型的變量標準

宗教組織類型研究首先要確立分類標準，即以哪些變量作為理想類型設定的參照標準。為此宗教社會學家們採用的變量標準不盡相同。

韋伯以成員資格原則（即包容性或排他性）作為變量標準區分教會和教派。特洛爾奇以宗教組織與社會環境間的相互關係（即拒斥還是妥協）作為區分教會和教派的變量標準。後來的宗教社會學家基本上圍繞他們二人設定的變量標準建立各自的理論模式。

英格爾曾於一九五七年提出雙變量模式，即「宗教組織的包容性或排他性程度和宗教組織在實現其滿足個人需求的功能的同時對其社會整合功能的關切程度。」【23】一九七〇年他又將其模式擴充為三個變量標準，即：1.宗教組織對社會成員的包容程度；2.宗教組織接受或拒斥世俗價值觀和社會結構的程度；3.作為一種社會組織，宗教組織的複雜化程度、專業化程度和官僚化程度。換言之，第一個變量標準涉及宗教組織的包容性與排他性，即其包容程度；第二個變量標準涉及宗教組織與外在社會環境間的相互關係；第三個變量標準涉及宗教組織的制度化程度。據此他建立了一個較為詳細的連續統一體發展模式，即膜拜團體→教派→國認教派（Established Sect）→宗教→教會（「Ecclesia」，希臘語的教會）→普世教會（Universal Church）。【24】

美國宗教社會學家羅伯遜也提出了雙變量標準，即宗教組織領袖所理解的合法性基礎和宗教組織所採用的成員資格原則。【25】第

一個變量可以表明宗教組織在多大程度上視其本身為具有唯一合法性的宗教組織，即宗教組織的包容程度，第二個變量標準類似於韋伯的成員資格原則。

英國宗教社會學家威爾遜根據神學取向和經濟狀況這兩個變量分析了教派和宗派，指出有鼓勵禁欲生活的神學取向的組織在一定程度上易於順應社會，從而發展為宗派；而不主張禁欲神學取向的則不易於順應社會而發展為教派。【26】

近年來的宗教組織類型研究主要集中於對教會和教派的亞變種或子類型的認識。英格爾曾把教會分為制度化普世教會（Universal Institutionalized Church）和彌漫型普世教會（Universal Diffused Church），前者以十三世紀的羅馬天主教會最為典型，後者以政教合一或宗教與社會一體化為特徵。【27】

英國社會學家威爾遜提出了教派的相當複雜的子教派組織類型，即：1.以原教旨主義為特徵的救世軍（Salvation Army）和聖靈降臨派（Pentecostal Sect）為代表的皈依派（Conversionist）；2.以推翻現存社會秩序為特徵的耶和華見證會（Jehovah's Witnesses）為代表的革命派（Revolutionist Sects）或稱冒險派（Adventist Sects）；3.以拒世和淡漠傳福音為特徵的阿馬納共同體（the Amana Community）為代表的內省派（Introversionist Sects）或稱虔誠派（Pietist Sects）；4.以強調神秘教義為特徵的基督教科學派為代表的靈性派（Gnostic Sects）；5.以科學學派（Scientology）為代表的控制派（Manipulationist Sects）；6.以招魂術組織為代表的奇術派（Thaumaturgist Sects）；7.以震顫派（the Quakers）為代表的改革派（Reformist Sects）；8.以印第安人奧奈達人（Oneida）共同體為代表的烏托邦派（Utopian）。

以上述分類的各種主張中，我們不難看到，西方宗教社會學家們為宗教組織的分類設定了不同變量標準，其目的在於進一步廓清宗教組織與外在社會環境間的相互關係，並將其視為宗教組織分類的主要變量標準，其他因素則可視為次要的變量標準。

總的說來，教派理論在近年的發展大大超過教會和宗派理論的發展，對膜拜團體的研究大多表現為對新興宗教運動的研究。在宗教組織類型研究的發展中必須看到它是以多元化的歐美宗教背景為依據和研究對象這一前提，同時還要看到歐美多元化的社會和新興宗教運動和組織的大量湧現是宗教組織類型研究不斷深化和發展的動力。

（二）宗教組織基本類型的概括

西方宗教社會學家在對基督教深入研究的基礎上，為宗教組織類型研究設定了不同的變量標準模式，然而宗教組織的基本類型卻是雷同的，即教會、教派、宗派和膜拜團體。在這些基本類型之下還有一些亞類型或子類型（又稱亞變體）。

1.教會（Church）

教會是規模較大的聯合體，視其本身具有唯一的合法性地位，宣稱具有普遍性，可包容社會各階層的成員，並與世俗社會環境基本上相適應，傾向於支持社會現狀；同時社會也承認並接受教會的存在與發展，發展成員同時也是合法的社會成員。它建有一個廣泛的、有具體分工的科層制度組織起來的機構。中世紀歐洲的羅馬天主教會和封建社會時期東南亞國家的小乘上座部佛教組織都是典型的教會組織。當代歐洲國家教會近似於這種模式，但已難看到這種類型的標準組織。

2.教派（Sect）

教派通常作為某一宗教中的對立派別而產生，並與教會一樣視其本身為唯一合法性組織，由於其出現往往是某些成員對社會多種因素（如經濟生活、社會地位、意識形態分歧、道德需求、心理補償等）不滿足而作為宗教抗議的表現，因而與社會環境處於消極緊張中，即不接受外在社會以及社會上存在的其他的宗教組織，具有較強的排他性，常表現出孤立主義傾向。教派成員往往表現出對精神復活的熱烈追求，嚴格遵守道德規範和宗教戒律。教派與社會間的緊張關係對教派的生存是一個威脅，也是社會變遷的潛在動因之一。其典型代表是十九世紀基督教改革運動時期的再洗禮運動、初期的摩門教和貴格會等。

3.宗派（denomination）

宗派與教派不同，它不聲稱自己的唯一合法性，而是接受其他宗教組織的合法存在，友好相處並與社會處於一種積極適應的關係中。宗派主張宗教組織合法性存在的多元化和對社會的適應性，並容忍神學上的多樣化。其代表為當代美國主要的宗教組織──基督教新教各派、美國天主教和美國猶太教等。

【28】

4.膜拜團體（cult）

有的學者又稱膜拜團體為邊緣宗教（Marginal Religion）。膜拜團體拒絕社會上任何占統治地位的宗教形式，並往往加以對立，強調自己新的神啟或神學上的洞見，並與主流社會及社會中居支配地位的統治者處於消極的緊張關係中，在這一點上比教派更走極端。在組織上膜拜團體往往規模較小，由一個卡里斯瑪型領袖領導，表現出神秘主義的救贖傾向，注重個人精神上的發展和神秘體驗。有

的採取秘傳方式或封閉式活動，但機動靈活性與流動性較大。有的並不要求其成員與其他組織斷絕關係，有的則嚴加控制。它們處於較快的變化發展中，有的可能是短期的，隨卡里斯瑪式領袖的消失而曇花一現；有的卻很有活力，不斷構成新的運動，頗具吸引力而旺盛起來。在調整變化的過程中，有些膜拜團體往教派或宗派的道路發展。但也有的進一步走向極端成為反社會的邪教組織。有的學者認為膜拜團體盛行於傳統宗教組織衰弱之處，而在傳統宗教發達之處，膜拜團體影響不大。【29】也有的學者認為膜拜團體組織制度化程度較低，只能作為一個過渡性的宗教組織或是一種亞變體、異端變體。其代表有美國的超覺靜坐會（Transcendental Meditation）、聖光傳教團（Divine Light Mission）、科學學派（Scientology）以及人民聖殿派（The People's Temple）等等。

四、宗教組織類型研究的評估及國內學者研究的近況

　　教會——教派類型最初是由韋伯和特洛爾奇用作研究宗教組織的描述性工具，經過後來尼布爾等人的發展和應用，使之成為研究西方宗教組織與社會關聯的分析工具，成為多數宗教社會學家公認的研究方法之一。教會——教派類型研究的意義不僅在於比較研究宗教組織的類型本身，而是透過這種研究可以進而理清宗教組織與外在社會間的相互關聯，區分類型的幾個變量標準就反映了這一點。不過目前的發展趨勢是盡可能簡化基本類型的界定標準，而不是像特洛爾奇和尼布爾那樣羅列出教會與教派相區別的十幾種變量標準和特徵。【30】作為分析工具，教會——教派類型並不代表具體的分析研究對象，它們僅僅是理想設定的類型，因此教會——教派類型的複雜化只會導致混亂，為此少數學者提出了尖銳批評。【31】

前蘇聯的學者也認為西方教會、教派分類的重大方法論錯誤在於「僅僅劃分出宗教組織的若干形式特徵，而忽視宗教組織的社會條件」。【32】因而前蘇聯學者指出不能將教會——教派類型看作僵死的結構，在對不同時空宗教組織進行歸類時要「考慮到社會條件這一因素是具有原則性意義的。」【33】

總之，教會——教派類型是基於西方基督教為主流文化的社會文化背景，從宗教社會學角度對西方宗教組織特別是猶太——基督教系統宗教組織進行的分類，可以將它看作基督教社會學中的合理內容，主要適用於西方基督教的社會學研究。至於從宗教社會學角度對西方以外的非西方的宗教組織及十九世紀以來眾多的新興宗教組織的類型研究則是一個全新的課題。應該說，宗教是一種社會實體，宗教組織是宗教的載體，它不是抽象的，而是具體的存在。古今中外存在過的或現存的宗教難以計數，而且還在不斷發展，新興宗教仍在不斷湧現。各種宗教的組織、制度既有共同點，也彼此不同，即使是同一宗教在不同的國家和地區又有不同的組織形式和制度，而同一種宗教組織又隨著時代和社會的變遷亦在不斷進行調整變化。當然，總的說來宗教組織形式相對於宗教的內容，變化相對滯後，具有相對的穩定性。因此，在研究宗教時，客觀地透過各種宗教組織的表象，找出其共性與差別、分類的標準與依據，進行科學的歸納比較，深入對宗教組織的類型加以研究是有必要的，以便加深人們對宗教，特別是宗教與社會相互關係的認識。但是，不可否認，要對千姿百態、淵源深厚、變化不斷的各種宗教組織作出簡易而包攬無遺的分類法是幾乎不可能的。

國內學者對宗教組織類型的專門社會學研究尚不多見，只在部分學者的著述或文章中有所涉及，其中有些仍屬介紹性的描

述。例如，呂大吉主編的《宗教學通論》，有一章專門闡述宗教的組織與制度。對宗教組織作分類時，提出了三種角度的劃分標準：1.從宗教組織的社會性質和宗教性質各自所占的比重，可分為「入世型組織」（如當今世界上由宗教徒結成的和平組織、環保組織、世界佛教徒聯誼會、世界基督教協進會及各種宗教的青年和婦女團體、工會和政黨等）和「出世型組織」（如佛教的禪林寺院、道教的宮觀、基督教隱修院等）；2.按宗教組織脫離其他社會組織而獨立的程度，可分為「合一型組織」（如各種國家宗教、當代梵蒂岡教廷等）和「獨立型組織」（如佛教的寺院、道教的宮觀、基督教的修院修會、伊斯蘭教的神秘主義教團等）；3.按宗教組織在社會政治上和宗教上所處的地位來看，可劃分為「在朝型組織」（如伊斯蘭國家的伊斯蘭教、中世紀西歐的天主教等）和「在野型組織」（如佛教和伊斯蘭教初創時期的組織、原始道教組織、基督教的大批異端組織、中國的許多民間宗教和秘密宗教組織等）。【34】又如，陳麟書、袁亞愚主編的《宗教社會學通論》，書中對宗機的類別有所涉及，對西方學者提出的「卡爾特（cult）——教會連續體」做了較詳細的介紹與評述。同時對學者們提出的幾種較為常見或較為流行的宗教分類法及分類體系作了介紹。這包括：1.以各宗教所信仰的神的數量及專一程度為分類標誌，從而提出了一種「一神——多神教」分類體系（如一神教、主神教、多神教及「二元神教」等）或一神教、多神教、無神的倫理宗教、敬祖宗教、相信萬物有靈的原始宗教等；2.從發生學的角度對宗教進行分類，提出了「自然宗教」與「人為宗教」的兩分法；3.以宗教在國家和社會中所處的地位為分類標誌，區分為合法的宗教與非法的宗教兩大類，或者區分

為制度化的宗教與非制度化的宗教兩大類；4.以宗教傳播與流行的範圍為分類標誌，首先區分為世界性宗教與非世界性宗教，然後對後者區分為全國性宗教、民族性宗教、區域或地方性宗教；5.從宗教演變史的角度以各宗教的學說和教義為分類的標誌，建立了各種神學分類體系（如猶太教和基督教就被視為在神學淵源上具有共同性的宗教，可被劃歸同類，如婆羅門教、印度教、佛教神學與信仰相近也可歸入同一類等）。【35】上述分類大多從不同角度提出不同的標準，且有些標準本身具有相對性及交叉現象；有的標準更多屬於現象層面而非本質層面。但是，提出這些宗教類別的劃分，進而對宗教組織類型問題加以思考研究無疑是有益的。

近年來，國內學者在對新興宗教、東方宗教、儒教研究的同時，在文章或著述中有的也談及宗教的類型問題，但一般仍處在初步探索階段。例如，陳麟書、袁亞愚主編的《宗教社會學通論》中對「新宗教」的基本類型歸納為避世型、救世型、涉世型、自救型、超欲型和罪惡型六類。【36】又如，近年在對儒教問題的學術爭鳴中，也引申出對宗教本質的理解與宗教的類型問題有諸多不同看法。如有的學者認為宗教有「混合宗教」與「獨立宗教」之分，前者如儒教，係宗教制度與世俗制度的混合，獨立宗教指獨立的教團組織、教會或教區，教義不依附其他宗教。有的則將宗教區分為「超世宗教」與「現世宗教」，儒教則屬後種類型。還有的學者認為宗教具有兩種形態，一是制度化宗教（如世界三大宗教），二是精神化宗教，形式不具重要性，旨在安身立命，關切精神的終極超脫與內在的超越，如儒教。【37】

綜上所述，宗教組織類型學的研究，國外特別是西方學者研究

較早較多，但尚未擺脫基督教中心的模式，具有很大的局限性，對西方以外的宗教及大量出現的形式多樣的新興宗教適應性很差。即使對西方宗教，由於劃分標準的不同也有不少爭議。而國內學者對宗教組織類型學的專門研究問津者不多，還屬剛剛起步，有待進一步開展。

【注解】

【1】帕森斯（Talcott Parsons）有關社會組織的論述見於R. Jean Hills所寫 The Organization as a Companent in the Structure of Society一文，該文收 於Jan Loubser等人編的Explorations in the General Theory in Social Science: Essays in Honourof Talcott Parsons, vol. 2, pp. 805～828, New York, Free Press, 1976。此外還有William Foote Whyte所寫Parsons' Theory Applied to Organizations，收於Max Black所編The Social Theories of Talcott Parsons, pp.250～267, Englewood Cliffs, H. J.: Prentice Hall, 1961。

【2】此書英譯本有Emile Durkheim, Elementary Forms of the Religious Life, J. W. Swain英譯，New York: Free Press, 1965。

【3】角色：指一個群體內或社會關係中具有某種特定社會身份的人的行為 模式。角色是社會的產物，是社會身份的動態表現。社會身份和社會 角色是一個問題的兩個方面。社會身份和社會角色是一個問題的兩個 方面。社會身份指個人在一個群體或社會關係中的位置實體；社會角 色指個人在社會關係位置上的行為模式。每個人都可以在若干個不同 的社會組織中承擔不同的角色。

【4】角色叢：與特定社會身份有關的一套角色。每個社會成員都可以在若 干個不同的社會組織中充當一定的角色，一個人在各種社會組織中充 當的角色的集合，總稱為「角色叢」。

【5】《釋氏稽古錄》卷三。

【6】《佛祖歷代通載》卷十二。

【7】關於教廷的組織機構沿革及其功能，詳見宗教研究中心編：《世界宗 教總覽》下編，第八二一～八六二頁，東方出版社，一九九三。

【8】參見Julia Mitchell Corbett, Religion in American, pp.28～29、pp.49, New

Jersey, Printice Hall, 1990。

【9】黃心川主編：《世界十大宗教》，第一五五頁，東方出版社，一九八
八。

【10】蘇國勛：《理性化及其限制——韋伯思想引論》，第六十一～六十四
頁，上海人民出版社，一九八八。

【11】參見彼得‧貝格爾著，高師寧譯《神聖的帷幕——宗教社會學理論之
要素》，第五十六頁，上海人民出版社，一九九一。

【12】Theomas F. O'dea, Five Dilemmas in the Institutionalization of Religion,
Journal for the Scientific Study of Religion, October, pp.30～39, 1961.

【13】托馬斯‧F‧奧戴、珍妮特‧奧戴‧阿維德著，劉潤忠等譯：《宗教
社會學》，第九十八頁，中國社會科學出版社，一九九〇。

【14】見Keity A. Roberts, Religion in Sociological Perspective，第二版，第一
五七～一五八頁，加州Wadsworth出版公司，一九九〇。

【15】參見艾利亞德：《宗教的比較模式》，第四四四頁、四五六頁。轉引
自托馬斯‧F‧奧戴、珍妮特‧奧戴、阿維德著《宗教社會學》，第
一〇五頁，中國社會科學出版社，一九九〇。

【16】Max Weber, The Sociology of Religion, Ephraim Fischoff英譯本，第六十
～六十一頁，Boston, Beacon Press。

【17】E. Troeltsch, The Social Teaching of the Christian Churches, 2vols, Olive
Wyon英譯本，其中有尼布爾（H. Richarch Niebuhr）的序言。New
York, Macmillan, 1931，重印於一九六一年，New York, Harper &
Row。

【18】見Grarrett, William R., Maligned mysticism: The maledicted career of
Troeltsch's third type, Sociological Analysis，第36卷第二期第二〇五～
二二三頁，一九七五。

【19】其理論見The Social Sources of Denominationalism, New York, Hanry Holt Company, 1929; New York, Meridian Books, 1957。

【20】The Social Sources of Denominationalism, p.5.

【21】見Rodney Stark和William Sims Bainbridge, The Future of Religion: Secularization, Renewal, and Cult Formation, p. 132, Berkeley, University of California Press, 1985。

【22】貝克爾的著作主要是Systematic Sociology on the basis of the Beziehungslehre and Grebildelehre of Leopold van Wiese, New York, Wiley, 1932。

【23】見J. Milton Yinger, Religion, Society and the Individual——An Introduction to the Sociology of Religion, pp. 147～148, New York, Macmillan Company, 1957.

【24】J. Milton Yinger, The Scientific Study of Religion, pp. 257～280, New York, Macmillan, 1970.

【25】Roland Robertson, The Sociological Interpretation of Religion, pp. 120～128, Oxford, Basil Blackwell, 1972.

【26】Bryan R. Wilson, An Analysis of Sect Development, American Sociological Review, pp. 3～5, 1959, Feb.

【27】J. Milton Yinger, The Scientific Study of Religion, pp. 257～258, New York, Macmillan, Pulishing Company, 1970.

【28】參見Julia Mitchell Corbett, Religion in America, pp. 28～29、p. 49, New Jersey, Printice Hall, 1990。

【29】參見Julia Mitchell Corbett, Religion in America, p.159, New Jersey, Printice Hall, 1990.

【30】參見Keith A. Roberts, Religion in Sociological Perspective, p.185表9.1.

（Table 9.1）Belmont, Wadsworth Publishing Company, 1990。

【31】Goode, Erich, Some Critical Observations on the Church - Sect dimension Journal for the Scientific Study of Religion, Vol.6, 第一期, pp.69～77, 1967。

【32】德‧莫‧烏格里維奇著，王先睿譯：《宗教社會學引論》，第一六五頁，上海人民出版社，一九九二。

【33】伊‧尼‧亞布洛柯夫著，王學富等譯：《宗教社會學》，第一一九頁，四川人民出版社，一九八九。

【34】呂大吉主編：《宗教學通論》，第三二五～三二八頁，中國社會科學出版社，一九八九。

【35】陳麟書、袁亞愚主編：《宗教社會學通論》，第九十二～一〇一頁，四川大學出版社，一九九二。

【36】同上書，第三三六～三四一頁。

【37】參見《中國哲學幾個問題的研究評析》，人民日報，一九九八年七月十一日。

第五章　宗教的社會功能

馬克斯・韋伯曾經指出，資本主義之所以在信奉新教的西方國家而不是在信奉其他宗教的國家產生，主要原因之一是因為新教倫理促進了資本主義精神的發展。這無疑是在說，宗教有促進社會發展變革的功能。這裡，我們姑且不去議論馬克斯・韋伯的觀點正確與否，但對以下幾個問題，是必須搞清楚的，那就是：宗教到底有無其特殊的社會功能？如果有，是哪些？它們有什麼特徵？宗教的這些社會功能是一成不變的還是隨時代和社會的變化而變化？是什麼在影響著宗教社會功能的變化和發揮？

第一節　宗教是一個社會子系統

何謂「系統」（system）呢？綜合一般學者的看法，似乎可以給它下這麼一個定義：系統是指具有互動與依賴關係的要素所組成的整體。一個系統的特徵是：

1.構成系統的各要素之間，必須有相互依賴與互動關係。

2.系統有較為清晰的外延。

3.系統之總體大於各部分之和。系統是由各部分有機聯繫而成，而不是各部分之簡單相加。

4.系統內每一要素的變化，將會影響其他要素或整個系統的運用。

5.一個系統若要保持均衡狀態，必須有配置（allocation）過程及整合（integration）過程。

6.任一系統，對外界壓力及內部各要素的變化均須作全面的調
整，以有效控制內外環境的變化，維持整個系統的均衡。

很明顯，社會就是一個符合上述定義的系統。它由很多要素組
成，我們把這些要素稱之為社會的子系統。子系統依附於整個系統
──社會而存在，它受大系統的控制和影響，但也有其相對獨立
性，可獨立進行運作，這種運作的優劣也會對其他社會子系統或整
個社會大系統產生影響。

每個社會子系統都有其他子系統所不可替代的特殊的社會功
能，並因這些特殊功能而存在，正如人體之耳目口鼻，各司其職，
共同為人體服務但又不能互相替代，因此缺一不可。宗教即是這樣
一個社會子系統，它依附於社會整體系統，但也可以反作用於社會
整體系統。

作為一個社會子系統的宗教與社會整體的關係是密不可分的，
此關係是雙向的、相互的，但不角因是，社會整體系統對宗教子系
統的作用是制約性的，它決定著宗教子系統的結構、性質、內容和
形式。原始社會，宗教隨氏族制的形成而形成並逐漸體制化，它反
映氏族社會的需要，作為上層建築來為維護氏族的傳統和鞏固氏族
制度服務。而當原始氏族制的社會關係發生變化，氏族宗教的內容
和形式馬上就隨之發生變化：母權制時期氏族宗教的主要形式是圖
騰崇拜、女始祖崇拜、女祖先崇拜及女陰崇拜等等，而到了父權制
時期，氏族宗教的主要形式則隨之改變為「且」崇拜（男性生殖器
崇拜）和男性祖先崇拜等等。再如中國封建社會，占統治地位的是
儒家思想，因此，佛教、伊斯蘭教與基督教等外來宗教傳入中國
後，無一不依附於儒家思想，且都是在與儒家思想有一定程度上的
融合後才能立足的。

從另一方面來看，宗教這個子系統對社會整體系統的作用也是很明顯的。作為一種上層建築，它通過社會進行價值整合，對社會成員進行心理調適，促進個體社會化，穩定、協調社會或促進社會變革來對社會整體系統的存在和發展施加影響。尤其當宗教作為一個社會主要的意識形態時，這方面的作用就更為明顯。國教就是由統治階級或執政當局定為國家全民性信仰的宗教，它是一定社會中占統治地位的官方意識形態，是維護統治秩序的最重要的精神宗教。在國教體制中，國教的祭司和僧侶往往享有很高的地位和特權，對國家的社會政治生活發揮著重大的影響，並排斥其它宗教或其他意識形態，造成意識形態單一化的狀況。而國教在封建國家是十分普遍的現象，封建統治階級就是利用宗教的這些作用為鞏固其統治服務的。

第二節　宗教的社會正功能

「功能」一詞常易與「作用」混淆，這是因為二者之間有很多相似的地方，尤其它們都是指一事物對它事物的影響力。但「功能」又和「作用」有所不同，「功能」總是來源於某一結構或系統，換言之，它依附於某個結構或系統而存在。

社會功能指某一社會子系統或社會現象在維持社會秩序、保護社會系統正常運作方面所具有的影響力。一個社會系統，是有其工作目標的，較低的目標是保證社會各部分的正常運作，較高的目標則是促進社會向更好更完善的方向發展。任何一個社會子系統，必須具有為達到這個目標服務的特殊社會功能，否則，它便不可能在這個社會中長期存在。這一點和人體系統頗為相似，當人體的某個

器官對人體不再具有特殊功能時，它就會逐漸退化、萎縮；當它的存在反過來對人體構成危害時，就必須及時去除。人所共知，闌尾就是因其功能的退化而萎縮，相似於人體系統但卻比人體系統更能動、更果斷，它絕不會容許一個毫無正功能（我們這裡所說的正功能指能增進所在社會的團結與合作，使社會各部分趨於和諧一致的功能）的子系統存在於其中。因為當一個社會子系統不再具有正功能時，它就會成為社會的負擔，破壞社會的正常運作，阻礙社會向前發展。也就是說，某個社會子系統一旦成為社會中的異物，社會系統就會毫不留情地將其清除之。

縱觀人類歷史的長河，自宗教產生時至今日，它雖經歷了無數變遷興衰，但卻一直持續發展著；橫覽現今的世界，不管是仍處於農業文明時代，還是進入工業文明的社會，乃至已跨入信息時代的發達社會，無一處沒有宗教存在。宗教得以在人類社會中長期並廣泛存在的事實，難道不正是由於它有其特殊的社會功能嗎？不難看出，宗教的社會功能是一種客觀存在，這個已為宗教存在的本身所證實。即使在其與所在社會的主體意識形態有著尖銳矛盾的形態下仍是如此。

那麼，宗教到底具有什麼樣的社會功能呢？特別是它有哪些有利於社會的存在和運行的積極功能呢？

從比較廣泛的角度看，我們認為，宗教對社會主要具有以下幾個方面的社會功能：

一、心理調適功能

一個社會是由具體的社會成員組成的，大多數社會成員心理的穩定與平衡是社會系統正常運行的必要條件之一。但人類生活在佶

大一個無時無刻不在變化運動著的世界上，其生存到處充滿著危機與不確定性。在無情大自然面前，我們常常是軟弱無力的；甚至在由人類自身組成的社會中，有很多時候，我們也無法把握自己的命運。客觀世界中一切事物的本質皆由其自然規律所決定，事物的發展進程始終伴隨著偶然性的因素。原始社會由於生產力水準低下，人類對世界的了解、駕馭、控制能力都很差；今天世界雖然業已進入現代文明，但仍有許多不可預料的災禍會隨時隨地向人類襲來，火山、洪水、地震加上環境污染、癌症、愛滋病……這些東西的肆虐無時不在威脅著人類的生存。在這個充滿危機和不確定性的世界上，人們時時被驚擾，加上現代社會的快速運轉和高度競爭所帶給人的精神壓力，使人們的心理更為高度緊張。原始人有原始人的煩惱，古代人有古代人的憂慮，現代人有現代人的精神壓力，而宗教，作為一種心理調適機制，在從原始社會至現代社會的若干種社會形態中，始終執行著它的心理調適功能。

宗教可以為人們提供安全感和某種慰藉，使之消除心理上的焦慮與恐懼。由於客觀世界和人類社會存在的複雜性和偶然性，許多事物的客觀規律尚未能被認識，人們極易對周圍的環境產生恐懼、困惑與許許多多的焦慮：對自然災難的恐懼、對日益增多的社會性災難的恐懼、對無法預測的個人前途的焦慮、對感覺自身過於弱小無法對抗周圍種種壓力的焦慮以及對不可避免的死亡的焦慮。而宗教則可以通過對神靈、對超自然力量和對彼岸世界的追求為無法掌握自己命運和再度喪失了自我的人提供對未來的安全感，使人擺脫焦慮與恐懼心理。宗教還直接指向人們的終極關懷——死及死後到哪裡去？它的彼岸世界說可消除一些人對死亡的恐懼與焦慮，給現實生活中被死亡折磨的人們以慰藉。

宗教可以滿足人們對愛的渴望。社會的現代化帶來了人情的日漸淡薄，傳統社會中那種緊密的人際關係已不可多見。不少人感覺自己是孤獨地行走在人生路上，孤獨地面對社會和世界的種種壓力，活得很累、很孤單，他們希望在社會中得到人情的溫暖，希望有人愛自己，也希望把自己內心的愛釋放出來。而宗教講求博愛，它為那些在寂寞、搖曳的人生道路上和無情的制度下渴望愛與被愛的人們提供了抒發感情的對象。除了教徒對神的敬愛可以平靜他們的心境外，一個宗教組織內的人們可通過相互關懷與幫助使彼此感到溫暖，有了某種心靈上的溝通，也可通過向組織外的人廣施博愛與仁慈以滿足自己的愛心。

　　宗教還可消除人們的憤懣與怨氣，從精神上來補償社會的一些不公。現實社會總是有缺陷的，難免存在著種種不公，但人的心理卻總是理想主義的，一直在追求社會公正。公理和社會現實的這種巨大反差往往使人們不能接受社會不公正，哪怕是微小不公正的現實。因此，當一些人在現實生活中受到不公正待遇後，往往不可避免地產生憤懣與怨氣，且不易化解。宗教則可通過對一些事情進行宗教解釋，比如提倡寬容與忍讓、寬恕及因果報應等，幫人化解胸中塊壘，消除憤懣和怨氣。使受傷害的心靈得到舒緩。

　　宗教也可以通過使人的精神超然於現實，幫人暫時跳脫現世與人生的各種煩惱。現實社會由於自身的一些糾葛與癥結，極易使人纏繞其中，剪不斷、理還亂，不能自拔。宗教追求是超越現實與自我的。它往往能淡化人對現實的關注，鬆動人心中的死結，逐漸通過超脫來求得解脫。許多佛寺都有一副對聯，其上聯為「天下事了猶未了，奈何以不了了之」，說的就是這個道理，意在勸人從現實的糾葛中解脫出來。一些在現實生活中不如意而遁入佛門，伴青燈古

佛終其一生的善男信女不也是求助於宗教來尋求某種心理解脫嗎？

據現代心理學研究成果表明，宗教的這種心理調適功能也會引起生理上的良好調節作用。一個經常受到精神折磨、心情苦悶的人，其生理上的免疫功能就會下降，甚至下降50%。這樣的人壽命短，得病率高，死亡率也高；相反，一個人心情愉快，心胸開朗，其生理上的免疫功能就會提高，有益於身體健康。宗教的某些修持方法，通過清靜養心，往往能使修持者的心態調節到較佳狀態，使人由修身而達強身。道教的內丹和佛教的坐禪就是能達此種目的的修煉強身方法，而且已被移植到國內外的醫療中運用並獲得良好的實際效果。現代心理學研究也已證明，人們通過精神放鬆的方法，其中包括宗教修身養性的修持方法，可以提高人體鎮痛物質內啡呔的質量和數量，調節心理平衡，有益人體健康。【1】

世界著名的社會人類學家馬林諾夫斯基在研究原始宗教的功能時曾認為原始社會的巫術使人「在憤怒、仇恨、單戀、絕望和恐懼出現的情況下，能夠確有把握地保持心理生活的完整穩定。巫術的功能在於把人的樂觀主義儀式化，使人信心百倍地以希望戰勝恐懼……沒有巫術的力量和指引，原始人就無法順遂地克服實際困難，無法達到更高的文化。」【2】在這裡，馬氏實質上是在談宗教的心理調適功能，並指出這種主觀調適對客觀社會產生的影響。

在宗教的社會功能這個問題上，以往有許多不同的觀點，但每種觀點都不排斥宗教對人的心理調適功能，儘管它們的表述可能各不相同。馬克思曾經指出宗教是人民的「鴉片」，【3】它指的是：第一，宗教使人超脫現實，在人們的意識中創造出幻想的世界；第二，宗教使人得到寄托於空想的自我安慰。過去我們在理解馬克思這段論述的含義時，只注重了其批判性，用以為宗教確定性質，而

忽略了馬克思在其中首先指出的宗教的心理調適功能。也正是在具有這種功能的前提下，宗教才得以發揮它良與不良的社會作用。在奴隸社會、封建社會那漫長的黑暗年代，宗教曾作為統治階級手中的工具，被用以維持其反動統治；但同時它也作為止痛劑和心理調適劑，給了在無盡苦難中掙扎生存的廣大人民以暫時的精神安慰，使之得以在密不透風的極權統治下緩解一下承受極度壓力和充滿痛苦的心靈和肉體。誠然，這種主觀調適決不能觸動任何反動社會的本質，更扭轉不了人民受欺凌、壓迫和剝削的命運，社會大問題的真正解決出路還在於社會的大變革。但在社會大變動前的相對靜態時期，宗教的心理緩釋功能還是有其積極的社會作用的，起碼它使那些因社會極度不公正、不合理而承受痛苦的人不致於因壓力過大而造成心理崩潰，同時也可減少由其他原因引起的一些心理失衡。

二、社會整合功能

　　社會整合是指將社會存在和社會發展的各要素聯繫到一起，使它們一體化。社會整合有三個層次。一是通過社會制度所進行的社會整合。社會制度通常表示為一系列的規定、行為準則，人們按照這些規範行事，就能使整個社會關係表現得結構完整，活動有條不紊，各方面配合默契，使整個社會機體運轉靈活、生氣勃勃。二是社會組織的社會整合。各種制度的實施都是由一定的社會組織來完成的，在制度的執行過程中，如發現少數人有違反制度的越軌行為或發現制度本身存在缺點，這時社會組織管理機構就自動地控制越軌行為，或調整某些社會制度，從而達到社會整合的目的。三是輿論的社會整合。國家通過各種大眾傳媒工具開展宣傳教育，在全體國民中形成共同的意志和目標、共同的價值體系，也可起到重要的

社會整合作用。

　　社會有賴於其成員的自願合作。通過普通的社會化過程，雖然可以達到大部分合作，但這種影響畢竟是有限的，不可能十分完善，因為在一個社會中，並非所有的團體和人員都有共同的需求和動機；而宗教卻有使社會、集團結成整體的因素。宗教的一大特點是它既是一種觀念性的上層建築，又是一種體制上的上層建築，它既可以作為普遍的價值法則影響社會成員，又可以作為制度、組織統轄其組織成員。因此，宗教在與其所在社會的主體意識形態不矛盾的情況下，它可以充分發揮自己的這種特長與優勢，在以上所述的三個方面即社會制度、社會組織和社會輿論方面對所在社會進行整合。

　　宗教作為一種社會制度，有自己一系列特定的不同於其他社會制度的規範和行為準則，其他社會制度均呈現世俗性，而宗教的規範和行為準則則依賴著某種超自然的「神聖性」。正是因這種「神聖性」會對社會成員施加更為深刻的影響，使人認為某種宗教規範不僅要做，而且必須做，如果不做你將會受到某種「神聖力量」的懲罰。換言之，宗教把自己所定的規範和行為準則說成是來自「神意」而具有「神聖性」，並由此對人們產生刻骨銘心的影響與強大的自律作用。同時，宗教又作為一種社會組織，來具體實施這帶有神聖性的制度。如果發現一些教徒有違反宗教制度的行為，它就會給以不同程度的懲罰，以此來維護宗教制度的神聖性和現存社會的穩定性，眾所周知的羅馬天主教會以「異端邪說」之罪名燒死伽利略即是實施這種懲罰的極端例證。當然歷史發展至今天，宗教組織制度也在不斷地進行調整和改革，以適應時代的變化。宗教還借助於傳教和辦教會學校來宣傳其教義及規範，教育年長教徒並影響青

年一代，形成輿論整合。

宗教的這種整合功能清晰地指向現存社會制度，在與其所在社會的主體意識形態不矛盾尤其是相重合的情況下，它能緊密配合現存社會制度並為之服務。宗教以其「神聖性」把社會上各個不同的利益集團的價值觀綜合統一起來，形成一個供大家共同遵守的規範，以此增加社會的穩定性。宗教還往往賦予一些社會統治者以超自然的神秘色彩，以在整合社會方面發揮巨大的凝聚作用。如中世紀封建社會，無論是中國還是其他國家，一般統治者都以「君權神授」的名義，來增加社會的整合力。中國的皇帝被奉為「天子」，日本的天皇被奉為「天照大神之子」，羅馬皇帝被奉為「神的化身」，印度的婆羅門被奉為「人間之神」，穆罕默德被奉為「安拉的使者」，等等。西方學者羅伯特·沃德在總結日本明治維新以後，其國民意識凝聚力高度增強時指出，其最根本的一條就是：恢復並神化天皇的權力，將「神道」制度化，培養人們對天皇的效忠、服從和敬畏，從而使社會保持一種強大的向心力。即使現代西方的民主政治，也並沒有拋棄對宗教這種整合功能的利用。布希在一九八八年當選總統後，就於十二月二十五日聖誕節同黑人基督徒一起作聖誕禮拜。這至少在一定程度上贏得了黑人對他的信任感。伊朗宗教領袖霍梅尼之所以能在本國政治生活中達到左右一切的地步，首先是由於他被認為能體現伊斯蘭教什葉派所認同的真主安拉的意旨。【4】

「價值的協調是社會整合的最重要的基本因素，就是說，某一社會體系的大多數成員所希望、所同意的那些共同目的和原則，是整個社會結構和文化結構的基礎。價值體系是社會——文化體系的最穩固的因素」【5】。著名的美國社會學家默頓也認為，社會之所以達到團結，首先就因為某些最高的價值和目的是這一社會的成員所

共有的。宗教的社會整合功能主要體現之一就是它對社會成員進行的價值整合。人對人類社會規範的認可和尊崇是有限的，而對神聖的東西卻容易認可、尊敬與服從。宗教正是把神的制裁力加諸人類價值上來支持社會規範，它變凡俗為神聖，把人類的價值規範神聖化，使個人願望服從群體目標。宗教通過提供世界觀，塑造人們的基本信仰和情感，使一些社會成員的價值觀得到整合。當代基督教神學家Ｊ·馬里坦在剖析基督教的具體歷史理想時曾說道：「在我們這個時代，在『以人為中心的人道主義』的巨大幻滅以及反人道主義的殘酷經歷之後，世界所需要的，是一種新的人道主義，一種『以神為中心的』即完整的人道主義，這種人道主義在考慮人時，要看到人所有的天生的崇高和軟弱，要看到人的為神棲居的受傷的存在整體，要看到天性、罪惡和聖徒性質的全部實在性。這種人道主義承認人的一切非理性的東西，以便向著理性的方向馴服它；承認人的一切超理性的東西，以便讓理性為之所激發，讓人向著那下降而進入自己之中的神聖東西開放。它的主要工作，是使福音的酵母和靈感，深入於生活的世俗結構之中──這是一種使世俗的秩序聖潔化的工作」。【6】

宗教社會整合功能的另一個重要體現是它可以對社會成員進行行為整合。宗教通過把社會規範神聖化來敦促教徒自覺遵守社會規範，從而對他們的行為進行整合。宗教向來是人們行為的調節者，在社會生活中發揮巨大的作用；它創製出行為準則和規範體系，不僅用以調節宗教崇拜，而且調節人們活動的其他許多領域。這在伊斯蘭教裡表現得特別明顯。伊斯蘭教沙里亞（Sharia，教法）不單是伊斯蘭教法，同時也是一個無所不包的行為準則和禁戒體系，其中囊括了財產關係、稅收條例、交易手續、宰牲獵獸和捕魚制度、

家庭和婚姻關係，以及有關恪守穆斯林節日和儀式的各項要求。【7】
通過「沙里亞」，伊斯蘭教在人們的日常生活中根深蒂固，形成一
整套生活方式。

三、社會控制功能

　　社會控制就是社會給予個人行為的各方面約束：其廣義指人們
依社會力量，以一定的方式對社會生活的各方面施加影響，協調個
人與社會之間的關係，協調社會各部分之間的關係，以保持社會的
相對穩定及和諧發展的手段和過程；其狹義指社會對犯罪行為及越
軌行為的預防、阻止及處置的措施和過程。在實際的社會生活中，
社會控制總是體現統治階級或當權集團的意志，通過具體的手段和
途徑來對社會各方面施加影響，以保持社會內部的和諧穩定。為了
與上述的社會整合功能有所區別，我們這裡所談的主要是指狹義的
社會控制。

　　社會控制的主要手段包括：法律手段，行政手段，習俗手段，
道德手段，藝術手段，輿論手段及宗教手段。所謂宗教手段，就是
用宗教信仰、感情、儀式、教義約束人們的行為。宗教對人的這種
約束就是它的社會控制功能。在與其主體意識形態不相矛盾的社會
中，宗教作為主要的社會控制手段之一，會更加有效地發揮自己的
社會控制功能。

　　人類社會規範對人的約束力是有限的。一個社會中，成員萬萬
千千，人心不同，各如其面。一部分和社會無利害衝突或心性較為
柔順的成員，只要對其灌輸社會的行為規範，他們就會規矩地照
辦；而另一些和社會有著利益衝突或精力過剩，行為易於越軌者，
儘管也知道社會的行為規範，但未必就受其約束，而往往我行我

素。人類有時還是一種意志薄弱的生物，當個人利益與社會、群體利益發生衝突，依據社會規範便會失去某些個人利益或違犯規範就可贏得某些近期利益時，人們往往會處於較劇烈的心理矛盾之中，面對實際利益的誘惑，極易表現出其軟弱的一面。這時若有一種約束力能影響其內心，便可祛邪扶正；否則，個體便極易因實際利益的誘惑而產生偏離或越軌行為。誠然，每個社會為保證其社會規範的實施，都有一系列相應的制度、法律、措施來對其成員的行為進行控制和監督，但這些手段並非可以運用於所有的場合，有許多需要進行行為選擇的時刻是在個人獨處之時，這是社會的一切監督、控制工具所達不到的地方。而宗教（許多時候借助神靈）卻可以作為一種無形的觀照者，時刻監督人遵守社會的行為規範，因而控制相當數量的越軌或偏離行為並使之避免發生。對少數不軌分子，宗教可以通過其儀式為他們贖罪，使他們從犯罪、越軌而導致的心靈束縛中解脫出來，重新整合到社會群體中去。宗教使國家及家庭分類的社會制度發出一股神聖的靈氣，增進其權威，使人們更易接受世俗秩序。宗教還可以通過使社會目標神聖化，來穩定社會。它使一個社會的一切納入合乎天理、神意的軌道，使人相信現存社會會努力運作所為的一切，最終都是符合統治者或神的旨意的。這種神聖性為現存社會目標塗上神聖的光環，使人眩目，使人樂於服從，使人願為之孜孜奮鬥。

宗教的這些社會控制功能在階級社會中，常被統治階級視為至寶，在實踐中加以應用。統治階級往往運用宗教來鞏固自己的統治秩序，實現其多層面的社會控制。利用宗教進行社會控制所達到的極至就是國教統治，宗教成為全民性信仰，成為占統治地位的官方意識形態，成為維護統治秩序的最大精神支柱。此外，還有程度不

同的政教合一，或支持一種宗教打擊其他宗教等等。即使在社會主體意識形態與宗教不相一致的社會中，宗教客觀上仍在維護世俗社會公德和正常秩序，在實現多層面的社會控制方面發生影響。

四、個體社會化功能

在社會學中，社會化是指關於人自身的一種成長發展過程，即人們通過社會互動，形成人的社會屬性，促使人和社會保持一致性，實現人的社會化過程。個人在社會生活中，學習和掌握社會生活的知識技能，熟悉社會的風俗習慣、道德、法律，確立生活目標和道德觀念，從而達到與社會一致，取得被社會認可的地位，成為一個具有「社會資格」的人。任何社會、任何時代的社會成員，都必須進行社會化，但是不同的社會，不同的時代，具有的生活方式、社會規範、社會制度和塑造人的模式各不相同，因此不同社會中人的社會化內容也不盡相同。

個體的社會化是一個長期的、複雜的過程，它貫穿於人生的各個時期。社會化由傳授文化的物質載體和一些機構進行。家庭和學校是每個社會中主要的社會化工具，其次還有職業組織、大眾傳播媒介等。宗教儘管和以上幾類社會化機構有很大不同，並且在不同社會和不同歷史時期所起社會化作用也不盡相同，但縱觀世界，就大多數國家而言，它仍是個體社會化的主要工具之一，尤其像在西方和中東阿拉伯世界的一些國家中。

宗教的個體社會化功能主要表現在以下幾個方面：

1.宗教傳授給個體知識與文化

人在社會中生活，首先要學習一些文化知識。通過這種學習，

使自己了解人類一些最基本的知識和自己所在社會一些最基本的文化，促使自己更快的社會化。

宗教是人類社會中一種最古老的文化現象，它有自身特殊的體系，也以自己特殊的方式幫助個體實現社會化，宗教教育便是促使個體社會化的特殊形式之一。在現存的若干種宗教教育中，無不帶有傳播人類或本社會、本民族文化的特徵。

比如伊斯蘭教之於中國回民。伊斯蘭教經堂教育是在清真寺中進行的，學習內容是宗教課程，學習目的是充任教職人員，其內容和形式都是宗教的。但就回族而言，它和回民文化活動有密切的關係，它培養的人才往往就是回民中的知識分子和一方領袖。原在回民中進行的經堂教育，學習阿拉伯文和波斯文，後經過改革，在學阿文和波文的同時，也學漢文，因為回回民族生活在漢族的汪洋大海中，通用漢語文，不熟悉漢語文的掌教是難以適應回民大眾的需要的，而且回族中的伊斯蘭教已經進行了和中國傳統文化——儒家思想的結合，從王岱輿、張中開始的伊斯蘭教漢文譯著的發表，不只是為了適應廣大回民習用漢文的需要，主要還是為了使伊斯蘭教在中國士大夫階層中站住腳跟，以證「回、儒二教同理」，是傳教的需要。到清末雲南的馬德新（復初）用漢語翻譯《古蘭經》，以便於普通穆斯林閱讀，馬聯元首倡「中阿並授」，北京的王寬在牛街禮拜寺創辦回教師範學堂、清真第一兩等小學堂，推行「經書兩通」，不僅讀經，也學國文、歷史、地理等文化知識。【8】

再如《聖經》，它是猶太教和基督教的正式經典，是基督徒的必讀之書，也是現代人了解世界文化所不可或缺的知識寶庫。人們在閱讀這部洋洋百萬言巨著的同時，也就是學習和了解人類古代的文學和文化。

中國現在的一些少數民族，如雲南的傣族和西北地區的某些民族，仍把宗教教育作為學習本民族語言，傳播本民族文化的重要手段。

2.宗教教給個體行為規範

要在社會中生活，就必須掌握社會的行為規範，否則便無法立足於社會。社會規範以一定的社會文化價值為支柱。人類世代積累的文化，提供了決定行為取捨的價值標準，在不斷進行他人評價和自我評價的基礎上，經過肯定或否定的社會裁決，逐步形成社會成員自覺遵守的行為規範。因此，個體學習社會行為規範的過程，就是社會文化滲入人的意識，並內化為人的社會性的過程。

宗教不僅只是簡單的宗教信仰，它還教給教徒一定的行為規範。通過它的教義、教規和禮儀方式，教給教徒該做什麼和不該做什麼。教徒逐漸從習得這些行為規範的過程中，加速了自己的社會化。因為一般情況下，宗教行為規範尤其是它的道德規範是支持社會規範並有助於社會整合的。在那些政教合一、國教制和宗教民族化的國家和民族中，宗教規範對個人行為的影響就更為巨大，宗教禮儀、制度往往起著法律法典的作用，甚至影響教民的整個生活習俗。猶太人雖然長期以來一直分散在世界各地，但猶太教嚴格的教儀和教規就是他們共同的行為規範，這使得他們「天涯若比鄰」，仍然結合為一個猶太民族的共同體。伊斯蘭教的宗教制度、教規、禮儀已經同民族的生活習俗融為一體，使大多數教民具有一種習慣性的遵從意識。即使在主體意識形態與宗教不一致的社會主義國家裡，宗教道德規範仍然和社會公德規範是相通的。教徒仍可通過對宗教道德行為規範的習得來促進自己的社會化。

3.宗教教人扮演社會角色

角色是指個人的某種社會身份有關的規定了的行為模式。學習扮演社會角色是社會化的核心內容。每一個社會成員都在社會關係和社會組織中占有一個特定的位置，處於一定的社會地位。處在一定社會地位的人都要按照社會規範的要求作出各種各樣的行為。人的社會化主要是通過角色學習和地位的獲得進行的，人的整個社會化過程也可以說是進行角色學習的過程。

一個人在社會中不止處於一種位置上，他可以同時是一個丈夫、一個父親、一個飛行員、兒子、兄弟、電影觀眾等等。因此每個人實際上都扮演多個社會角色，而且處於一定的社會地位上與各方面的人發生社會關係。如果有一種角色扮演不好，就會出現「角色衝突」現象。大多數宗教讓人寬容、隱忍、利他，實際上是在教育教徒學會扮演社會角色，學會和他人在一定的位置上和睦相處，處理好人際關係，避免角色衝突。基督教、猶太教的戒條「十誡」中，明確規定教徒「當孝敬父母」，讓教徒扮演好為人子女的角色；又規定「不可奸淫，不可偷盜，不可作假見證陷害人，不可貪圖別人的財物」等，是讓教徒避免不規矩的行為，遵守社會中的公德與法律，做良好的社會公民。其他宗教也有類似教誨讓教徒扮演好自己的社會角色。這些都有助於促進個體的社會化。

五、認同功能

認同功能是指促使人們在思想上趨向於具有共同信念和價值觀念的一種功能。各種社會意識形態和一切社會實體都具有這樣的功能。宗教則因其至上的神聖性而擁有其特殊的認同功能。

宗教的認同功能主要是通過兩條途徑來實現的：一是作為一種

社會意識形態，二是作為一種社會組織機構。

作為一種社會意識形態，宗教是以其非實證的虛幻神秘方式來說明神與人、人與人、人與自然之間的關係，並從這種關係中來規範人的本質、人的價值、人生的意義和人類的命運等等。通過使個人接受宗教價值及有關的人的本質命運的教理，幫助個人理解「我是誰」、「我是什麼」，進而使具有同一信仰的人們集結成某種宗教群體，達到群體認同。

作為一種社會組織結構，宗教把分散的具有同樣信念的宗教信仰者組織起來。通過不同等級不同層次的神職人員對之傳道布道，更緊密地把他們凝聚起來。教規對宗教徒的特定的約束作用，使宗教成為一個相對更加穩定的社會實體。在社會迅速變遷和大規模流動時期，人們往往產生惶惶不可終日，無所寄托無所依賴之感。這時宗教對群體認同感的貢獻可能會更大。它使許多漂泊的心靈有所歸屬，更促進他們之間的群體認同，幫助人們度過因社會劇變而產生的不良的心理適應過程。

美國宗教社會學家威爾·海伯格曾經指出：「美國人建立其認同的一個重要途徑，就是到新教、天主教或猶太教這『三個民主宗教』之一中去當教徒。」【9】由此可見宗教在美國社會中的重大群體認同功能。

六、文化功能

文化是社會生活的客觀因素，它具有滿足人們願望的社會價值。美國社會學家、文化人類學家維萊曾作過這樣的定義：「文化是一種複雜體，包括實物、知識、信仰、藝術、道德、法律、風俗及其餘從社會上學得的能力與習慣。」【10】可以說文化無處不在，

無時無刻不在滿足和影響著人類的生活。

宗教無疑是人類文化的一個因素，而且這一因素在特定的歷史條件下，在社會的精神文化體系中，曾經發生過重大乃至主導的作用。作為人類最古老的社會現象之一，宗教一直在通過兩種的作用。作為人類最古老的社會現象之一，宗教一直在通過兩種途徑發揮著自身的社會文化功能：一是通過它自身扮演的文化角色；二是通過它對其他文化現象的影響。

作為一種文化現象，宗教有它獨特的文化構成，它的產生和發展本身就是一部宗教文化史，從它身上，我們也可以看到人類文化發展的某種縮影。正因為宗教在人類歷史長河中形成了自己獨特的文化，並給所在的時代和社會以極大的影響，因此才有所謂「基督教文化」、「佛教文化」、「伊斯蘭教文化」之說。

但更廣義地來看，宗教不僅自身是一種特殊的文化現象，而且與其他文化現象也有著千絲萬縷的聯繫對之有深遠的影響，特別在藝術方面。藝術史家研究過特殊宗教信仰與特殊文化或時代的藝術風格之間的關係。【11】例如埃及的宗教是一種「葬儀」宗教，以死者與欲其不朽為中心。因此埃及傳下來的藝術就大半是墳墓藝術。

由於埃及宗教以死亡為不朽主題，因此埃及的繪畫往往呈現出靜態的性質，而埃及的雕刻也具有一種固定的渺茫與沉重的呆板。這種藝術風格似乎在爭取一種沒有時間性的意識，超越現在，展望過去與未來的永恆。宗教總是尋求與脫凡的神聖性相結合，視紅塵只是幻象，人生短暫而痛苦，希望在另一世界尋求超度。這種傾向對東方藝術有很大的影響，不但產生了遙遠、深邃、抽象及因襲的埃及式作品，而且產生複雜及神秘的印度式藝術。這些藝術之間雖然變化很大，但只有一個共同的主題：不要抄襲或讚美現實的世

界，這個世界只是藝術家想像精神領域的起點。

「佛教認為自然是由一種內在的力量賦予生命，此種力量是一種命令，整個宇宙服從這種命令，必然影響藝術的整個基礎，因為藝術是現實或自然的外觀後面超現實的一種代表。在佛教裡面最使我們感動的特性是忍受，個人順從命運——這形成一切的神靈。藝術家具有那種謙卑，他們唯一願望是神交那種普及宇宙的精神。這種願望的後果是：導致偏愛山水畫更甚於人物畫。……自然比人性更崇高，更接近宇宙的本體。但由於藝術家認為他所看到的自然只是事物騙人的外貌，因此他不致力模仿準確的外觀而力求表現其精神。」【12】

而在古希臘的宗教形式中，並不要求或鼓勵人逃避人性或這個世界上可能的東西。在希臘人的宗教思想中，人的世界與神的世界既相互對應又相互對立。因此古希臘的藝術工作室「不是一個孤獨的沉思之洞，而是一個動人的精神世界。」【13】希臘人在人類及其所能做的東西裡邊尋求神聖，他們認為「人類透過完善的人性得以不朽。」【14】因而希臘的藝術風格總是那樣的矯健和富於生命力。

宗教越發達的地方，藝術發展就越繁盛，希臘、印度的藝術如此，中國漢地的藝術、西藏的藝術亦如此。在西藏，不論是寺廟建築、雕刻、繪畫還是造像，幾乎無不來自佛教的淵源，可以說中國藏族的傳統藝術，基本上是佛教藝術。

藝術如此，道德亦如此，宗教為社會的道德準則塗抹上一層神聖的色彩。「一方面，宗教把道德抬高為宗教的教義、信條、誡命的律法，把恪守宗教關於道德的誡命作為取得神寵和進入天國的標準；另一方面，宗教的教義和信條又被神以道德誡命的形式強加於整個社會體系，被說成是一切人等行為當與不當，德與不德，善與

不善的普遍準則。這就在歷史上形成所謂道德的宗教化和宗教的道德化的現象。」【15】

宗教也在很多時候影響著人們的風俗習慣，一種宗教的信仰者經過年長日久的流變，往往會形成自己特殊的風俗習慣。基督教徒就把聖誕節作為一年中最重大的節日，加以隆重慶賀。伊斯蘭教則把開齋節和古爾邦節作為最隆重的節日來慶祝，人們或載歌載舞，或親友熱鬧相聚。

七、交往功能

宗教作為一種特殊的交際手段，在社會中行使著自己的交往功能。

宗教可促進個人社會交往的增加。人們原本是獨立的個體，因著血緣、姻親、朋友和工作關係而有著一些私人間的交往。宗教也能實現人的交往。這種交往首先發生在祭祀活動中。教堂裡的禮拜、參加聖禮儀式和社會團體的禱告被視為信教者同上帝及信教者之間交往和聯合的主要方式。非祭祀性的活動與關係，也可保證信教者的交往。宗教是一種共同的信仰，凝聚力極強，它用信仰的紐帶把教徒聯繫在一起，使他們彼此認同，感覺彼此為同一群體，因而生出許多親切感。共同的宗教信仰促進了教徒間的交往，共同的追求使他們相處親切並有著永不衰竭的談話內容。同時，宗教也成為促進教徒與非教徒交往的途徑。一個虔誠的教徒總覺自己有責任使本教發揚光大，因此他會尋找一切機會和教外人交往，傳播教義以希求更多的人和自己皈依同一信仰。宗教也成為青年男女交往的途徑之一。假如一個男孩愛上了一個是天主教徒的女孩，但由於天主教家庭一般世襲宗教信仰，而他又因為自己不是天主教徒而無同

女孩交往的機會，這時更大的可能是他也皈依天主教，希望在宗教活動中有和自己愛慕者交往相處的機會。近年來中國一些宗教現狀調查資料說明，中國農村的一些宗教活動確為部分青年男女締結百年之好架起了橋樑。

宗教也能促進國際間人民交往的增加。國與國之間本有著許多正式的外交途徑，但那只是官方的。而宗教卻可因為信仰的凝聚力使居住在不同國家和地區的教徒彼此往來，並把各自的文化帶到對方，久之，它就成為增進各國人民往來和友誼的一種途徑。處於沙特阿拉伯境內的麥加，是伊斯蘭教的主要聖地，每年都有上百萬的穆斯林從世界各地來到這裡朝觀。早在中國古代，就有名僧玄奘於唐太宗貞觀三年從長安（今陝西省西安市）西行求法，往返十七年，旅程五萬里，「所聞所履，百有三十八國」，帶回大小乘佛教經律六百五十七部。玄奘回國後撰寫了《大唐西域記》，記述路途見聞和異國風情，並把中國一些經典如《老子》、《大乘起信論》等譯成梵文，傳入印度。中國唐代另一僧人鑒真也曾東渡日本，把律宗傳入日本，被奉為日本律宗初祖。他把大量佛教經像和藥物、藝術品帶到日本，對發展日本醫學、雕塑、美術和建築也有一定貢獻。今天，宗教作為一種民間交往途徑，也成為增加各國人民友誼與了解，促進中國社會改革開放的一支社會力量。近十多年來，國內外的宗教團體之間進行了大量的互訪和交流，不少在國外的華人教徒捐資修復境內的寺廟。通過宗教還吸引不少外資用於我們的現代化建設。教徒個人之間的國際往來也增多，出訪和來訪絡繹不絕，加之宗教景觀旅遊的開發，有利於促進和密切中國人民和其他各國人民的友好交往。在國際政局中，當某些國家或地區處於緊張狀態中，有時通過宗教交往與對話，推進彼此疏通、相互理解，在

一定程度上可以緩衝矛盾，淡化敵意。

　　以上闡述了宗教的幾種主要社會功能，但這僅僅是就宗教對社會的積極方面即正功能而言。宗教通過影響人的思想與行為來影響社會，但宗教社會功能的發揮有有意識的，也有無意識的。每個社會的統治階級或當政者一般政權觀念都很強，只要宗教與其主體意識形態不直接相對立，或不去危害政權的存在，並能夠處理好政權與宗教間的關係，一般來說他們會有意識地發揮宗教的積極社會功能，使宗教為鞏固和穩定現存社會秩序服務。但就宗教篤信者而言，往往是由於虔誠而遵守教義、教規，在無意識間使宗教的社會正功能得到了很好的發揮。那麼這是否就是說，無論在什麼情況下，宗教都只有其社會正功能呢？它會不會還有其他負功能以及會有什麼樣的負功能？這將是我們在下一節內繼續討論的問題。

第三節　宗教社會功能的兩重性

　　社會功能有一個明顯特徵，即它的兩重性，就其社會作用而言，任何社會系統，都不只有正功能，因為有些事情的後果，常會帶來負功能（Dysfunction），也就是說這些後果，會減少社會適應與調適。以科層制為例，科層制的功能原在以更有效、更理性的方式來運用人才，但其實行的結果卻常僵化為一成不變的形式主義。所以雖然科層制是現代社會一種有效而理性的方式，是對封建制度的突破，但卻因其不變的規章及以法則為上的特性，而帶來了負功能，導致了另一種形式的專制，限制和妨礙了人的才能的充分發展。社會功能的兩重性還表明，就其社會作用的強弱程度而言，社會功能可分為顯性的和隱性的。顯性功能（Manifest Function）是

指顯而可見，且是人們所期待的後果；隱性功能（Latent Function）則是隱而未顯，一般未被人們認知，是在人們未察覺的情況下出現的。有些時候，表面上看也許只有正功能，但隱而未見的卻是負功能；反之，另一些時候，在顯著的負功能下隱而未見的卻是正功能。認識社會功能的這種兩重性特徵，我們才能深入地找出使這些模式存在的社會因素及恰當的社會運作途徑。

對於宗教的社會功能，早期的社會學家們持有不同看法，杜爾凱姆更多看到宗教的正功能，欲擴展宗教情操為共同價值；但另一些社會學家則只看到宗教的負功能，視之為教條和對自由的迫害。現今的社會學家們觀點漸趨一致，認為宗教和其他社會子系統一樣，具有正負兩種社會功能，換言之，即宗教的社會功能同樣具有兩重性。

宗教的正負功能相互對應，在每種正功能的後面都有一種與其相應的負功能。如前所述，宗教有七種主要的社會正功能，在這七種正功能的後面，還存在著七種相應的負功能：

一、使人相信宿命，消極對待或逃避現實。宗教具有心理調適功能，當人們遇到精神煩惱與障礙時，宗教可以通過對超自然力量和對彼岸世界的追求得到慰藉，轉移他們的注意力，降低他們精神緊張度，使之超然於現實之外，以消除他們對現實社會的恐懼、不滿等。但與此同時，宗教也有著相應的負功能。宗教講「命定」、「前世」、「上帝的安排」等等，也易使人迷信自己的命運，從而產生宿命思想，消極地去依賴和聽任命運擺布。另外，宗教的心理調適功能還表現在它能轉移人們對引起他們不快的現實世界的關注，使之超然置外，緩解心中的苦悶；但與此同時，它也會使人逃避現實，不去直接面對人生，不去正視現實中醜惡事物而增加與之奮鬥

的勇氣。宗教可能使人沉浸在對天國的幻想中而盲目樂觀，減少自己可能的行動力和改革社會現實的願望。馬克思談宗教是人民的「鴉片」時，就既表述了宗教的心理調適功能，也指出了它可能帶來的後果與負功能，只在幻想的世界中寄托於空想的自安自慰而不去改造現實，改變命運。認識宗教的正負功能，是唯物辯證地認識宗教的必由之路。一個事物，總有正反兩個方面的因素，不要以此遮彼，也不要以彼遮此，才是客觀科學的態度。

二、易使教徒形成保守主義的價值觀，有礙社會變革的進行。宗教是觀念性又是體制性的上層建築，它天然具有其他社會子系統所不可替代的整合性傾向。人們膜拜神聖，它就能使社會價值與行為規範神聖化，很容易對人們的價值觀及行為進行整合，因此，大多數統治階級總是利用它來維護社會現存秩序，取得人們對現實社會秩序的默契與遵守。但也正是宗教的這種至高無上的神聖性，容易造成教徒價值觀上的保守主義及對規範理解上的僵化，因為宗教一旦形成，總要包含某些傳統的材料，而傳統在一切意識形態領域內都是一種巨大的保守力量。尤其是宗教強調信仰虔誠、強調神諭的不可變更性，因而容易把人對世界的認識引入歧途，妨礙人們對時代及社會變化的適應。在神聖力量的感召下，一般的教徒都循規蹈矩，忠於現實的政權與社會制度而不過問該政權和社會制度的性質。但當一個政權或一種制度腐朽沒落需要推翻或大刀闊斧進行改革時，宗教就容易成為阻礙社會變革的保守力量。再如教內的改革，宗教的教義教規總不是一成不變的，它要隨著時代和社會的發展不斷改革以適應時代和社會。宗教由於對規範制度化的尊崇，往往不能及時改革已經過時的規則而使自己僵化保守，遠遠滯後於時代。歷史上西方很多國家的天主教會有自己的「異端裁判所」即

「宗教法庭」,殘酷迫害「異端分子」及「異端嫌疑者」,以及反對封建勢力的人士,包括進步思想家和自然科學家,對他們秘密審訊,嚴刑拷打,沒收財產監禁流放和火刑。僅西班牙一個國家的異端裁判所,一四八三年至一八二〇年間的受迫害者達三十餘萬人,其中火刑處死者就十多萬人。後來,異端裁判所雖然衰落了,但一些懲治異端的律條卻延續很久。被以異端罪名處以火刑的意大利自然科學家伽利略,在他所信奉的天體物理學說舉世公認幾百年後才於一九九二年被羅馬天主教會予以平反,宗教規範的某些僵死性使其遠遠滯後於時代,由此可見一斑。這種把規範神聖到僵化程度的意識,也是引起許多宗教與社會衝突的因素。宗教越具保守性時,對社會的整合程度越高;反過來,也可以說,宗教對社會整合程度越高時,其保守性就越強。

三、導致偏離行為,促使社會解體。宗教既能使社會目標神聖化,以此來穩定社會現存秩序,它同樣也可以提出新的社會目標並使之神聖化,促成動亂與革命,動搖和瓦解現存社會。在中國歷代的農民起義中,有很多是假以宗教而行。如元明清三代流傳很廣的民間宗教白蓮教,曾在農民、手工業者、城市貧民和流民差役、下層知識分子中廣為流行,一度也曾傳入皇宮。元明清三代常被用來發動農民起義,著名的元末劉福通、徐壽輝等領導的紅巾起義,明末徐鴻儒的起義和嘉慶年間川、鄂、陝的白蓮教大起義,都是以白蓮教的名義發動的,這些農民起義曾極大地動搖了元、明、清的封建統治,推動了社會的進步。宗教感情一般來說是深沉而持久的,而由這種感情所煽動起來的狂熱,可能會造成宗教戰爭,成為一種破壞或變革社會的力量。十六世紀初葉馬丁·路德的宗教改革運動得到了大批信徒群眾及下層神父、修道士的支持,一些地區出現了

群眾暴動，「再洗禮派」作為宗教改革運動的激進派，積極參與所在地區的農民戰爭和城市暴動。以宗教為由而引起的教派戰爭，不同宗教之間的戰爭及國家之間的戰爭不勝枚舉，現今世界上許多民族糾紛、民族分裂的根源部分也在於宗教糾紛。宗教戰爭使人產生大量越軌及偏離社會規範的行為，導致了社會的分化和民族的離散。當然，負功能並不等於非進步，它僅指對當時社會政權的瓦解、破壞與動搖。至於客觀上對社會起進步作用還是非進步作用，要視當時社會政權是革命的、進步的，還是反動的、腐朽的而定。

四、宗教在具有促進個體社會化功能的同時，從另一方面來說，它也有著相應的負面效應。因為宗教主要是利用宗教教育來執行促使個體社會化的功能，通過宗教教育，教給教職知識、文化、行為規範及處理人際關係、扮演好個人社會角色等等。但宗教教育往往也有著以下幾種負面效應【16】：

1.就教育內容來看，對宗教教育的強調，必然會造成知識的構成偏重於與現代社會及現代學科知識脫節的宗教教義戒律和神學思想。使為數不少的民族共同體中的精華，皓首窮經地致力於宗教理論的研討，而對社會常識、公民常識、自然、史地及國家各個方面，卻差不多付之闕如，無形造成個體與大社會的隔絕，妨礙了個體在這些方面的社會化。

2.就受教育機會來看，極不均等。一些民族宗教學校所占比例甚大，或寺院教育處於壟斷地位，教育的獲益者主要為宗教教職人員階層，這使得不少民族地區文盲充塞。如中國藏族地區解放前就是如此，民族知識分子全部集中於寺院，廣大群眾卻沒任何機會去享受教育權利。

3.就教育效果看，由於受具體宗教教育的影響，有時甚至誘發

出對其他宗教文化或民族文化排斥的心理，使受教育者在本民族信奉的宗教文化光環的遮翳下，難睹其他文化之異彩。過去在信奉伊斯蘭教的回民中，一度認為「念書（接受漢文及普通教育）即反教」，不願學習漢字和接受普通教育的情況曾在中國各省不同程度地存在過。中國另外一些少數民族地區，少數民族學生輟學現象至今仍很嚴重。由於接受義務教育的年齡與進廟學經的年齡衝突，許多人就棄學念經，將學齡子女送去寺廟當僧尼。

這些負面效應顯示了宗教在教給教徒宗教知識文化、行為規範和人際關係的同時，也表現出它從另外側面延遲、妨礙個體社會化的負功能。

五、阻礙新的認同感產生，易導致宗教衝突與民族衝突。作為一種社會意識形態和社會組織機構，宗教通過使個人接受宗教價值及信仰，參加宗教儀式和崇拜，極易使他們達到自身認同。但對宗教的信仰會阻止更適合於自我的新的認同感的產生。原有的宗教認同感束縛著人，使他難以叛逆原有信仰和群屬而去皈依更適於他的新的信仰與社群。宗教所提供的認同神聖化，也會深深嵌入人的個性結構中，使教徒易具不與對手妥協的排他性格，因而可能導致一些衝突加劇。在歷史上的宗教戰爭中，對人的自我定義極為重要的宗教認同就曾使得衝突加劇。宗教的認同功能能促成強大的凝聚力，它可使同教者親近，但由於這種認同的專注與執著，也容易引起排斥異教和同教其他教派的情緒，他們認定只有自己真正站在上帝或神的一方為正宗，真正忠實地恪守上帝或神的旨意，而視其他宗教、教派為異己和非正統，極易對其產生排斥心理。印度教、伊斯蘭教與錫克教之間的怨恨和爭端就是強烈的宗教認同所帶來的負效應。在全民族信仰某種宗教的地區，宗教所帶來的認同感往往會

導致狹隘的民族主義，因而造成與其他民族與國家的緊張與衝突。

　　六、反科學、反異教藝術傾向及對文化藝術自由追求的遏止。宗教一度與科學存在著相當程度的對立。在西方漫長的中世紀時代，宗教神權高於一切，任何與宗教學說矛盾的東西統統被斥為「異端邪說」，科學因其對世界真實的詮釋而得罪宗教，遭受殘酷地扼殺，即使出現一些科學的火花也會很快被撲滅。科學家被看作持「異端邪說」者和「瘋子」而遭受殘無人道的迫害，為了一個今天廣為人知的真理——太陽中心說，哥白尼和伽利略竟被宗教處以酷刑乃至剝奪生命。因此可以說，宗教一度具有著相當明顯的反科學傾向，當然這些極端傾向在近現代已有了相當大的改觀。隨著時代的發展，宗教對科學內容的認同也越來越多，但是從根本上，二者之間的矛盾和對立是不易化解的。因此可以說，宗教過去乃至今天仍有著阻礙科學進步的傾向。

　　宗教曾一度使藝術興盛並蓬勃發展，但這種發展往往只限於宗教藝術。在宗教占絕對統治地位的時代和地區，對於其他有悖於宗教精神的文化藝術探索，一概限制、排斥與打擊，不少洋溢著勃勃生機與才氣的藝術家終生只能搞有關宗教內容的藝術而不能發揮自己的全部才華。「歐洲封建時代的審美理想帶著濃厚的禁欲主義色彩，這種思想鄙視人的自然情感和感官欲望，把現實的感情看作一種低級的、有限的、甚至有害的東西，鼓吹對內心平衡的追求和對所謂神福的體驗」[17]。在這種審美理想支配下，歐洲中世紀藝術充滿抽象化、概念化、公式化的傾向，不論文學、繪畫、雕塑還是其他藝術，其格調都十分枯燥、冷漠、單調與死板。歐洲中世紀審美理想的厚重陰暗壓抑著文學家、藝術家們不能去讚美自然、讚美人生和標榜理性。「同時由於基督教反對崇拜任何偶像（除上帝之

外，任何事物一受崇拜即為偶像），並把非基督教的藝術視為異教的偶像崇拜藝術，於是在蠻族人建立封建國家以後，基督教時代之前出現的古典藝術和基督教世界之外的異教藝術均遭禁絕。」【18】一方面，古代藝術珍品「維納斯女神像」被視為「女妖」到處毀滅，另一方面，一些充滿基督教所不容的精靈妖怪的民族神話、傳奇和史詩，雖然仍在民間流傳但卻已帶上了基督教的色彩。這些都充分體現了宗教在其文化功能之外的對文化的負功能。即使在文藝復興時期，儘管藝術家們通過宗教藝術也曾表達了人性的覺醒與對自由的嚮往，但這些藝術作品的主題仍然單調，遠不能展現藝術家們對自由的充分追求。

　　七、交往背後的負功能。宗教能增加國家和人民間的友好往來，在有著敵意的國家和地區之間也可作為催化劑，幫助彼此疏通隔閡。但與此同時，一些國家也可以通過宗教途徑向其他國家進行滲透，尤其是在敵對國家之間，因官方交往渠道的不通，反對者或反對意見很難入境，但在宗教神聖旗幟的掩護下，一些敵對分子利用宗教則可以堂而皇之地進入其他國度活動，並且往往不易被察覺。另一些宗教往來則是更加隱蔽的，如某政府已明令禁止某教在其境內活動，但國外的某教教徒會以旅遊者身份獲得簽證，先進入境內，然後再以宗教身份和所在國的信仰者秘密聯絡，以達到傳播宗教的目的。這些宗教交往，並不一定都帶有政治目的顛覆和反對所在國政府，但起碼他們作的是所在國政府不願看到的事情，因此對那個社會來說，這種宗教交往帶來的只是一種妨礙社會適應和調適的負功能。

　　從宗教所具的與其正功能相對應的一些負功能，我們可以看到宗教社會功能這種兩重性的特性。把握住這個特性，我們就會更全

面更清楚地認識宗教這種社會現象的複雜性。

第四節　宗教社會功能的可變性

　　世界上萬事萬物，總處於恆久的運動之中，變化是必然，是事物內部生命之所在，不能變化就意味著僵死和滅亡。宗教這種最遠古的社會現象之所以能夠長期頑強生存於各個社會和時代，除了因為它對社會具備積極的功能之外，另一個原因可能就是它的這些社會功能可以不斷隨時代和社會的進步而做出各種調整與變化。

　　在不同的時代與社會，宗教的社會功能常因社會的變遷而作出各種適應性的變化，這些變化分析起來大致體現在以下幾個方面：

一、功能內容的變化

　　在各個時代與社會，宗教所具備的基本都是上述幾種主要的社會功能，也可以說，宗教的某一種主要的社會功能，可以存在於多個時代和多個社會之中，比如說宗教在原始社會和現代社會都具有對社會成員進行心理調適的功能。但仔細地比較，宗教在這兩種不同形態的社會中進行心理調適的內容卻是大相徑庭的：原始宗教調適的是人們對自然界破壞力量的無知與恐懼，幫助它們消除內心的這種恐懼，產生樂觀情緒，更有力量更有信心地在這個世界上生活下去；但在現代社會，宗教調適的則主要是人們由於現代社會的節奏及競爭過強而形成的緊張情緒、社會不公所帶給人們的心理傷害及人們在現實人生中的種種新的煩惱和鬱結。又如同樣在今日的世界，在經濟發達的社會中，宗教調節的是物欲橫流所帶給人的不可名狀的壓力，是物質相當豐富後人如何擺脫人生的虛無感和孤獨；

而在經濟低度發展的社會，宗教則要調節人們為生存溫飽奮鬥中的挫折感以及辛酸、絕望與掙扎。

二、功能作用力強弱的變化

宗教的每種社會功能對社會作用力的大小也是經常不斷變化著的。同樣是一個整合功能，但它對社會整合程度的高低也即整合力的大小卻很不相同。比如在一個實行國教的國家，宗教對社會的整合力是非常大的。它從政治、經濟、文化、教育、藝術、道德、日常行為與習俗多個方面影響、控制著人們，使社會由於宗教的整合作用而呈現出高度組織化、一體化的特徵，人們的行為乃至思想都被宗教緊緊制約著。如一九七九年伊朗伊斯蘭革命成功後，什葉派在伊朗國內的社會文化及政治等許多領域均起著主導作用。但在一個信仰多種宗教或只有一少部分人信教的國家，宗教對社會的整合力情況就大不相同，比如中華人民共和國成立後，由於信教總人數只占全國人口總數的十分之一左右，且是多種宗教並存，因此宗教對中國現今社會的整合功能就相當有限。即使在一些信教程度較高的國家，宗教社會整合力的大小也在因時代的變化而改變。在英國，一八五一年第一次對所有星期日去教堂者作了統計，根據這一材料，國內全體居民中平均36%去教堂作禮拜；而一九〇三年，在倫敦所作的調查表明，去教堂的人降到居民的20%。到二十世紀六〇年代末期，英國居民至多不過15%去作禮拜。此外，35%的居民從來不上教堂，而70%的人除非在特殊場合才去教堂。當然偶爾去教堂作禮拜，甚至根本不去，並不能表示人們同宗教決裂，但上教堂人數普遍下降則是宗教對人約束力減弱、對社會整合力降低的一個指標。

三、正負功能力量比的變化

一個社會中，宗教有多種正功能，但也有多種相應的負功能，這些正負功能對社會作用力量之間的比率經常發生變化。一般說來，在社會平穩過渡時期，宗教的正功能總是大於負功能；但在社會發生變動或趨於失範、解體之際，宗教負功能的作用力就逐漸上升，有時甚至明顯地壓倒正功能。對宗教正負社會功能之間力量比的變化中國現在尚無確切測量，中國有的社會學者原認為，宗教的正負功能相對應且成反比，你消我長，此起彼伏；但最近的一些研究表明，宗教的正負功能之間不一定呈反比，有時可能還會同時出現正增長。當然由於這些研究概念的確定和分組的方法不盡相同，因此會影響到研究結果的可比性，但總的來說，中國大部分宗教社會學研究者都認為宗教正負功能對社會的作用力是在不斷變化的。

影響社會功能變化之因素　宗教具有特殊的社會功能體系，可完整地表明宗教對社會生活的影響。但這個功能體系又是可變的，這種變化來源於社會生活對宗教的影響，理解了這種相互作用，我們才能更深刻地理解宗教功能與社會生活之間的深層次關係。宗教社會功能的變化是受多種社會因素的影響與制約的，其中社會歷史時期的不同，宗教與所在社會主體意識形態矛盾與否，社會是處於上升還是下降時期，是農業社會還是工業社會等，是影響宗教社會功能變化的幾個最主要因素。

1.社會的歷史時期不同，生產力的發展水準也不同，人們認識世界的廣度、深度和方式也不同，這些都影響著宗教社會功能的發揮。比如中世紀的歐洲，由於生產力與科學技術的不發達，人們對自然界還處於愚昧無知的狀態，宗教當時對社會完全起著主宰作用，它的控制與整合功能此時得到最大限度的發揮。但當時代前

進，生產力向前發展，科學的曙光突破中世紀的黑暗而照亮人們心靈時，隨著宗教對人絕對控制的崩潰，宗教的社會整合功能和控制功能也有了相當程度的減弱。又如原始社會的宗教極其簡陋，只是簡單的圖騰崇拜，所適用的範圍也只是自己的部落，因此原始宗教所發揮的認同功能雖強度較大，但範圍就極為有限；而後來一些宗教隨著社會的前進發展為世界性宗教，可以想像，與原始宗教相比，它的認同功能自然就要發揮得廣泛、充分和淋漓盡致。如果在一個交通尚不發達的歷史時期，宗教就無法更好地行使它的交往功能，尤其是國際交往功能。其餘如宗教的文化功能、個體社會化功能等，也都會因社會歷史時期的不同影響其發揮，使其形成各種變化。

2.宗教與所在社會的主體意識形態矛盾與否，也影響著宗教社會功能的發揮。

所謂社會的主體意識形態，就是指一個社會中占著統治地位的意識形態。宗教在與它所在社會主體意識形態不矛盾的前提下（比如西方社會宣揚的世界觀、唯心史觀就和宗教的信仰上帝、信仰神是一致的），宗教就可以較多地發揮它的正功能，如它對社會的整合功能、認同功能、控制功能、交往功能等等。西方社會一般來說政治組織和其他社團都比較鬆散，對人沒有什麼約束作用，約束人行為的只有二者：一是法律；二是宗教。法律是「他律」的東西，而宗教則通過它的道德信條使教徒樹起一種道德觀念，自己來約束自己的行為，是「自律」的。宗教的這種道德約束力在一定程度上增加了社會的穩定性，而這種道德約束力在宗教與所在社會主體意識不矛盾的情況下能得到較為廣泛的發揮，其作用力較大。

如果宗教處在與所在社會主體意識形態矛盾的情況下，它又會

怎麼樣呢？能否繼續發揮它的正功能？這個問題就較為複雜。在社會主義國家裡，以實現共產主義為最高理想。「從來就沒有什麼救世主，也不靠神仙皇帝，要創造人類的幸福，只有我們自己，」全世界共產主義者同唱的無產階級「國際歌」裡這段歌詞再清楚不過地表明了共產主義者的世界觀和社會觀是唯物主義的，是無神論的。這種鮮明的意識形態和宗教歷來尊崇的有神論的唯心主義世界觀之間形成了尖銳的對立，因此，每一個社會主義國家建立之後，都著手調適本國宗教，使之與社會主義社會相適應。宗教此時就只是一種次級社會組織，它不再是全社會的精神信仰和占主導地位的上層建築，而只是成為社會一部分人——宗教徒的信仰。社會主體意識形態與宗教世界觀的不一致並不妨礙在政治上的一致性，也不影響信仰宗教的人們參加共同的經濟活動和社會活動。即使在社會主義制度下，要求所有人的世界觀、人生觀都一樣，也是不可能做到的。不論信教與否，共同的對現實幸福生活的渴求與建設美好社會的熱望，比起思想中有神無神的分野重要得多，現實得多。何況，在社會主義社會，主體意識形態的先進性，並不排斥現實社會的多樣化、多成分和多層次性，提倡先進，照顧多數，同廣泛性相結合。宗教在與主導意識形態方面有著尖銳對立的社會能夠存在下去，說明它的存在仍有歷史的必然性，同時它已經作了必要的自我調整，在許多方面發生了根本變化，主要表現為公民個人思想領域的信仰和歷史文化傳統的內在物而存在。它對這些社會仍有著積極的社會正功能。只是由於意識形態方面的基本矛盾一直存在，因此這些正功能直接發揮的範圍有限，是通過對局部的整合、控制、個體社會化等等再間接作用和有益於整個社會。從另一個層面來看，宗教在每個社會主義國家歷史上情況不同，傳統地位也不盡相同，

它在社會中功能的大小也會不同，當然這裡說的功能不只是正功能，還有負功能。尤其是負功能，在具有較濃郁而廣泛的宗教傳統的國家有時很顯著，如波蘭的天主教在瓦解前波蘭社會主義體制時所起的作用就相當顯著。再者，每個社會對宗教的態度也影響著宗教社會功能的變化。同樣是社會主義制度，由於國家制定和執行對宗教信仰自由具體政策的不同，對待與處理宗教問題的做法與能力不一樣，也會導致不同的結果。如得當的話，保護了公民的宗教信仰自由，依法管理宗教事務，並加以積極引導，使宗教與其他社會子系統能夠和諧一致起來，使宗教徒能有滿意的宗教生活，這就為社會減少了不安定的因素，增加了社會的整合與控制力；若造成教徒的不滿與反抗，有時甚至於訴諸武力，就會給社會造成過多的負面影響。

儘管具體情況有所不同，但總體上來說，宗教處於與其意識形態相矛盾或不一致的社會中，其正功能的發揮總要受到影響，它的社會正功能和其他社會相比總是呈下降趨勢。

3.社會的上升與下降時期，宗教功能的發揮也不相同。一個社會上升的時期，往往是其社會整體系統尋找著最佳搭配，各子系統之間也最和諧一致的時期。這時如果是處在與其主體意識形態相一致的社會，宗教就會發揮顯著的正功能，從各個方面促成社會的穩餐與合作。統治階級也會利用宗教的那些正功能，為鞏固發展自己的統治服務；如果處於與其主體意識形態矛盾對立的社會，那麼這個社會的上升時期就是宗教面臨最大困境的時期，它只有通過自身的調適，力圖和整個社會系統相適應，在轉變時期以求得存在及與其他社會子系統的和諧相處，才可能發揮對這個社會的積極功能。以社會主義國家為例，在它們的上升時期國際環境極為艱苦，常遭

到敵對勢力的四面圍攻，這時它必然注重自己意識形態上的純潔性，以形成整個社會的緊密一致與合作，來共同抵禦外在的壓力。因此在每個社會主義國家的初創及上升階段尤其是初創時期，都開展過對不同意識形態的批判，都批判過宗教的有神論和唯心主義世界觀。由於此時至為重要的是社會的緊密團結及絕大多數人信仰的高度一致，所以宗教的社會功能，不論正負，這時的作用力都較微弱，宗教與社會的適應正在建設中，還沒有完成。但當社會趨於緊張與衝突日多的時期，宗教功能的發揮則大不相同：如在與其意識形態不矛盾對立的社會，主觀上統治者此時往往盡力運用宗教的整合與控制力，力圖維持社會穩定，阻止社會的解體。但客觀上，宗教這時並不能發揮太多的積極功能來挽回敗局，因為社會發展有其客觀的規律，逆潮流而動的主觀意圖往往很難奏效；在與其意識形態有衝突或對立的社會中，宗教此時往往發揮其社會負功能，加入反對者的行列，以其神聖性來「預言」社會的崩潰，以其號召力和凝聚力來加速社會的解體。中國歷史上許多與官方相對立的民間宗教，在推翻封建王朝的過程中都發揮了巨大作用，顯示了它對原社會極大的負功能。

本章所談的社會正負功能是以其對所在社會的積極還是消極作用來劃分的：凡能增進所在社會的團結與合作，使社會各部分趨於和諧一致的功能均為正功能；反之，能造成社會懈怠、緊張不安乃至解體的功能均為負功能。一些宗教研究者常用能否推動社會歷史向前發展表示宗教社會功能的正負，而我們認為，用宗教對當時所在社會起有利或不利作用而不以社會性質來規定功能的正負似乎更為妥當。因為這樣一來，可表明社會學的客觀性原則；二來也能和世界上多數社會學家有關正負功能的概念達成一致；三來也比較容

易對之進行界定。如果以能否推動社會歷史向前為劃分標準，就必須再去陳述什麼是歷史向前或向後的標誌，也易引起與自己社會歷史觀不同的讀者的混淆與誤解。

4.以經濟為標準劃分出的農業社會和工業社會也以其顯著不同的特徵影響著宗教功能的發揮。農業社會是穩定社會，保守、閉塞且發展緩慢，人們世世代代被束縛在同一塊土地上，恪守著相同的價值觀念和生活方式。由於交通不便、信息閉塞，人們視野狹窄，一切習俗幾乎都是傳統的。這樣的社會生活特徵使宗教的神聖性增強，人們一旦信教，差不多都極為虔誠。由於農業生產方式對人沒有嚴格的時間要求，能充分保證人們有時間過宗教生活，而且幾乎沒有人懷疑宗教的神聖性，因此，宗教的價值及道德整合功能得以充分發揮。同時由於農業社會教育相對比較落後，宗教場所也就成為給人們傳授知識和行為規範的場所，可以較充分地發揮宗教的個體社會化功能。工業社會的社會生活特徵和農業社會截然不同，它是動態的、開放的，一切都發展迅速、充滿活力。由於交通發達、信息流通量大，人口流動的變量加大，人們的視野大為開闊，一切傳統習俗幾乎都不停地在受到衝擊。大工業生產要求人們有嚴格的時間觀念，人們要工作就不能像過去那樣在固定的時間去固定的場所過宗教生活。宗教的世俗化在加強，虔誠教徒的數量在下降，尤其在年輕信教者群中，即使他們有時間也不一定按時去宗教場所過傳統的宗教生活。工業社會由於發展很快，新東西層出不窮，其千變萬化使人眼花繚亂。傳統的價值觀念受到衝擊，人們的價值觀趨向多元，宗教的神聖性也受到一部分人的懷疑，宗教在社會中的價值和道德整合功能的作用力亦隨之下降。另外由於義務教育的普及，宗教的個體社會化功能也逐漸降低。與此相反，宗教在農業社

會中作用力不強的交往功能與認同功能此時反而得到了充分發揮。總之，在現代工業社會中，宗教社會正功能的總量較之農業社會似乎有所下降。當然這種比較只是縱向的，即談的是每一個社會農業主宰社會經濟時期和工業主宰社會經濟時期的比較，而不是社會與社會間的橫向比較。即使在同一社會，宗教社會功能的起伏與變化是非直線的，從傳統農業社會轉向現代工業社會時，它的正功能一度下降得較為急劇，但從西方現代社會向後現代社會的過渡中，宗教的社會正功能的作用似乎又有所回升，一部分無信仰的心靈漂泊者又大量依賴宗教力量使自己有所寄託；一部分信教者在「道德回歸」的呼喚中又倚重宗教的力量。

　　宗教社會功能的揚抑　宗教對社會的功能有積極的，即正功能；也有消極的，即負功能。它們對立統一地存在於同一社會中。但一個事物的正負兩種功能卻很難半斤八兩、均衡地存在於此事物中。某一時期，總是以一個為顯著功能，另一個為潛在功能。顯功能與潛功能之間也是一個量變質變過程，在某種正功能或負功能沒有積累一定的量的變化之前，它不會向對方轉變。而某種正功能若充分顯著，就會自發地抑制負功能的作用或使它相形之下顯得微弱。

　　階級社會中，統治階層根據自己的需要，對宗教社會功能的某一方面可以揚，也可以抑。所謂「揚」，即使其中某一性質的功能得以充分發揮；所謂「抑」，即排斥、抑制某種功能的增長。但對一個社會的統治者來說，它需要的永遠只是其子系統的正功能，需要它作為社會整體不可或缺的部分來發揮它對社會的積極作用，以促成社會更多的和諧與合作，保證社會系統的正常運作。而對它的負功能，客觀上雖不能完全避免，但總希望它越少越好。但有時統

治階級的這種主觀願望並不能達到相應的客觀結果，因為宗教社會功能的變化取決於一定的社會條件，換句話說，是社會條件決定著宗教正、負社會功能的揚抑。

宗教社會功能的正負顯潛經常在發生變化，但社會學研究強調有意識、人為的對與宗教有關的因素進行調整，以期達到社會所希望的變化。歷史上一些統治者曾想充分地調動宗教的正功能，為鞏固其統治服務，短時期內也曾收到過明顯的效果，但時間一久，由於過分強制而造成人們的壓抑與反感，潛在的危害就顯露出來。還有些統治者，由於恐懼宗教對自己社會的負功能而採取一些過激的打擊政策，如基督教出現的早期所遭到的迫害和鎮壓，但過分的壓迫反而引起更強烈的反抗，結果製造出一種強大的異己力量，並引發更多的負功能。因此一個聰明社會的管理者既不能無意識地放任自流，也不能過分人為地對宗教進行干預或打壓，而應該恰當地利用法律、政策、法令的槓桿，適度地對影響宗教社會功能正負變化的諸因素進行調節。有效地對社會進行控制。

在宗教與自己的主體意識形態有著差距甚至對立的情況下，社會就容易將自己的注意力集中在防止宗教負功能的方面，而容易忽略盡量創造良好的社會條件讓其發揮為社會服務的正功能的方面。實際上，在此種情況下，只有通過積極引導，充分發揮它的正功能，才能抑止它的負功能，人們要把更多的注意力放在對如何發揮宗教正功能的研究上，以有效避免由於消極地抑制和打擊而帶來的教徒對社會的敵意和緊張。

【注解】

【1】參考陳麟書：《宗教的基本功能》，《世界宗教研究》，一九九○年，第三期。

【2】Ｂ・馬林諾夫斯基：《巫術、科學和宗教及其他文稿》，英文版，第七十頁，天國，一九四八。

【3】《馬克思恩格斯全集》，第一卷，第四五三頁，人民文學出版社，一九五六。

【4】參考陳麟書：《宗教的基本功能》，《世界宗教研究》，一九九○年第三期。

【5】Ｐ・Ａ・索羅金：《當代社會學理論》，第十二～十三、二十七頁。紐約，倫敦英文版，一九六六。

【6】Ｊ・馬里坦：《基督教人道主義》，載《理性的範圍》，第一八七頁，紐約，一九六二。轉引自《現代基督教思想》第七八七頁引語。

【7】參看Ｒ・Ｍ・克里莫夫：《伊斯蘭教教法及其社會本質》，莫斯科俄文版，一九七八。

【8】李松茂：《伊斯蘭教與回民教育》，《世界宗教研究》，一九八八年第二期。

【9】引自托馬斯・Ｆ・奧戴：《宗教社會學》，第二十九頁，中國社會科學出版社，一九九○。

【10】《社會學詞典》，山東人民出版社，一九八八。

【11】見Alessandro Della Seta, Religion and Art（New York: Serioner's, 1914）; E. H. Gormbrich, The Story of Art（Greenwich Conn.: Phaidon, 1961）; Emila Male, Religions Art（New York: Noonday, 1958）.

【12】見Herbert Read, Art and Society, p. 53. London: Faber and Faber, 1945.

【13】見Edity Hammition, The Geek Way to Western Civilization, p. 32. New

York: Mentor, 1948.

【14】見Edity Hammition, The Geek Way to Western Civilization, p. 32. New
York: Mentor, 1948.

【15】呂大吉主編：《宗教學通論》，第三六三頁，中國社會科學出版社，
一九八九。

【16】葛壯：《宗教與民族教育》，《當代宗教研究》，一九九一年第二期。

【17】呂大吉主編：《宗教學通論》，第七一五頁，中國社會科學出版社，
一九八九。

【18】呂大吉主編：《宗教學通論》，第七一五頁，中國社會科學出版社，
一九八九。

第六章　現代社會的宗教與世俗化

　　馬克斯・韋伯曾說過，我們的時代，是一個「理性化」的時代，是一個「祛除巫魅」的時代。理性化已成為一些社會學家判定現代社會的標準，祛除巫魅也成為現代社會的主要特徵。現代社會以理性為特徵的科學技術的控制，以追求社會各種組織制度的理智化，最有效地控制自然以及便利人類生活的目標，無疑是對傳統宗教的經典教義、價值觀念、行為規範、社會功用等方面的極大挑戰。在這場關係到社會性質與宗教前途的挑戰面前，宗教如何反應，是固守成規還是調節自身以適應現代化進程，已成了當代宗教社會學的熱門話題。儘管對宗教與現代化的關係及其未來見仁見智，但現代社會現代化與世俗化之攜手共進，卻是學術界一致公認的全球性現象。

第一節　關於世俗化的定義

　　儘管世俗化的問題得到眾多宗教社會學家的關注，但對於什麼是世俗化、世俗化的原因、世俗化的結果等等，學者們並無一致的看法。

　　世俗化secularization一詞的拉丁語詞根saeculum本身就有一種含糊的意思。它既表示一段長距離的時間跨度，又可以指魔鬼撒旦統治下的此世。而世俗化一詞的使用，也曾有一個變化的歷史。它最初用於宗教戰爭結束之時，表示原被教會控制的領土或財產從教會手中的轉移。在羅馬教會法規中，這個詞又表示有教職的人回歸

世俗社會。後來，在反教權主義的圈子裡，它開始被用來表示現代人脫離宗教保護而獲得自由，而在與傳統教會有關的圈子裡，它則作為「異教化」、「非基督教化」的代名詞受到攻擊。

世俗化一詞的這種語義學上的歧義和使用史上的正反含義，似乎為當今學者們的眾說紛紜增加了一種有趣的證詞，當然，也為我們的探討帶來了一些有益的啟迪。在對世俗化的討論中，美國學者拉里‧席納爾的理解大概最為全面細緻。

席納爾在題為《經驗研究中的世俗化概念》一文中，認為世俗化具有六種含義。第一，表示宗教的衰退，即指宗教思想、宗教行為、宗教組織失去了它們的社會意義。第二，表示宗教團體的價值取向從彼世向此世的變化，即宗教從內容到形式都變得適合現代社會的市場經濟。第三，表示宗教與社會的分離，宗教失去了其公共性與社會職能，變成了純私人的事務。第四，表示信仰和行為的轉變，即在世俗化過程中，各種主義發揮了過去由宗教團體承擔的職能，扮演了宗教代理人的角色。第五，表示世界漸漸擺脫了其神聖特徵，即社會的超自然成分減少，神秘性減退。第六，表示「神聖」社會向「世俗」社會的變化。【1】

席納爾的理解概括了世俗化的全部含義。但如果考慮到世俗化一詞詞根的含義和其使用史，如果再概括提煉一下席納爾定義的六種含義，似可認為，世俗化就是非神聖化，它意指一個漫長的社會變化過程，這個過程涉及兩個方面，一是社會的變化，即指人類社會各個領域逐漸擺脫宗教之羈絆，社會各種制度日益理性化；二是宗教本身的變化，即使宗教不斷調節自身以適應社會向「世俗」的變化。

這個定義有三方面的考慮。首先是強調了世俗化的時間跨度。

儘管世俗化源於何時並無定論，但世俗化並非一日之寒，它是人類發展史上一個漫長的歷程，這一點大概不會引起任何歧義。其次是社會的世俗化，這個考慮是以人類發展的史實為前提的。人類的歷史也是宗教的發生發展史。以西方社會為例，基督教自四世紀成為羅馬帝國國教之後，西方社會在後來的一千多年中，一直處於它的統治之下，屆時時有世俗王權與教權的續爭，但最終還是教權占了上風。基督教統治的鼎盛時期被稱為「信仰的黃金時代」。然而，當人類社會進入近代後，隨著工業的發展，科技的騰飛，人類自我意識的上升，傳統宗教的勢力範圍在日益縮小，最終在「工廠門前止步了」。【2】第三是傳統宗教自身的世俗化，即宗教從內容到形式，從組織到禮儀的一系列變化。這種變化的特點，一言以蔽之，是與社會的日益世俗化有關聯的。

當然，對世俗化定義的任何一種思考，都以對宗教的定義有關。本書認為，宗教是一種以對超自然、超人間的力量或神靈之信仰與崇拜為核心的社會意識，是通過特定的組織制度和行為活動來體現這種意識的一種社會體系。作為一種社會意識，社會是宗教存在的基礎，宗教必然隨著社會的變化而變化；作為一種社會體系，宗教只是社會總體系中的一個組成部分，總體系的變動也必然牽動宗教的變動，反之，宗教的變化也會影響到社會的變化。這是對世俗化定義之思考的基礎。

第二節　關於世俗化的表現

世俗化是人類社會變化的一個過程，是整個社會不斷向現代化邁進過程中的一個不可缺少的組成部分，也是現代化過程的必然結

果。這個過程是漫長的，也是全球性的。因此，只要觀察人類社會的歷史，就可以看到世俗化的種種表現。

一般而言，世俗化最先出現在經濟領域，但它在現代社會內的分布是極不均勻和極不平衡的。不同的個人、群體、國家所受的影響是不相同的。就個人而言，受世俗化影響的程度，男人強於女人，中青年人強於老年人，城市人強於農村人。就職業而言，與現代工業生產技術直接聯繫的階層如工人，強於傳統職業如手工藝人、小店主之類。就西方宗教的信仰者而言，新教徒和猶太教徒強於天主教徒。就國家而言，西方發達國家強於發展中國家。當然，這是相對而言的，是與各國的地理位置、發展歷史的不同與複雜密切相關的。就在西方世界中，歐洲各國情況又與美國的情況極不相同。

在歐洲，傳統宗教日薄西山每況愈下。相信上帝存在、相信天堂、地獄、來世、積極參加宗教活動的人數日益下降。以法國為例，從歷史上看，法國是一個天主教國家，但現在只有一半人相信上帝存在，相信天堂地獄的人則更少，難怪有神學家呼籲，現在的法國是需要傳教的國家。美國情況則相反。從現象上看，美國宗教處於發展的上升階段，參加教會儀式及各種活動的人員多，對宗教組織的捐款慷慨大方，各種新宗教方興未艾。對此，許多宗教社會學家看法不一。例如德國學者托馬斯‧魯克曼認為，歐洲各國宗教衰退狀況與美國宗教相對的蒸蒸日上都是世俗化的結果。其不同只是在於，歐洲的教會未經過來自內部的激烈變化，因而由於社會世俗化，教會遭到了明顯的挑戰。而美國是個移民國家，因其歷史和宗教史的獨特性，任何宗教在這個國家立足的過程中都已經過了自身內在的變化即美國化，也就是把自身與美國人共同的「美國夢」

聯繫在一起了。因此,美國宗教實質上是世俗化了的宗教,是現代化的產物。

關於世俗化的主要表現,我們可以從社會與宗教這兩個範圍來討論。人類社會大規模的世俗化始於西方資產階級革命前後,與之相關的啟蒙運動,國家獨立和民族解放運動浪潮,大大加快了社會世俗化的進程。政教分離的原則(包括教育與宗教的分離、法律與宗教的分離)在資產階級革命之後逐漸被越來越多的國家所接受。啟蒙運動帶來的人類理性的升值,個人地位的上升,自我意識的加強,使曾經作為主要的行為準則和價值根據的傳統宗教貶值。另外,科學技術的突飛猛進,也降低了傳統宗教在人們心目中的地位,在改變了人們世界觀與生活方式的同時,也改變了社會的結構。

東方社會的世俗化儘管起步晚、速度慢、波折多,但隨著西方殖民者的入侵和西方文化的湧入,不論在伊斯蘭教、印度教,還是儒教文化圈內,都出現了許多政教分離的國家,這些國家在現代化進程中也加入了世俗化的潮流。

在宗教自身範圍內,可以而基督教較為典型。在神學教義方面,基督教面臨的危機是具有世界性的。這種危機是指傳統基督教對於實在的解釋,已遭到了人們普遍的懷疑。對此,天主教與新教所採取的反應不同。天主教雖然一直抵抗現代化與世俗化浪潮,但其內部在二十世紀初仍出現各種形式的現代主義運動和強烈的自由化思潮。一九六四年梵蒂岡第二屆公會議宣布了「普世主義」教令,並強調教會內部改革,提出了教會必須「趕上時代」的主張。教皇約翰── 保羅二世對教廷當年迫害意大利科學家伽利略道了歉,最近梵蒂岡城國宣布與以色列建交,表示了天主教與猶太教的

和解。新教幾乎從一開始就採取了適應時代的態度。十九世紀前出現的虔敬主義用種種形式的情感主義代替了客觀教義，使被視為絕對真理的教義相對化。十九世紀後出現的新教自由主義神學不強調基督教傳統中的一切「超自然」成分，而是從進化論的角度去理解宗教史，從理性和倫理的角度去理解耶穌的人格，以積極樂觀的入世精神去理解基督教的作用。除此之外，二十世紀出現的各種新神學流派：世俗神學、經驗神學、過程神學、婦女神學、黑人神學、生態神學等等，都是神學界對現代多元世俗社會作出的反應。在宗教組織機構方面，新教廢除天主教等級森嚴的僧侶制度，提出人人皆可為教士的口號，就是對現代社會個人價值日益升值的適應。基督教的組織機構已成為社會機構中的一類，因而其內部的科層化，外部的世俗化已不可避免。就神職人員而言，務實已是其重要品格之一。在禮儀方面，從繁瑣走向簡單是主要的傾向。不少天主教會已很少舉行堅振儀式，洗禮、婚禮也越來越世俗化。教會活動更像社會活動，如教會舉辦的老人俱樂部、婚姻諮詢處、母親育兒班、旅遊觀光等，在實際上都與宗教信仰關係不大。有些教會已成為同鄉會或團契一類的組織。利用現代化一切成果，已是當今各宗教組織的共同特點。開辦電視教堂，用電話傳教，用計算機傳送經文……甚至連現代教堂的外觀與內部裝飾，也採用了現代建築風格和藝術手法。此外，許多新教主流教會中的自由派，在承認同性者或有信仰與無信仰者皆可通婚，贊成避孕甚至墮胎等方面，也有了巨大的進展。

在此應該看到，各宗教自身世俗化的程度和形式是不同的。在伊斯蘭世界，宗教與國家和政治糾纏在一起難解難分，有些學者以此為不贊同伊斯蘭教世俗化的理由。的確，伊斯蘭社會的現象具有

與西方社會不同的特徵。但如果我們將現代伊斯蘭教與穆罕默德時代和四大哈里發時代的伊斯蘭教相比，我們會發現許多的不同。很多穆斯林也認為，現在人們的信仰已偏離了早期伊斯蘭教的教義原旨，隨著社會的發展，伊斯蘭教吸收了新的成分，或對許多原來沒有的東西作出了新的解釋。

總之，從全球範圍看，社會世俗化的趨勢是將傳統宗教由社會生活的核心移向了社會生活的邊緣，使它不得不向在信仰上有選擇自由的「顧客們」推銷自己。於是，傳統宗教就不得不為此而改變自己去適應「顧客」，宗教活動就得受到市場經濟邏輯的支配。

這種種變化，使世人對傳統宗教大有「江河日下」「日薄西山」的感覺。以基督教為例，一九八九年，全世界有基督徒十六億四千四百萬，比一九〇〇年時的五億五千八百萬增長了2.95倍，但是與此同時的世界人口總量增加了3.1倍。這個差別雖然微小，但卻說明基督徒的人數與總人口的比例呈下降趨勢。一九〇〇年時，基督徒占世界總人口的34.4%，第一次世界大戰後，以每十年10.4%的速度下降，其中，東正教信徒下降的幅度從一九〇〇年占世界人口的7.5%，下降到一九七〇年的3.1%（在此不能不考慮到十月革命的作用）；新教徒人數在七〇年代後也開始連年遞減，在歐洲、北美、大洋洲則呈直線下降趨勢。以北美洲為例，一九七〇年時新教占該洲總人數的60.9%，一九七五年占57.2%，一九八〇年占54.2%，一九八九年降至50.3%【3】。

當然，傳統宗教的這種衰落還表現在信徒的宗教情緒低落，宗教觀念淡薄，相信傳統信條、教義的人減少，對教會依賴程度減少，進教會參加儀式的人數減少，捐助教會世業的金額減少等方面。

面對這種狀況，神學家們似乎也只能這樣說：「徹底的世俗化本身，可以變成超越與對神聖恩典的意料不到的啟示之機會」【4】，以此來號召教徒對前途充滿信心。

第三節　關於世俗化過程的自我限制特徵

已成為全球現象的世俗化洪流是否會在人類社會全面地、永無止盡地席卷下去，直到將宗教的神聖特徵沖刷乾淨，使社會成為一個無宗教的世界呢？這是一個十分有趣的問題，也是值得探討研究的問題。我們認為，一方面世俗化洪流勢不可擋，不會止步。另一方面，在這滾滾的洪流中，又會出現一個個漩渦回流或淺灘深潭。它們使前進的洪流或倒轉或駐足。這些漩渦回流、淺灘深潭與主流構成了一個不可分割的整體。世俗化過程正是具有這種特徵，即自我限制的特徵。這一特徵採取了兩種基本的表現形式：即伴隨世俗化過程出現的宗教復興與宗教創新。

1.宗教復興。宗教復興也就是傳統宗教內部新教派的出現，其特點在於，新出現的教派在其信仰、組織結構和教義儀式方面，並未完全脫離其母體，但由於對其母體因各方面形成的狀況不滿，而另立山頭，提出一些更為激進的主張，採取一些相應的行動，以達到恢復其宗教原初本性的目的。宗教復興在世界各大傳統宗教中屢見不鮮。

十九世紀末葉，在美國出現的基要派是一個典型。在歷史觀方面，基要派反對社會和宗教的世俗化傾向；在神學觀方面，反對一切自由主義和現代主義神學；在價值觀方面，反對世俗的人本主義和科學主義；在自然觀方面，反對進化論學說和生物遺傳工程；在

宗教觀方面，反對一切與自己觀點不同的宗教與教派。該派提出的口號，即堅信《聖經》無謬誤、童貞女生子、基督變成肉身替人受過、基督肉身復活、基督將親自復臨，它是對當今科學對宗教之沉重打擊的反擊。到二十世紀八〇年代，全世界持基要派觀點的新教徒已達五百萬人。在天主教方面，教皇保羅二世上台後，梵蒂岡第二次會議會後的改革已逐漸放慢速度。

伊斯蘭教社會在二十世紀初出現的復興運動也是一個典型。伊斯蘭復興運動的宗旨是回到《古蘭經》和聖訓上去，恢復伊斯蘭教在社會政治、經濟與生活中的支配地位。二十世紀二〇年代埃及的「穆斯林兄弟會」是這一運動的先驅，而七〇年代末伊朗的伊斯蘭革命將它推向了空前的頂峰，它使伊朗全面地復活了政教合一的神權統治。如果說十年前的伊斯蘭復興運動只還是地區性的，那麼今天的伊斯蘭復興已成為一種席卷伊斯蘭世界的浪潮。

佛教的復興儘管不像基督教與伊斯蘭教那麼引人注目，但在亞洲一些國家如印度、斯里蘭卡、日本等國，五〇年代曾掀起過佛教復興的高潮，進入八〇年代後，佛教的復興運動仍在一些國家繼續。

除此之外，我們還可以看到宗教在前蘇聯和東歐的復興：被拘禁被流放的教會領導人相繼被釋放；被沒收的教會財產，被占用的教堂歸還了宗教團體；上教堂的人日益增多；宗教學校、宗教書籍受到更多群眾的青睞。目前，前蘇聯和東歐的主要基督教派別東正教、天主教、新教和一些古老的教派，以及中亞的伊斯蘭教都空前地活躍。同時，我們還聽到印度原教旨主義者對其政府世俗主義政策的指責，日本復活國家神道教者的呼聲，猶太教極端正統派對猶太教世俗主義派別的譴責等等。

儘管這種種的復興有其自身不同的歷史根源、社會根源與文化根源，而且對它們的評價也不能以簡單的「進步」、「革命」或「倒退」、「保守」來定論，但若從宗教社會學的角度來看，它們的出現以及它們的主張、口號、行動，都與社會的變化和宗教自身的變化密切相關，都是對現代社會和傳統宗教的世俗化的抵抗，也都是在為其宗教在現代社會中尋求出路，這一點大概是無可懷疑的。

　　2.宗教的創新。所謂創新，是指創造新的信仰，這種信仰或是在傳統信仰之基礎上進行的創新或與傳統信仰沒有任何關聯。這類新信仰及其表現形式常被研究者統稱為「新宗教」，事實上，並非所有的新信仰都能發展成為新宗教【5】。我們在此指的新宗教可分為兩類，一類是十九世紀在美國出現的一批與傳統基督教不同的教派，如摩門教、基督教科學派等等，另一類是特指二十世紀五、六〇年代後出現的與傳統宗教關聯較少的宗教團體，它們主要出現在美國、日本、韓國等國家和地區，據估計，美國、日本的各種新宗教團體大致以每年近百個的速度增長。這類新宗教實際上有許多只能稱為「膜拜團體」（cult）。我們可根據其對待現實社會的態度將之分為三種：第一種否定或敵視現實社會，視現存社會秩序為腐敗墮落，因而在行動上多採取怪誕偏激的方式以與世俗社會抗衡，人們熟知的人民聖殿教、大衛教派均屬此種。第二種肯定現實社會，希望在社會生活中獲得各方面的成功，日本的創價學會等即屬此種。創價學會將「真、善、美」的追求改為對「利、善、美」的追求，承認個人的利益，鼓勵積極涉世，因而吸引了許多社會地位低下的民眾。第三種專注於靈性的修煉，與世無爭，例如新五旬節派、新靈恩派等等。

　　一般而言，新宗教在教義的解釋上比較自由化與實用化。其許

多信徒比傳統宗教信徒在信仰上更加狂熱並且有獻身精神，而且這類狂熱更多是出於對其卡里斯瑪式的領袖人物的崇拜。在行為方式上，許多團體都標新立異，具有某種反對傳統，反對既定道德規範的傾向，有的拒絕藥物治療，有的拒絕現代生活方式；有的要求信徒背棄家庭，隱居於森林湖畔；有的甚至群居亂交。當然，許多新宗教團體由於過分與世格格不入，因而猶如過眼煙雲轉瞬即逝，有的也發展迅速，甚至成為國際性的組織。

　　儘管新宗教與傳統宗教在許多方面完全不同，但二者仍在其共同點，即它們都是時代的產物。傳統宗教提供的對實在的解釋，無疑是適合它產生的那個時代的。由於它們並非是為現代文化所設計所要求，它們必然與現代文化不相符。相反，大多數新宗教則總是在某方面與現代文化要求相符合，總能滿足現代人某些方面的要求，因而它們能對傳統宗教因世俗化引起的衰退，提供一整套的補償。

　　傳統宗教與現代思想文化相悖的典型表現，是其教義與科學發現的衝突，而新宗教在這點上就不同。以摩門教為例，在《聖經》權威受到現代科學嚴重威脅之時，十九世紀由美國人史密斯創立的摩門教就十分注意吸收已為人們所知的常識。摩門經中猶太人活動的地盤，已不止是地中海一帶，而是把新發現的美洲大陸乃至西半球全包括進去了。此外，新宗教在組織形式等方面也具有吸引力，如十九世紀後期由瑪麗·貝克爾·愛迪創立的基督教科學派。儘管該派認為物質是虛幻不實的，只有上帝或精神是無限的，治療疾病的唯一方法是信仰。但是該組織除了是一個宗教組織外，它還是一個由得到它認可的醫生組織起來的醫療體系。加之它對世界持一種樂觀、進取和積極的態度，從未退出世俗事務，並把擁有健康的身

體看成是獲取世俗財富和社會成功的條件,因此它吸引了眾多的信徒。

有的學者認為,新宗教的出現是世俗化過程的主要象徵。其理由是,現代社會為信仰提供了一個超級市場,由於社會的世俗化,這種種信仰都不能成為現代社會的意識形態之主流,都不可能再擁有像基督教曾支配過社會一切方面的那種能量,它們只能是各種對社會來說並不重要的消費品。這種看法雖不無一定道理,但這種看法使人忽略世俗化與宗教創新之間的某種聯繫,忽略了新宗教這一社會現象中的種種區別。根據這種看法,不會停止的世俗化過程必然不斷地造就出大批不再有信仰的人,這些人既然對傳統宗教失去了興趣,從邏輯上說,也不會對任何一種新的、能稱為宗教信仰的東西有意。因此,應該說,在傳統宗教衰落時,新宗教也處於低潮才符合上述看法的推理。然而事實並非如此。美國宗教社會學家斯達克和貝恩布里基曾對美國50個州的新宗教運動作過一系列調查統計,他們發現新宗教成員增長率與傳統教會成員增長率的比例為負值(-.37),也就是說,新宗教繁榮之日,正是傳統宗教人員急驟下降之時。可從歷史上找到和以上統計數字相符的史實,即基督教的早期歷史。基督教最初也只是許多膜拜團體之一,而它的出現正是羅馬多神教信仰走向衰亡的時期。因此,我們贊同這樣的結論:在世俗化過程中,傳統宗教越衰弱,宗教的創新就越有可能出現,而且這些創新宗教就越容易被日益增多的正在尋求新的信仰替代品的人們所接受。宗教的創新不是世俗化的象徵,而是對世俗化的一種反動。

世俗化的自我限定特徵所採取的上述兩種形式,對於世俗化的抵抗在許多方面是不同的。首先是宗教復興與宗教創新所出現的背

景不同。一般而言，當傳統宗教與世俗社會的步調趨向一致時，它們內部就必然會孕育許多希望保持更神聖的信仰的新教派。因此，新教派的興起一般都是在世俗化過程未占統治地位的時期，可以說，它們是對傳統宗教衰落的早期的反抗。而宗教創新則多在傳統宗教衰落後期出現。根據斯達克等人的統計，80%的宗教復興出現在十九世紀或二十世紀初，但60%的宗教創新卻是在一九五九年後出現的。由於兩種形式在出現時間上的不同，它們的成員增長率與教會成員增長率的比值也不相同。宗教復興中新教派成員增長率與傳統教會成員增長率的比值呈正值（+.25）。換言之，宗教復興一般在傳統宗教還比較強的時候出現。這種現象也說明為什麼目前新興宗教的出現要比新教派多得多。除此之外，宗教復興與宗教創新對世俗化的反抗方式也不相同。宗教復興中出現的教派，一般比其母體在教義、組織、禮義等等方面更為保守。它們常常與現代化世俗化為敵，提倡還其傳統的原初面貌，因而其口號更為激烈，其行動與現代社會的關係相對來說更為格格不入。而新宗教的情況則複雜得多，其中有與世俗化對立，靠個人崇拜、迷信巫術或避世等手段來反抗世俗化的極端保守團體，也有對現代化世俗化採取順應態度來維持自身信仰的團體，如巴哈伊教，其教義以倫理道德為主，涉及環境保護、人權、教育乃至家庭婚姻、生兒育女諸方面，其組織形式也更為世俗。

應該說明的是，不論是宗教的復興還是宗教的創新，都不可能替代傳統宗教對實在的解釋，因而也不能將向前邁進的更發達更世俗的社會扭轉到萬流歸宗的時代。

第四節　關於世俗化與宗教之未來

任何關於世俗化問題的思考，都是以思考者的宗教定義為基礎的。而在宗教定義問題上，可以說是有多少思考者，就有多少條定義。因此宗教社會學家們對世俗化的看法是形形色色眾說紛紜的。但就其對世俗化的態度而言，卻可大致總結為三類：積極的、消極的、中立的。這三類態度在對待與世俗化密切相關的宗教之未來的問題上，則呈現出三種相應的觀點：樂觀的、悲觀的及中立的觀點。

我們以美國宗教社會學家羅伯特·貝拉的看法為積極——樂觀類型的代表。

貝拉把宗教定義為「將人與其生存的終極條件聯繫起來的一套象徵形式和行為。」【6】在貝拉看來，這套象徵形式和行為隨著社會的複雜化而逐漸向前進化。世俗化是現代工業社會日益增加的複雜性和差異性的一部分。在現代社會，宗教在世俗化的影響之下已變為主要是私人的事情了，但這種變化是一種積極的變化。按貝拉的觀點，世俗化引起的這種宗教私人化，使宗教較少受到組織化的控制，它允許個人選擇他們所要接受的世界觀，個人有更大的自主性去創造其自己的意義體系。自主性是人類進步的表現，因而這種具有自主性的宗教，是宗教發展的高級階段，即現代宗教。【7】在此，貝拉為世俗化的進展歡呼，世俗化促進了宗教的發展，宗教在現代社會的前途是光明的。

美國宗教社會學家彼得·貝格爾的看法，則是消極——悲觀類型之典型。

貝格爾認為，宗教是「用神聖的方式來進行秩序化的人類活動。」【8】由於每一個人類社會都是一種建構秩序與意義世界的活動，因而宗教在人類社會中起著一種戰略作用，它為人類建構的世界提供一種共同的意義，它意味著「最大限度地達到人的自我外在化，最大限度地達到人向實在輸入他自己的意義的目的。」【9】在貝格爾看來，世俗化引起了宗教的兩極分化，向秩序和制度最公開與最私有的方面，即國家與家庭兩個方面的分化。世俗化引起的政教分離，使國家不再是代表曾占統治地位的宗教制度的強制力量了。沒有政治參與色彩的宗教，在某種程度上只是一種意識形態的修辭與點綴。在家庭方面，宗教雖然仍具有巨大的實際潛力，但這種私人化的宗教已不再有力量去完成傳統宗教的任務：建立一個能夠賦予每一個人以終極意義的共同世界。貝格爾認為，宗教提供的統一象徵與統一世界觀，就像一塊神聖的帷幕支撐著人類建構的十分脆弱的世界。現在，世俗化使得宗教成了一塊支離破碎的帷幕，即使它是神聖的，也不再能支撐整個人類社會。反之，產生並成為宗教存在之基礎的人類社會，也因世俗化而喪失了對其具有神聖性的合理解釋，它同樣也不能再支持那塊帷幕。為此，貝格爾為宗教在工業化社會的前途感到悲觀失望。

德國宗教社會學家托馬斯‧魯克曼的宗教定義，決定了他在世俗化與宗教未來這一問題上採取的中立態度。

魯克曼認為，宗教是「人類有機體的一種能力」，這種能力「通過構造客觀的、有道德約束力的，包羅萬象的意義世界，從而超越自己的生物性。」【10】在此，宗教不僅僅如杜爾凱姆所言，是一種社會現象，而且還成了典型的人類學現象。在魯克曼眼裡，宗教就是象徵性的自我超越，因而一切真正屬於人性的東西，本身就

具有宗教性，因而他認為世俗化不會導致人類宗教性的衰落。宗教之未來是宗教替換形式的出現。這種形式在大多數人看來不像宗教，因為它由於私人化而缺乏制度體制結構，不再具有傳統宗教的特徵。為此魯克曼呼籲大家應理解宗教在當代的這種現象。

　　理論界的情況大致如上述三種類型，而宗教界的情況要相對趨向一致得多。儘管在持續不斷日益增長的世俗化傾向面前，宗教自身雖然顯示出了復興與創新的能力，但不可否認的是，信徒在現代化世俗化衝擊中呈現出矛盾心態。以基督教徒為例，這種矛盾心態表現為「人不能沒有基督教，人卻又不能有現在這個樣子的基督教。」【11】對此，被天主教稱為其當代革新設計師的卡爾‧拉納爾在思索基督教未來時所表達的情感，代表了對基督教之未來充滿信心的基督徒的思想：「教會總是身處於歷史的長河中，而不是地位不動的河岸上，但是在這種運動中，上帝的永恆性總是與它同在，與它的生命、它的真理、它的忠誠同在。因此，比起其他任何歷史中的實體來，教會更沒有理由害怕自己的歷史特性。因為歷史潮流並不把它帶向死亡之岸，而是帶向永生。因此，教會能夠而且必須有勇氣作出改變，使自己擁有的永恆之物永遠常新，並越來越適應於它的需要。」【12】至於基督徒個人，拉納爾希望他們擁有教會的勇氣和耐心的希望他們去體驗變化中的那種永恆性。拉納爾認為，只有信賴這種種的變化，才會把握住教會中那永恆存在的東西。「是教會自己的聖靈，引導它越來越深入一切真理，進入豐富完滿的上帝生命，從而在全部歷史之中把這種種變化賦予了教會。」【13】

　　變化這個事實已得到了基督教界的承認。就教會立場而言，將這些變化解釋為上帝賦予的使命，一方面是其信仰本身的決定，另

一方面也表現了教會面對這種種變化而作出的改變自身的決心。當然，在世俗化這個問題上，伊斯蘭世界的情況大不一樣。如果說在西方世俗化使得宗教兩極分化，宗教私人化的現象的日益突出，那麼，伊斯蘭社會的現象則具有與西方社會截然不同的獨特性，但目前伊斯蘭社會的伊斯蘭教復興運動，並非是限於一般意義上的宗教的回歸與復興，而是伊斯蘭世界用以解決其社會獨特問題，包括政治、經濟、法律、道德、文化及社會生活諸方面問題的一種方式。這是一種既非西方式又非東方式的獨特方式。

除此之外，世界目前的宗教狀況也可說明一些問題。根據《1990年大英百科年鑑》的統計，全世界五十多億人口中，各種宗教的信仰者占75%，他們分布在全世界所有的國家和地區。而且從一九八〇年至一九九〇年這十年中，世界各宗教的信徒增長率幾乎與世界總人口的增長率同步。【14】這一個基本事實實際上已經對宗教之未來作了一個肯定的回答。

當然我們應該看到，不論是學術界對世俗化與宗教之未來的不同觀點，還是宗教呈現的不同現象，都增加了我們對世俗化與宗教之未來評價的難度。由於世俗化過程是人類社會一個漫長的變化過程，這個變化過程又涉及到社會及宗教雙方，而社會與宗教雙方又呈現相互依賴相互關聯的辯證關係，因而世俗化過程既是人類社會前進的必然趨勢，又是一個複雜曲折的過程。這個過程是社會進步的產物，是人類理智化理性化的結果。但是，世俗化並不會導致宗教末日的到來。除了前述世俗化具有的自我特徵之外，現代社會中宗教賴以生存的土壤及條件仍舊存在。雖然宗教的最大威脅來自科學，但科學只是一種解釋自然的方法，它不可能從根本上解決人類的生、老、病、死問題，不可能為人類的種種苦難提供意義。除此

之外，現代社會的單一化、非人化、非情感化所造成的人與自然的疏離，人與人之間的隔膜，對生態環境過分人為破壞的報復，物質財富與精神財富之間的空檔給人帶來的孤獨感、冷漠感與空虛感，都為宗教的存在不斷地創造條件。再者，我們雖不同意魯克曼將宗教視為人類有機體的一種能力的觀點，但從人類學的角度看，人與動物之最大區別，乃在於人對精神支柱的需要。儘管這種精神需要與現存的體制化宗教是否就是一回事不是本章的論題，但從這個視角看問題，可以說，宗教在人類未來相當長的歷史中是不會打上句號的。

【注解】

【1】參見希爾・米歇爾：《宗教社會學》，第二二八～二五一頁，基礎圖書公司，紐約，一九七三。

【2】彼得・貝格爾：《神聖的帷幕》，第一五四頁，上海人民出版社，一九九〇。

【3】此處數據轉引自《當代基督新教》第三三四頁。八〇年代末以後，基督教信徒的人數有所回升，據一九九〇年的統計，占世界總人口的32.9%。

【4】詹姆斯・C・利文斯頓：《現代基督教思想》，第九七七頁，四川人民出版社，一九九二。

【5】為了討論方便，我們在此仍沿用此稱謂。

【6】羅伯茨：《從社會學角度看宗教》，第一一七頁，多爾西出版社，一九八四。

【7】貝格爾的宗教進化論將宗教發展分為五個階段：1.原始階段；2.古代階段；3.歷史階段；4.現代早期階段；5.現代階段。參見貝格爾《信仰之外》，（芝加哥大學出版社，1970）一本中的《宗教的進化》一章。

【8】《神聖的帷幕》，第三十三頁。

【9】《神聖的帷幕》，第三十六頁。

【10】羅伯德・羅伯特遜編：《社會學對宗教的解釋》，第四十一頁，牛津出版社，一九七二。

【11】詹姆斯・C・利文斯頓《現代基督教思想》下卷，第九六二頁，四川人民出版社，一九九二。

【12】卡爾・拉納爾：《屬於未來的基督徒》，第三十五頁，倫敦，一九六七。

【13】卡爾・拉納爾：《屬於未來的基督徒》，第三十五頁，倫敦，一九六七。

【14】本章第一節《關於世俗化的表現》一段中，曾引用了數據說明基督教人數的下降。七〇年代後，當歐洲、北美洲、大洋洲的新教徒人數呈下降趨勢時，亞洲、非洲、拉丁美洲的基督徒卻呈上升趨勢。故從總數字來看，與世界人口的增長率同步。

第七章　中國傳統社會中的宗教

　　中國宗教作為國際現象的一種，和世界各地其他的宗教一樣，有其共性。但作為植根於中國這塊土地上的一種社會現象，又有其獨特性。任何事物都有一個發展過程，只有了解了它的過去，才能更好地了解它的現狀，把握它的未來的走向。要更好地認識現代中國社會中的宗教，就要追溯它的根源，了解它在中國傳統社會的整個發展歷程及特點。所謂中國傳統社會是指中國從原始社會、奴隸制社會到封建社會這一漫長歷史階段。研究中國傳統社會中的宗教，主要是從中國歷史有連續性的角度，對中國傳統社會中的宗教的縱向發展演變，作一些回顧和分析。

　　中國傳統社會的特徵決定了作為上層建築組成部分的宗教現象具有獨特的多層次性和社會功能，即：除有系統化宗教（制度化宗教），如本土的道教，外來的佛教、伊斯蘭教、天主教、基督教等，它與其他國家的系統化宗教具有大體相同性質的基本特徵，包括社會功能；還有上層宗法性宗教信仰（以下簡稱上層宗教信仰）與民間宗法性宗教信仰（以下簡稱民間信仰）這兩個層次，後者雖不具備系統化宗教所具有的完整的構成要素，卻含有宗教性與世俗性相融合的雙重性格的社會功能，其強度、廣度及對社會的作用和影響常常超過系統化宗教。系統化宗教、上層宗教信仰與民間信仰構成了中國傳統社會宗教現象的立體結構。由於傳統社會是多民族的巨大複合群體，各民族地區經濟、社會發展的不平衡性決定了宗教發展階段存在著很大差異。系統化宗教主要傳播於社會經濟較發達的漢族地區及部分少數民族地區：漢傳佛教和道教，主要傳播於漢族及中南、東南與漢族雜居的土

家族、壯族、毛難族、布儂族、京族、畬族、朝鮮族中，藏傳佛教主要傳播於青藏高原及內蒙、東北地區的藏族、蒙古族、土族、裕固族、普米族、怒族中；上座部佛教主要傳播於傣族中。伊斯蘭教除漢族地區有一定數量，主要傳播於西北地區的回族、東鄉族、保安族、撒拉族、維吾爾族、烏茲別克族、塔吉克族、塔塔爾族、柯爾克茲族地區，基督教、天主教主要傳播於漢族地區，南方一些少數民族中有極少數；東正教主要傳播於新疆和東北的俄羅斯、鄂溫克族中。一部分少數民族地區直到二十世紀上半葉仍停滯於農奴制以至原始公社解體階段，宗教信仰仍停留於民族固有的鬼神信仰，帶有濃厚的自然崇拜色彩的原始形態。

第一節　宗教與宗法傳統社會

中國傳統社會一個重要特徵是具有宗法性，這是與歐洲奴隸社會、封建社會特徵的一個重要區別。各類宗教現象與宗法制度之間有著不同程度的，以至於非常緊密的聯繫、相互聯繫的發展演變過程和重要特徵。

一、氏族社會的血緣紐帶與氏族宗教

中國傳統社會中宗教與宗法制度的聯繫，可追溯到它的源頭：氏族社會的血緣紐帶與氏族宗教。

（一）氏族社會結構與血緣紐帶

血緣紐帶產生於原始社會中、晚期的氏族社會階段。人類生產、生活從結成鬆散的群體、從事採集狩獵活動發展到了結成較為穩定的群體，從事以鋤耕農業、畜牧業為主、輔之以漁獵採集的活動，形成

了聚族而居、以血緣為紐帶的氏族社會結構。氏族社會從母系演變到父系，而逐漸形成一夫一妻制的家庭結構的同時，氏族通過分化聯合而形成部落。

（二）血緣認同與氏族宗教

血緣認同是氏族社會的重要特徵，又是氏族社會向私有制社會演變過程的重要特徵。血緣認同與原始宗教觀念從一開始就聯繫在一起。它源於人類對超自然力量的崇拜，從對個別物的「靈」的觀念擴展到「萬物有靈」，再到圖騰崇拜，圖騰崇拜對象與氏族社會血緣親族相認同（如東夷系統氏族以鳥為圖騰，西方夏族系統以龍蛇為圖騰），增強了氏族的凝聚力，孕育了祖先觀念。當崇拜對象從動植物或其他自然物轉為人，標誌著人類對自己真正祖先的確認。氏族宗教的血緣認同表現在與氏族群體活動融於一體，特別是以祭祀活動為主要形式的祖先膜拜這一氏族部落的重大群體活動。這種活動集生產、社會、宗教活動於一體，規模大，獻祭多，次數頻繁，儀式繁縟，具有增強群體血緣凝聚力、戰鬥力的重要功能。

二、傳統社會宗法制度的特徵與宗教內涵

（一）宗法制度形成的前提

中國從原始社會演變到私有制社會，與歐洲有兩個主要的不同之處：一是經濟基礎的演變不同。歐洲是實行領土制的莊園經濟和農奴制；中國奴隸社會實行土地國有制，封建社會轉為土地私有制，即以國家最高所有權為前提的一家一戶所有制和租佃制相結合的小農經濟。二是與經濟基礎相對應，歐洲從一開始就衝破了氏族社會的血緣系統，建立在城邦制基礎上的奴隸制帝國；中國則是氏族社會中的血緣網絡完整地進入私有制社會，形成家族、宗族這一社會細胞，家族、宗族保留了共同姓氏、祖先、墳地、財產以至軍隊，血緣認同成

為維繫家族，宗族生存、發展的紐帶，這些是產生宗法制度的社會基礎。

（二）宗法制度的基本特徵與宗教內涵

宗法制度作為一種貫穿於整個中國傳統社會的社會制度和政治制度，殷商時便已形成較完備的形態，具有以下一些主要特徵：

1.宗法制度總體上是以血緣為網路，家族為中心，區分嫡庶親疏，確定主從依附、政治利益、財產等經濟利益的分配。

2.國家按照大宗、小宗原則，王位實行嫡長子繼承制；王畿對四國四方實行宗法領主制。秦廢分封，置郡縣，實行官吏系統，然宗法制仍在一定程度上長期存在，家族、宗族均實行嫡長子繼承制。

3.宗法制度以血緣關係確定國家、宗族、家族層次網路。主從依附關係：家族作為社會群體細胞，是宗法制度存在、延續的基礎；宗族（王族、公族等）是具有一定經濟、政治勢力的同姓家族的聯合的；居於最高層則是以天子為代表的國家。血緣層次網路與行政官僚層次網路形成傳統社會互相滲透結合的兩根支柱，組成寶塔形宗法家天下社會結構。帝王作為一國之主，又是最大的族長、家長。

4.對與宗法制度相關連的權利義務，有相應的法律保護，並以禮儀而鞏固持久。

5.宗法制度具有世俗性和宗教性雙重內涵。世俗性體現為以「宗子」為中心的權力、關係、行為；宗教性則體現為以祖神為核心的、按距始祖遠近親疏劃分貴賤等級的宗廟祭祀制度。

三、宗教與宗法制度的互動

在中國傳統社會中，宗教與宗法制度均作為與經濟基礎相適應、

「對歷史鬥爭發生影響」，具有「交互作用」的「上層建築各種因素」【1】之一而同時存在。宗法制度與不同層次宗教現象之間的相互融合與互動程度有所不同：

（一）上層宗教信仰、民間信仰與宗法制度的互動

在中國傳統社會中，宗法制與上層宗教信仰、民間信仰這兩個層次的宗教現象結合得最緊密，互動作用力最強。

中國從原始社會向私有制社會變遷出現的上層宗教信仰，與世界上幾個文明發源地（印度恆河流域、伊朗高原、西亞、兩河流域、北非尼羅河流域）出現的一些學者稱之「古代國家宗教」（如古埃及宗教、古巴比倫宗教）有類似特點，如自然物、自然力崇拜、主神、次神信仰，祭祀巫術等。然而，其他幾個文明發源地，先後消失。中國則不同，氏族社會的血緣紐帶隨社會變遷進入私有制社會，成為宗法制度及上層宗教信仰、民間信仰形成的一個重要因素。上層宗教信仰作為國家上層宗教現象，融入國家政治制度、意識形態之中，成為國家的重大政治活動的宗教性內涵；民間信仰成為庶民百姓中普遍的含有宗教性的信仰和崇拜活動，它更多地保留了氏族宗教的影響，具有低層次、功利性、宗教信仰與迷信糅雜等特徵。

上層宗教信仰、民間信仰與宗法制度的互動，須要置於社會發展變遷大的歷史背景下，主要透過上層宗教信仰、民間信仰的主體活動即祭祀活動所反映出的信仰對象、行為、功能等，以及與系統化宗教的比較，多方位加以揭示：

1.祭祀對象——神的特性

對神的信仰崇拜是宗教現象區別於其他社會現象的重要標誌。上層宗教信仰與民間信仰的神的信仰崇拜，是宗教與宗法制度相連接的內在基礎。

⑴信仰至上神

　　某些系統化宗教，如基督教信仰的上帝「創造主宰世界」，「全知、全能、全善」「獨一無二」，伊斯蘭教信仰的真主是「宇宙萬物的創造者、恩善者和唯一的主宰」，「全能、全知、仁慈」「無形無象、無所在亦無所不在」，都屬於絕對唯一神。中國上層宗教信仰和民間信仰則是信仰天帝（至上神）為百神之首，祖先為百鬼之先的多層次的多鬼神。在至上神的信仰中，至上神與祖先神之間具有一定的模糊的等同性。至上神與祖先神信仰，在氏族社會就有內在的聯繫。「天」「帝」最先既是祖先神的抽象，又是自然神的昇華。卜辭和古文獻中，殷商時「天」「帝」作為祖先神和至上神兩個概念，有時混同，有時又有區別。傳說中的堯、舜、羿、顓頊作為部族領袖，名字前常冠以「帝」字，似是對部落祖先神崇拜標誌，既是始祖的尊稱，又是神祇的稱號。《尚書堯典》中說舜「肆類於上帝」，反映了殷人作為強大部落，把本部落始祖凌駕於其他部落始祖「王」「帝」之上，在這裡殷人始祖神又有一定的至上神的含義。然而，「帝」、「上帝」作為祖先神又與至上神有地位高低和層次的不同。至上神屬最高地位層次，自然神和祖先神的地位層次均低於至上神，至上神對各種自然神和所有祖先神的地位層次均低於至上神，至上神對各種自然神和所有祖先神具有至上性，部落領袖祖先神居於至上神左右地位。「下乙賓于（帝）」「大甲賓于（帝）」【2】地上的殷王通過祖先神向上帝祈福，殷人則視祖先神為天上至上神的象徵。周人以「天」代「帝」，增強了神的至上性、抽象性和理性品格，同時也增強了神（天）與人（君王）的「血緣」的連接。「皇天上帝，改厥元子，茲大國殷之命。」【3】周人正是用上天改變它的嫡長子接替殷的統治這種象徵血緣紐帶關係的「天命」，證明其統治的絕對合理性。這種帶有宗法色彩的天人之間的象徵血緣連接，始終是歷代王朝維護王權統治的依托。

⑵突出神的功能性

這是與系統化宗教又一重要區別。上層宗教信仰與民間信仰不過多強調神的本體性，而十分強調神的功能法，不是從神的本體、地位到功能，而是從神的功能到地位、本體。

殷人凡事求神，諸如年成、雨水、打仗、築城等，均占卜求問「天」「帝」，在卜辭中有大量記載：「帝佳（唯）癸其雨」，【4】帝其降堇（饉）【5】「伐吾方，帝受（授）我右（佑）」【6】「王封邑，帝若（諾）」。【7】這種求諸至上神作出的吉凶、諾否的簡單回答，屬於神的功能的初級形態。

以西周始，神的功能性發展到以天命為核心的天道觀。始初以天命肯定周取代商的統治的合理性，「不顯文王，受天右（佑）命。」【8】進而「以德配天」，增強了神的功能與倫常的結合，「我不可不監于有夏，亦不可不監于有殷，」【9】商亡是由於「失德」，「不敬厥德，乃早墮厥命；」【10】周受「天命」取代商是因有「德」，不顯文武，皇天弘慶厥德，配我有周，膺受大命。」【11】天命向社會性傾斜，從天命→崇天→敬天，淡化了對「天」的崇拜，增強了人的主體性。西周末年大動蕩時出現「天不可信」，【12】「天之抗我，如不我克」，【13】「浩浩昊天，不駿其德」，【14】等怨天、疑天、罵天現象是不奇怪的。

天（神）的功能、地位，在傳統社會中隨社會變遷而發生適應性的變化。漢時出現的「天人感應」經學思潮，「天者，百神之君也，王者之最所尊也。」【15】「君權神授」從提高至上神的地位和權威而提高帝王的地位和權威。「天人合一」增加了宗教色彩，它以天為最高主宰，以陰陽五行為天帝的補充，以符命、災異為主要內容，將神、自然與人、社會相連接，是維護封建大一統的需要。魏晉玄學的出現，又是在社會走向分裂時期，對「天人感應」的否定，而在天人關係上從本末、名實、天道、人事、才性、自然與名教等深層次上作新

的探索，從哲學角度以天道論證人道的合理。在中國傳統社會中，天人關係的不同說法、儘管對「天」與「人」的傾斜度有差別，本質上都是以「人」為立足點，「天」的至上性不過是服務於「人的功能」，「人」（君王）才真正具有至上性。

在民間信仰中，多神信仰尤為突出。庶民百姓對與自身休戚相關的經濟生活、生老病死、血緣延續、行業興衰等生活各方面十分關心，希祈超自然力量賜福祛禍，這是從庶民百姓切身需要→神的功能→神的邏輯過程。民間信仰的崇拜對象比上層宗教信仰要廣泛的多，除天界的五帝、五神、日月星辰、風雨雷電、司中、司命、司祿；屬地祇的后土、后稷、山川、岳鎮、海瀆、城隍；屬人鬼的聖王、先烈、先師、歷代帝王賢王；屬物靈的旗纛、司戶、司灶、四靈等，還有多不勝數的如山神、水神，管百姓的土地、門神、灶神、路神，管陰曹地府的閻羅王、酆都大帝等。還有屬農桑、醫藥如馬王、藥王、蠶神、蛇神、利市仙官、五路神等等。

2.祭祀活動的地位與特徵

上層宗教信仰與民間信仰，主要是通過祭祀這一主體活動得到體現和延續。

(1)祭祀對象

祭祀對象是由神的功能而定。天神、祖先神列為主要祭祀對象。「凡諦、郊、祖、宗、報，此五者國之典祀也。」[16] 在上層宗教信仰中，以功能而定的其他諸神：「加之以社稷山川，皆有功烈于民者也；及前哲會德之人，所以為明質也；及之三辰，民之所瞻仰也；及地之五行，所以為生殖也；及九州名山川澤，所以生財用也，非是不在典祀。」[17]

(2)祭祀活動的政祭合一性

上層宗教信仰與民間信仰的祭祀活動，與系統化宗教的崇拜活

動，同屬神人連接行為。不同的是，系統化宗教的崇拜活動是通過神人連接從人到神的純宗教活動；上層宗教信仰與民間信仰則是通過神人連接，既有到神的一面，屬宗教性，又有到人的一面（主要方面），屬世俗性。中國傳統社會從未出現過全國範圍政教合一，卻始終存在著全國範圍政祀合一現象。祭祀活動在系統化宗教中是不可分割的組成要素，在上層宗教信仰和民間信仰中則是作為宗教現象獨立形態存在，並與宗法制度相融合。

(3)以「禮」規範祭祀活動

在中國傳統社會中「禮」作為社會制度和社會控制手段，含有一定的宗教觀念。「禮」融入祭祀活動，構成了祭祀的世俗性與宗教性雙重性格。

「禮」，在氏族社會原作為奉神之器。隨著社會變遷，逐步演變成宗法性的完備的典章制度、倫理道德規範、祭祀制度規範，成為治國安邦的社會生活的根本準則。「禮有三本：天地者性（生）之本也，先祖者類之本也，君師者治之本也。」【18】禮者，「所以別嫌，明徹，儐鬼神，考制度，別仁義，所以治政安君也。」【19】「非禮無以辨君臣、上下、長幼之位也，非禮無以別男女父子兄弟之親、婚姻疏數之交也。」【20】周時祭祀已被列為五禮（吉、凶、賓、軍、嘉）之首的吉禮，「以吉禮事邦國之神示，」【21】強調「凡治人之道莫過於禮，禮有五經，尊重於祭。」【22】禮又是祭祀活動根本原則，「禱詞祭祀，供給鬼神，非禮不誠不莊。」【23】民間信仰的祭祀活動雖不納入國家正式的「禮」的範疇，「禮不下庶人」，實際上庶民百姓仍遵循不十分嚴格的「禮」。在中國傳統社會中，「禮」是宗教與宗法制度之間重要的融合劑。

(4)祭祀活動的功能

上層宗教信仰、民間信仰的祭祀活動與系統化宗教的崇拜活動的

功能體現，都表現為祭祀者通過在祭祀活動中的思想感情體驗收潛移默化之效。不同的是，後者是較為單一的宗教性功能，前者是宗教、世俗相融合的雙重或複合性功能，並且延伸面廣，強度大。

上層宗教信仰和民間信仰的主要功能：

認同宗法等級制度。祭祀活動按照「禮」的規範，從祭祀對象，祭祀物和禮儀體現等級尊卑。天子和貴族方有正式、隆重的祭祀活動，然有等級差別。「禮唯天子得郊天，諸侯以下否。」【24】只有天子才能祭天。「天子祭天地，祭四方，祭山川，祭五祀，發遍。諸侯祭山川，祭五祀，發遍。大夫祭五祀，發遍。七祭其先。」【25】祀以加舉，祭祀物與祭祀者身份相一致。「天子舉以太牢，祀以會；諸侯舉以特牛，禮以太牢；卿舉以少牢，祀以特牛；大夫舉以特牲，祀以少牢；士食魚炙，祀以特性；庶人食菜，祀以魚。」【26】不同祭祀對象，祭祀物亦有等級之分：「以煙祀祀昊天上帝，以實柴祀日月星辰，以槱燎祀司中司命飌師雨師，以血祭祭社稷五岳，以貍沈祭山林川澤，以疈辜祭四方百物，以肆獻裸享先王。」【27】社會階層越低，祭祀對象越少，儀式越簡單，庶民百姓只是在當地祠堂祭祀其祖先，在家中設祖龕，供祖靈，以及供奉民間社會神鬼。

認同王權至上。王權的至上性、絕對性是宗法等級制的核心。「王者承天意以從事」。【28】帝王所有「承天之序」的敬天活動，無論是一年或二三年一次的隆重的郊祀活動，浩蕩、宏大而稀少的封禪大典以及告天的重大政治活動，都是對天子至上地位的合理性、合法性的強調。百姓家中供奉「天地君親師」，以「上事天，下事地，宗事先祖而寵君師」，實際上同樣是對王權的強調，遵王命以祈求天命。

認同血緣。祭祀配以祭天是祭祀活動的核心。「郊祀之禮，所以事上帝也；宗廟之禮，所以事乎其先也。」【29】宗廟祭祀制度體現了政治等級與宗法等級相對應。「天子七廟，三昭三穆，與太祖之廟而

七。諸侯五廟，二昭二穆，與太祖之廟而五。大夫三廟，一招一穆，與太祖之廟而三。士一廟，庶人祭於寢。」【30】國有太廟，族有宗祠，家有祖龕；氏族有宗廟，宗族有祖廟，家族有稱廟。除天子祭祖配祭天；在社會各階層，首位是祭祖，慎終而追遠。「祖不端非類，民不祀非族。」【31】「合族而食，序以昭穆。」【32】上下尊卑有序、而無僭越的祭祀活動，起著增強血緣凝聚力的重要作用。秦漢起實行郡縣制，削弱了家族、宗族關係。然而，適應於中國傳統祭祀小農經濟特點和規模的宗法性家族群體仍然是祭祀的群體細胞，「五服之內聚族而居」，建立在宗法家族基礎上的宗法封建制度，經久不衰，祭祀活動起著重要作用。

　　教化。這是上層宗教信仰和民間信仰歸根到底的功能，也是與系統化宗教又一區別之處。系統化宗教，如基督教的崇拜活動，通過懺悔，領聖餐等一系列崇拜行為，為了增強對神的虔誠和神性，從一定意義上說也是教化，然屬純宗教性質。上層宗教信仰和民間信仰的教化功能十分鮮明，「祭者，教之本也。」【33】「聖人以神道設教。」【34】這種「教」具有宗教與世俗雙重性格，是以宗教性手段達到世俗性目的，或者說兩重性（宗教性為主）手段達到兩重性（世俗性為主）目的。教化的過程為，祭祀者從祭祀的儀式，即「禮」的外在形式「數」「文」，進而體驗「禮」的內在精神「義」「本」，「禮之所尊，尊其義也。」【35】即接受以「分」（區別上下、父子、兄弟、內外、大小……）為主導，以「仁」和「中」為輔的宗教政治觀、等級觀、倫理觀。上述這些都貫串了超自然的神的功能。祭祀的教化，最後落於擴大和強化統治意識形態的覆蓋性，從而維護封建制度的持久，所謂「親親故尊祖，尊祖故敬宗，敬宗故收族，收族所宗廟嚴，宗廟嚴故重社稷。」【36】歷代統治者把祭祀列為頭等大事，宗教觀念也因此具持久生命力，必然無疑。

上層宗教信仰與民間信仰是否宗教？學者有不同看法。本書稱上層宗教信仰與民間信仰為宗教現象。其義為，凡宗教皆宗教現象，然宗教現象並不都構成為宗教。這是基於本書對宗教的認定，是一種對超自然、超人間的力量或神靈之信仰與崇拜為核心的社會意識，是通過特定的組織和行為活動來體現這種意識的社會體系；即宗教應是系統化宗教必須具有的完整的構成要素和相互的內在聯繫。上層宗教信仰和民間信仰是宗教性社會現象，但不具備完整的宗教構成要素，中國傳統社會決定了它沒有獨立發展成系統化宗教的外部條件。從系統化宗教的形成曾經歷了發展、演變、完善過程，在這個意義上，氏族宗教稱之為宗教，應視為宗教產生的初始階段或形成過程；上層宗教信仰和民間信仰則是傳統社會中最終未形成系統化宗教的氏族宗教的演變的兩個支流。

(二) 系統化宗教與宗法制度的互動

　　宗法性是中國傳統社會的政治制度、社會制度、統治意識形態、主體文化的一個基本特徵，包括宗教在內所有社會子系統都與宗法制度有著必然的互動關係。然而互動具有不同的特點，前者是獨立的社會現象之間相互一定程度的吸收影響，後者則是兩者相互融於一體中的作用、影響。

　　1.宗教對宗法制度的吸收、影響

　　中國歷史上的宗教必須依附、適應宗法制度而生存發展，即不改變宗教自身性質（核心是神的觀念）為前提，對可適應的宗法成分，又必須從教義、教規作出相應的正確性解釋，使之「宗教化」。宗法制度只作為宗教的從屬部分存在，並不改變宗教的一切基本特徵；然而，正是這種一定程度的適應，無論對本土宗教的生存發展和外來宗教的立足發展，在一定意義上起決定作用，也是宗教具有的社會適應

性的體現和運用。道教把以神權為鞏固宗法制度、強化王權服務放在重要位置。道教的道德觀中，有關維護天、地、人三個方面的綱紀，人的綱紀就是宗法倫理「三綱五常」。道教道德規範中，吸收融合有宗法內容，如：「諸欲修道者，務必臣忠，子孝，夫信，婦貞，兄敬，弟順。」【37】然而，宗法倫理的吸收，並不改變道教的神仙信仰、長生久視、順應自然，與道合一等基本意識形態。佛教的本土化過程，也是不斷吸收、融入宗法思想的過程。封建社會後期出現儒、道、釋進一步融合的趨勢，有些名僧積極宣揚佛教教義融入一定的宗法倫理的必要性，有的把「五戒」與宗法「五常」相題並論。宋名僧契嵩說：「夫不殺，仁也；不盜，義也；不邪，禮也；不飲酒，智也；不妄言，信也。」【38】這些內容均絲毫未改變佛教的緣起性空、四諦、八正道、十二因緣、三法印等基本教義思想。伊斯蘭教作為外來宗教，傳入中國後，逐步形成了帶有強烈民族化性格的宗教，一個重要原因就是在「萬物非主、唯有真主、穆罕默德是主的使者」的信仰原則前提下，融入了宗法思想和制度，如把子女孝順父母、夫妻互相敬愛、長幼互敬、兄弟和睦、朋友忠信概括為「五典」，與宗教功課「五功」（念、禮、齋、課、朝）相並列，使宗教的虔誠與宗法社會倫理道德相統一，增強了宗教及民族的凝聚力。部分地區實行的門宦制、嫡長子繼承制，更有著明顯的宗法影響。基督教亦無例外，唐、元曾兩次傳入，都主要由於未與包括宗法制度在內的傳統文化相結合，而格格不入不能立足持久，明末第三次傳入，從研究「天主教教義的儒學化」入手，正是吸取以往教訓，抓住了立足的關鍵。他們尋找到東西方文化的溝通點，如宇宙主宰：基督教的上帝和中國的昊天上帝；愛：基督教的為「兄弟捨命」、「愛仇敵」與中國的「仁者愛人」，「兼相愛」、重精神道德；基督教的「祈禱，懺悔」，「以上帝的道德標準」與中國的「反身而誠，慎獨克己」、「以道為天」等。傳教士學習通曉

中文，尊孔讀經，改飾儒服，廣交朝野儒士名人，熟悉中國風俗禮節，容納祭祖祭天，同時介紹西方科技文化，因而受到朝廷的寵遇和士大夫的歡迎。「儒學化」作為傳播的敲門磚，並未改變基督教的「三一論」、「贖罪論」、「終極論」等神學核心思想，只是進行了非本質的糅雜和適應性的裝飾。

2.宗法制度是各教相互競爭中爭論圍繞的主題

在中國傳統社會中，各教，主要是佛道教之間，始少倨在競爭中爭生存發展。這種競爭，一般不表現為武裝衝突（不具備武裝衝突條件），而是表現為爭論、辯論，以至攻訐。主要圍繞對反映外來宗教的外來文化的褒貶，一個主要衡量標準即宗法思想、宗法制度。佛教傳入後首先遇到的就是沙門是否跪拜帝王等一系列宗法禮教。東晉、南北朝時期，佛、道教雙方即曾進行過較長時間的激烈爭辯。道教一方攻擊佛教如「剪髮曠衣」，「毀貌易性」，「下棄妻拏，上絕宗祀」，認為「道教適用於華域，佛教適用於夷邦」，反對「以中夏之性，效西戎之法」，【39】有的攻擊佛教三破（入國破國，入家破家，入身破身）。佛教一方則尋找兩種不同文化之間可連接點作為不悖於宗法之道理進行辯解，如「釋氏之訓，父慈子孝，兄愛弟敬，夫和妻柔，備有六睦之美。」【40】沙門「是方外之賓」，「不處於王侯之位，亦已，協契皇極在宥之民。」沙門雖「不得與世典同禮」，然而「內乖天屬之重而不違其孝，外闕奉王之恭而不失其敬」。【41】對此作調和性解釋。有的提出聖道「無近無遠，不偏不黨，不分夷夏」。外來佛教正是在競爭中實現的本土化。

3.宗法制度對宗教的吸收

中國傳統社會的宗法性，會適度吸收融合佛、道教為主的宗教思想而不斷深化的過程，在封建社會後期尤為明顯。

宋明理學就是吸收、融合的產物。宋明理學把宗法倫理本體化，

上升為「天理」，如朱熹說的「君臣、父子、兄弟、夫婦、朋友，豈不是天理。」【42】因此，「應對，酬酢、食息，視聽之頃，無一而非理者，亦無一之可紊，一有所紊，天理喪失矣。」【43】王守仁說的：「學者學聖人，不過是去人欲而存天理耳。」【44】這種把宗法制度進一步絕對化的禁欲主義思想中所內含的一定的神秘性的「天理」和僧侶主義的約束，宗教思想顯然是一個重要來源。

正是這種儒、釋、道融合的「天理」，適應於維護封建制度的需要。

隨著封建社會的消失，上層宗教信仰與民間信仰已失去依附體，然而上層宗教信仰、民間信仰所內含的宗教觀念，仍將作為宗教的土壤而長期存在。

表7-1　上層宗教信仰、民間信仰與系統化宗教的比較

	上層宗教信仰	民間信仰	系統化宗教
結構完整程度	不構成完整的系統化宗教結構要素，然而有較完整的宗教思想	不構成完整的系統化宗教	完整的系統化宗教結構
存在方式	依附於封建統治層	滲於民間宗族家族家庭中	獨立的社會子系統（次級）
與宗法制度連接程度	融於一體	融於一體	適度融合
功能	宗教與世俗雙重功能，從祭祀活動體現	宗教與世俗雙重功能，從祭祀活動體現	宗教功能服務於宗法制度，功能不僅體現於崇拜活動中

第二節　王權下的宗教

在中國傳統社會中，宗教與社會的互動，核心是宗教與王權政治的互動。「王權下的宗教」是對王權與教權各自地位及相互關係的概括。同處於封建社會歷史階段的中國和歐洲，在教權與王權的關係上有根本的區別。歐洲是神權政治下的宗教，宗教與統治者之間是以規定的一定的權利和義務相維繫，以神權作證；中國是王權政治下的宗教，神權本質上只是服務於王權的工具，教權從屬於王權。在整個中國傳統社會中，宗教與王權政治的互動，始終表現為圍繞著強化王權，宗教與統治層之間進行著借用、依托、扶植、順應、吸收、融合、限制、禁毀、反抗、衝突等多種形式的交叉和變化，影響著社會的穩定、衝突和變遷。

一、王權與教權的主從關係

中國傳統社會中王權與教權的主從關係是在中央集權君主專制制度下，以君主為代表的統治層同所有社會子系統所體現的君臣、主僕關係在宗教領域的反映，是宗教與政治的基本關係。

（一）君權至上是中央集權君主專制制度的集中反映

君權至上、朕即國家的中央集權君主專制制度，在中國歷史上較早即已形成和不斷完善。夏初的「帝」（后）已有大家長和君主的雙重含義，然帶有氏族社會部落首領痕跡，君權尚不集中。夏代中後期和商代所稱象徵軍權的戰斧戉（王），反映了君權的提高。周代稱「天子」，以「天」為本源，使神權與王權相結合，強化了君權的地位。秦改稱「皇帝」，秦嬴政以「德兼三皇」，「功過五帝」，合「三帝皇」

「五帝」而稱始皇（帝），標誌著封建大一統君主專制形成。「皇帝」這一王權與神權相統一，即人神統一化身的稱號，為歷代王朝承襲。

　　1.君權至上的絕對性、極端性體現於君主的最高地位和權力擁有

　　「王」字的形成，其內含標誌著王居於連通天、地、人的參天地的中樞地位，居於人間最高主宰地位和封建等級之頂巔，所謂「天無二日，土無二王，家無二主，尊無二上。」【45】

　　君主所擁有的最高所有和決策權力包括：

　　⑴最高的人身統屬權。「天子者，天下之父母也。」【46】天子和所有臣民皆父（母）子（女）、主僕、尊卑關係。

　　⑵最高的財富所有權。「普天之下，莫非王土。」【47】君主擁有最多的財富。

　　⑶一切行政、立法、司法等最高政治權力。律、令、典均「欽定」，「明王之所操縱者六：生之，殺之，富之，貧之，貴之，賤之。此六柄者，王之所操也。」【48】詔、誥、諭、敕乃最高效力的法律。

　　⑷認識的最高權威和最終裁決人。君主的認識和權力「一體化」。君主不僅是崇拜對象，又是認識對象。君主有權「欽定」裁決認識。王權下基本上不存在其他獨立的認識主體。「一言興邦」「一言喪邦」，是對君權的充分估量。

　　2.思想大一統強化君權至上的政治大一統

　　漢以後歷代王朝基本尊尚的以儒學為主體的統治意識形態，是圍繞著強化王權這一核心而完善的。諸如：「貴賤有等、上下有序」的「三綱五常」，「君君、臣臣、父父、子子」的封建宗法等級，外在規範的「禮」，內在欲求的以「孝悌」為本的「仁」，道德本源的「人性本善」等系統的哲學觀、道德觀、政治觀相統一的理論基礎和行為規範，均起著強化君權至上的政治大一統作用。然而，君權至上的絕對

性、神聖性實際上受到多種社會矛盾的一定的約制，始終存在著集權與分權、以君王為首的上層統治集團利益與包括官吏、士紳、宗法群體的地方利益的矛盾與鬥爭，始終存在著合作與衝突，即在維護王權前提下，一定條件地保護地方利益。

（二）教權的從屬地位

中國傳統社會王權至上決定了不可能產生與君權相抗衡的教權。然而在王權至上的前提下，多層次宗教現象的存在，又決定了教權與王權的關係也存在幾個層次、幾種形態：

1.君權與教權融於一體

這一形態存在於上層宗教信仰中。歷代王朝都把「君權神授」作為維護君權至上性、絕對性、合法性的神學根據和理論根據。「君權神授」體現了神權與王權的統一，立足點是王權，神權乃王權在天上的影子。它所體現的宗教長期存在必然性的特點是，以「超人間的形式」所「幻想的反映」的「人間的異己力量」這種宗教意識形態維護王權，是統治者對「異己力量」的崇信、敬畏、依賴和利用，是中國傳統社會中宗教功能的發揮。君權既為神（天）授，君即為天在人間的代理人，由此天具有至上性。然而天（神）又不過是遙遠而模糊的崇奉對象，現實而具有絕對權威的乃是神格化的人，即天子。因此，王權才具有真正第一位品格，神權不過是王權的護身符。「君權神授」的「授」，不過是「依存、利用」的「神聖化」。這與西方宗教的神權至上，以人格化的神來維護神權，神權真正高於王權迥然不同。神權與王權的互動還表現為神權與王權互為依存，即：王權依靠神權而鞏固，神權依靠王權而延續。上層宗教信仰具有的王權與神權相融合特徵，並不構成國家政權的政教合一，中國歷史上從來都是政教分離，不存在全國性的政教合一。上層宗教信仰既然不是完整的系統化宗教，神權在這裡只是宗教觀念、宗教功能的體現。歷代帝王是作為世

俗政治首腦，而非政教雙重領袖司掌具有宗教與世俗雙重性質的祭天活動。

2.教權從屬於王權

佛教、道教、基督教等系統化宗教均屬這一類型。系統化宗教在中國傳統社會中的次級社會子系統地位決定了其發展的限度。這與西方一些國家存在宗教極度發展條件、以至上升為國教不同。佛教從漢代傳入，至隋唐而實現本土化，只有短暫的鼎盛，並經歷過多次起伏，宋元即開始衰落。道教雖為本土宗教，形成緩慢，發展程度遠低於佛教。基督教唐元兩度傳入，均曇花一現；明末第三次傳入，也只存在一百多年，近百年來能在全國傳播，乃由王權衰落、屈服於帝國主義列強侵略的結果。

3.地區性有限的政教合一

這是某些少數民族聚居地區政教關係的特點。在這些地區，從局部看、政教均衡或教大於政，然地區從屬於王朝中央政府，從全局看，仍政大於教，君權高於教權。不同地區形態亦有差異，西藏即是中央君權下的地方政教合一體制，從十三世紀藏傳佛教薩迦派建立全藏性的政教合一政權，清朝正式冊封達賴、班禪，建立地方噶廈政府，完善政教合一體制。朝廷在授權達賴管理西藏事務的同時，委派駐藏大臣作為君王代表，處理一切重大事務。伊斯蘭教的掌教制度，唐宋傳入初期在海運交通幹線城市穆斯林商人（蕃商）聚居區設立的蕃坊穆斯林，政府任命蕃長（卡迪），就是有限的政教合一，蕃長的權力僅限於宗教事務及民事糾紛，刑事案件則歸地方有司。元時在中央設「回回掌教哈的所」，回回較集中地區設哈的。哈的既是政府官員，又是宗教首領，也是民族的首領，因而兼有政教合一與民族自治性質。宗教是作為回族穆斯林自己的民族事務。明以後，教職制度又從卡迪掌教制度、伊瑪目三掌教演變為阿訇掌教制。新疆維吾爾族伊斯

蘭教的政教合一，政權、教權與民族自治的融合突出了政權的功能，縣以上設宗教法庭，由高級阿訇擔任，按伊斯蘭教法典處理一切民事案件。

二、宗教與王權政治的互動

中國傳統社會中系統化宗教與王權政治的互動關係，具有以下一些特點：

（一）適應與不適應的雙重性

宗教作為中國傳統社會上層建築的組成部分，與作為上層建築核心的王權政治制度可相適應或不相適應，即宗教與王權政治之間是否具有互動的必然性和驅動性，歷史發展過程的回答是肯定的，即，宗教與王權政治的關係有兩重性：可以相適應，實現一體化，是基本方面；不適應是另一方面客觀存在。

1.兩重性的客觀必然性

宗教與王權政治可相適應，根本上是由宗教存在的必然性所決定，是從君王到臣民對超自然力量的畏敬和精神需要。宗教與王權政治的不相適應，根本上則是由於所強調的出世、天國、彼岸、來世的宗教神學思想與強調入世、人間、此岸、今世的傳統意識形態存在矛盾；反映外來文化的外來宗教與本土文化存在矛盾；宗教與階級鬥爭有一定的關聯，宗教可為階級鬥爭各方所利用；蘊藏階級鬥爭的宗教與民族的矛盾交織等。

2.可相適應的主觀因素

宗教與王權政治能否相適應，還與宗教自身的主觀因素（自身再生機制能動地運用）相關聯。即宗教在其意識形態的核心（神學的根源，如上帝、真主、神明）以及特有的社會功能均恆定不變的前提

下，進行某些非本質的社會適應性的變化程序，包括神學的思想形態、生存條件，對所在社會的態度、組織領導等變化。

歷史上各個宗教的生存、發展、衰落、消失過程證明，諸多因素中，其自身再生機制的強弱占有重要地位。佛教傳入中國，出現八大宗派後，再生機制的強弱就成為各派持續發展的關鍵。禪宗就是由於再生機制最強，能適應強化王權政治的需要和民間低層次文化素質的群眾的接受程序，吸收儒、道文化（如性善論、良知說、人皆可為堯舜、任選自然），推行簡便修行方法（頓悟），並與勞動生產相協調，因而持續到現代。淨土宗在宋以後會通「禪、教（禪宗外諸宗）」也得以發展。密宗則是與民族相融合而生存發展。佛教其他諸教派，或因宗教思想與中國傳統文化相徑庭，或因經文、戒律深晦煩瑣，而不能持久。自宋代沿續到明清以後，中國漢地佛教實際上已逐漸發展為以禪宗為主體的融合型的佛教。

3.適應與不適應的轉化

宗教與王權政治的適應和不適應兩個方面的主導與非主導地位，會在一定條件下轉化。一般情況下，這種轉化只發生於某一宗教、教派或地區，對整體的關係不會產生大的影響。

（二）借用、順應與社會穩定

在中國傳統社會中，宗教與王權政治的相適應是通過互動而實現。互動的基本形式是借用、順應。借用是指統治者一方，借用宗教為強化統治服務；宗教一方依靠王權而生存發展。順應是適應於借用的需要而進行的調適。借用、順應均具有雙向性，然而統治者一方主要體現為借用，宗教一方主要體現為順應。借用、順應的進行，總的起著穩定社會、維護封建專制制度的作用。統治者對宗教的借用度及宗教對統治者的順應度（依附度、服務度），常與王朝上層統治與地方

力量的消長相關連。

1.借用、順應的主要功能是強化王權政治

宗教為強化王權政治服務的特點與其他社會子系統不同，它是借超自然力量而賦予神聖性。各個教派雖有些不同特點，其共同點：

(1)強化君權神授觀

中國傳統社會是以上層宗教信仰中的「天」（神）作為「君權神授」、強化君權的主體。這種君權神授觀，是古代社會從分割走向大一統在觀念上的反映，即至上神觀念從商周時的「天帝」，春秋戰國時轉化為「五帝」（即黃帝、太皞、炎帝、少皞、顓頊）漢武帝時再轉化為象徵至上王權的「太一」天神（五帝降為太一之佐），形成了新的「天（太一－天神）人（君王）合一」觀。系統化宗教出現以後，神學思想對「君權神授」的強化起著對上層宗教信仰」君權神授」功能的陪襯和補充作用。道教在這方面的功能最為明顯，道教的形成、完善，這方面有較強的適應性是一個重要原因。道教最早的經典《太平經》中就提出「帝王，天之子也；皇后，地之子也；是天地第一神氣也。」南北朝時道教這方面的能動作用很明顯。北朝時天師道托言太上老君傳有《錄圖真經》，受命奉持真經「輔佐北方太平真君（即指北魏太武帝拓跋燾），正適應了拓跋魏入主中原的需要，因而受到北魏統治者的重視，太武帝曾在平城設天師道場，親臨受籙。南朝茅山道士陶弘景，也是以讖言「山丑木，為梁字」【50】奉表在征戰途中的肖衍，以「應運之符」顯示肖將取得政權為神授，從而贏得肖的恩禮，唐李淵在奪取政權過程中，絳州大道堡道士吉善行托言太上老君降世顯靈，李淵將作皇帝，為「君權神授」的前奏，正適應了李姓唐朝借用道教的政治需要。從唐太宗正式宣布為老子後裔，隨後對老子的神化逐步升級，不斷封爵加號，如唐宗室聖祖，玄元皇帝、大聖祖玄元皇帝、聖祖大道玄元皇帝、大聖祖金闕玄元天皇大帝等，宣傳「君權神授」使

道教在唐代一度蓬勃發展。

⑵強化占統治地位的意識形態

中國傳統社會的統治意識形態的發展與完善，是吸收、融合了佛、道（家、教）思想而完成的，即統治意識形態基本上是以儒學「內聖外王」之道為主體，佛、道思想為輔翼。「天人之學」是儒學與佛、道思想的溝通點。儒學吸收了佛、道有關宇宙論、認識論、心理學、邏輯學等方面的某些思維方法和知識。歷史上曾發生過多次的儒、道、釋孰優孰劣的辯論，就是互相融合、吸收的過程。從漢至魏晉南北朝，適應於封建王朝從大一統到分裂後。恢復大一統的需要，經學思潮轉向深層次地批判初期大一統需要的玄學。玄學從宇宙論進入本體論，經學進入思辨，是融合了佛、道思想及老莊哲學思想的「外儒內道」的儒學。佛教則從依附黃老進而依附玄學。大乘佛教依附玄學闡發般若學的「六家七宗」，既是佛教思想對玄學的吸收（以玄學闡釋「空」），又是作為統治思想的玄學吸收佛教思想而發展。適應於封建制度衰落、持續維護王權政治的需要而出現的宋明理學，是統治意識形態對宗教意識形態的新的吸收、融合。宋明理學吸收了釋、道哲學的思辨性，特別是吸收禪宗的「性命道德」之說，形成與新道教、新禪宗的「性命之道」相溝通的「心性之學」。宋明理學（無論是程朱「性即理」或陸王「心即理」）以理作為「宇宙的根本」及「道德的本原」，把以「三綱五常」封建倫理道德本體化，以此論證封建制度的合理性。宋明理學強調的「存天理、滅人欲」的禁欲主義的道德意識、自我認識和實踐修養，顯然滲有宗教僧侶主義，是具有宗教功能的世俗意識形態。宋明理學的「人皆可為堯舜」的道德實踐和目標，通過「知禮（理）成性」「窮理盡性」達到「心統性情」、「成聖誠明」，與禪宗的「頓悟成佛」道德心理有世俗與宗教之別，卻有超現實彼岸的共同點。「存天理、滅人欲」原來是為抑制君權的過分膨脹而

發，實際上反被用於強化王權，增強臣民的依附性。

伊斯蘭教在強化王權方面的作用與其他教有所不同，有其特殊性。主要不是體現於上述的共同點，以教義思想與傳統文化相結合，而是體現於經濟活動和政治活動的直接參與，文治武功的成效。隋唐之際，伴隨著伊斯蘭教的傳入，善長於商業活動的穆斯林成為中國與阿拉伯國家之間經濟、外交往來的重要紐帶。南宋國勢虛弱、國庫空虛，穆斯林的經濟活動，市舶之利一定程度上支持了搖搖欲墜的王朝。伊斯蘭教政治活動的參與作用在元代十分明顯。元代蒙古貴族征服中亞、歐洲所組織的「西城親軍」中，有相當數量的信奉伊斯蘭教的阿拉伯人、波斯人、中亞各族人被編入「探馬赤軍」，他們跟隨忽必烈征戰，統一中國，開國有功，因而受到元統治者格外的重視，包括穆斯林在內的色目人的政治地位僅低於蒙古人。一部分上層人士倍受統治者重用。回回人阿合馬，曾領中書左右部兼諸路都轉運使，執掌財賦大權，後又擢升為中書平章政事，「授以政柄，言無不從。」【51】輔佐丞相研決軍國大事。

2.容留並存是借用、順應的主要形式

在中國傳統社會中，王權政治與宗教的互動大多數時期表現為借用與順應的關係，體現於國家對宗教採取「容留並存」的方針，即國家對凡所承認的宗教，均允許在規定的一定限度內存在與活動，作為社會的一個子系統對待，發揮其一定的功能，但不允許上升為國家宗教，更不允許超越王權。國家對宗教「容留並存」，首先是統治者對宗教的需要；其次，王權下的宗教的發展存在局限性，不足以膨脹到與國家相抗衡的程度。各個教之間雖有矛盾和鬥爭，主要是在共同依附順應王權下和平共處，求生存發展。

「容留並存」有以下特點：

(1)兼容並存中有主有次

歷代王朝從來都把統治意識形態列為首位，以儒為先，然後序各教，提倡尊孔讀經。從漢武帝獨尊儒學到唐頒《五經定本》，直到清代，尊孔均為國家頭等大事。除了部分少數民族地區，宗教神學從未納入過國家的正規教育之中。歷史上雖常有儒學與佛、道教等宗教思想相對比，實皆以儒為先，其次是佛、道二教地位高低的較量，其他教或因勢力微弱，影響面小，存在時間短暫（如摩尼教、祆教、景教）或只在部分地區成為主要信仰（如伊斯蘭教），或大量發展的時期很晚（如天主教、基督教），都不具備抗衡力。主次先後，決定於統治者的政治需要、宗教觀念的濃淡和各教的順應力、競爭力以及對王朝的影響等，最終在於「欽定」。歷史上佛、道發生過多次次序變換，佛居道先多。唐代是各教並存發展的興盛時期，據《兩京新記》記載：當時長安除有大量佛、道教寺、觀，還有景教寺2所，祆教寺4所，高宗時諸州均立景寺，代宗批准摩尼教立寺，並賜額「大雲光明寺」，廣州還有婆羅門寺。伊斯蘭教除長安有一座清真寺，海運幹線一些城市還有「蕃坊」。唐高祖於武德八年下的詔書中列「老先、次孔、末釋」，顯然是「君權神授」政治需要的公開宣告。唐太宗闡明了統治者對待儒、佛、道的真正態度，「朕今所好者、惟在堯舜之道，周孔之教，以為如鳥有翼，如魚依水，失之必死，不可暫無耳。」【52】他在貞觀十一年的詔書中提到「道士女冠宜在僧尼之前」，是因為，兩教雖有共性，「老君垂範，義在清虛，釋迦貽則，理存因果，求其教也，汲引之跡殊途，窮其宗也，弘益之風齊致。」然而，道教為「本土之教」，能「經邦致理，返樸還淳」，佛教「基於西域，神變之理多方，報應之緣匪一」，「天下大定，實賴天為之德」，因此，「宜有改張，闡此玄化」。說明白了，乃「今李家據國，李老在前，釋家治化，則釋門居上。」【53】

(2)扶植與虔侫

這是對統治者對宗教容留借用程度的兩個層次。歷代王朝絕大多數對待宗教基本上屬於「扶植」這一層次。儘管不同時期對不同教派的扶植程度有差別，大體上採取兩類扶植方式：

一是物質方面的扶持。如支持修建廟宇、宮觀、塔象，翻譯、刻印經書，扶植宗教提高發展，是常見的形式，也是宗教生存發展的重要的外部條件。以宋、明對佛、道的扶植為例，宋、明大多數帝王崇道亦崇佛，宋太祖趙匡胤曾派行勤等一五七人到西域留學。每人賜錢三萬；支持刻大藏經《開寶藏》；耗資百萬重修同州龍興寺舍利塔。宋太宗趙昊親創譯經院，派遣朝廷大員充任譯經使，組織一批僧人翻譯佛經，並行效唐太宗撰《新譯三藏聖教序》，敕令以重資在開寶寺建了舍利塔，並親自安放舍利。和尚出身的明太祖朱元璋，諳於佛、道教，認為「僧有禪有教，道有正一有全真。禪與全真務以修身養性獨為自己而已，教與正一專以超脫特為孝子慈親之設，益人倫，厚風俗，其功大矣哉。」【54】登基之始即親自召集僧人，舉辦法會，免費發給僧尼度牒，為大寺院選派住持，並每年都去大寺院召見僧人，詔天下沙門講《三經》(《心經》《金剛經》《楞伽經》)及如何趕經懺作佛事。對道教尤為重視，稱帝前一年，即命龍虎山四十二代天師張正常舉辦隆重道場。明成祖朱棣對佛教，曾撰有《神僧傳》；對道教，因全真派道士曾為其奪位製造讖言「逐燕日高飛，高飛上帝畿」(朱棣原為燕王)，即位後又進獻《大和山祥瑞圖》，兆武當山出現祥瑞彩雲，北方真武大帝顯現。朱棣乃命三十餘萬人大營武當山，賜名「大和太岳山」【55】，並賜正一天師銀印，秩視二品。

二是重用、禮遇宗教上層人士。宗教上層人士地位提高，本教派社會地位也相應提高。如元代對立下汗馬功勞的回回的上層人士倍加重用，先後有四十九人被任命為中央和地方政府丞相、平章政事。在

地方政府中任達魯花赤的就更多。明代對道教上層人士的禮遇重用有過之。從明太祖開始，即禮遇重用道士丘玄清、張正常、張三豐等多人，到憲宗、孝宗、世宗時越來越多也越濫，如孝宗時道士邵元節曾受一品之恩，「歲給……祿米百石，以校尉四十人供酒掃，賜莊田三十頃，蠲其租，又遣中便建道院於貴溪，賜名仙源宮。」【56】爵至禮部尚書。清代前期即採取了禮遇重用蒙藏宗教上層人士團結蒙藏民族而強化封建一統。開國不久，即先後冊封達賴五世為達賴喇嘛，班禪呼圖克圖為班禪額爾德尼。乾隆帝令在承德建普寧寺、普樂寺，為蒙藏王公貴族進觀和禮拜奉佛之用，並特為班禪六世建須彌福壽廟。公元一七七八年，班禪六世進京慶祝乾隆七十壽辰，乾隆派大員攜重禮親往迎接，於承德仿札布倫寺建了一座大喇嘛廟供班禪六世誦經起居用，多次賞賜達數十萬兩銀珠寶財物。班禪六世在京圓寂，乾隆命在西黃寺建清淨化城，葬其衣冠經書、冊封其兄、弟，並派人員隨同護送靈櫬至扎什倫布。如此隆重禮遇，正是為了「俾滿所欲，無二心焉。」【57】

真正達到對宗教虔佞的帝王屬少數。虔佞不同於對宗教一般的崇信。虔佞表現為對宗教的虔信與熱衷達於潛心、迷戀程度；崇信仍然務政，虔佞則疏政以至不政。統治者對宗教虔佞時期，宗教由於受到格外扶植，會出現一個時期較大的發展。東晉、南北朝時期即很明顯，帝王多屬崇佛，東晉元、明、哀、簡文、孝武帝等經常請僧入宮講《般若經》，或親去佛寺聽講經，或在宮中立精舍，引沙門居住修法。南北朝時，帝后經常禮佛願，請僧進宮講經，帝王還親自主持大講經會，或親自講經。梁武帝肖衍則屬佞佛，不僅潛心於和支持佛教教義研究，著書數百卷，還大量靡費支持寺院發展，建康一地的寺院就從東晉時的三十七所增到七百所，僧尼十餘萬，還早晚到同泰寺禮拜，屢設救苦齋、四部（僧、尼、善男、善女）無遮會、無疑會，在

會上講經，而且四次捨身同泰寺為奴，群臣出資四億贖回【58】。北宋真宗、徽宗亦以佞道著稱，經常採用道法祈福禳災，除妖驅邪，尊道教神趙玄朗為王室始祖，自稱是上天神霄王清王降世，為「教祖道君皇帝」。道教在帝王的特別扶植下又一次走向鼎盛，然而宗教方面的大量耗費，更無力抗御南下金兵。明世宗也屬佞道，一生沉溺於建醮、青祠、追求「長生」，「不齋再醮，月無虛日」。在位四十五年，有二十七年不視朝，只跟臣民百姓見過四次面。

(3)借用、順應的雙向性

在中國傳統社會中，宗教的生存發展及功能發揮與宗教和統治者之間的借用、順應的雙向互動程度相同步。雙向互動決定於驅動力的強度。統治者對宗教的借用，本質上都是在不同程度的宗教觀念支配下的行為。唐太宗曾自稱對宗教崇而不信，應該說歷代統治者對於宗教完全不信是不存在的。所謂「崇而不信」，只是對某個教有不信或信與不信的相互轉化，並不是從總體對宗教的不信。「崇而不佞」則是存在的。唐太宗曾稱「神仙事本虛妄，空有其空。」批評秦始皇「非公愛好，遂為方士所詐」，漢武帝「求仙」「無驗」【59】，還批評南朝梁氏父子「惟好釋氏、老子之教，致使國破家亡」。【60】這顯然只是批評離開了強化王權前提的對宗教的過分崇信。唐太宗就曾親為其母穆太后追福造慈恩寺；對歷經十七年艱辛從印度取回佛經657部的唐玄奘，不僅親自召見，還在親撰的《大唐三藏聖教序》中盛贊玄奘「早悟三空之心」，「引慈雲於西極，注法雨於東陲，聖教缺而復全，蒼生罪而還福」。晚年也是由於吃胡僧長生藥而死。唐太宗對宗教的態度，應是對「崇而不信」很好的解釋，很有代表性。

宗教對王朝的順應作用，很大程度上是通過對宗教上層人士的能動作用體現。統治者對宗教的重視程度及宗教在某一時期的發展程

度，常與宗教人士的作用分不開，甚至宗教人士在一定程度上起了決定性作用。晉代佛教的興起，與三大僧人釋道安（傳播佛教思想）、鳩摩羅什（翻譯佛經）和佛圖澄的作用分不開。佛圖澄為後趙石勒、石虎政權奉為「神僧」，參與軍政大事。在後趙政權的扶植下，佛教在北方發展很快，建寺893所，前後門徒萬人，加快了佛教的普及和本土化。又如全真道從元代興起，發展成為道教的兩大教派之一，除了革新教義，適應了儒道釋進一步融合的新形勢外，上層人士的順應作用也是一個重要原因。在金元交替時期，全真道創始人王喆的弟子丘處機等，起初被金世宗、章宗召見，以後由於丘處機以七十餘歲高齡，率十八高徒長途跋涉，接受了在征戰途中的成吉思汗召見，以道家清靜無為、敬天愛民、戒殺之旨相助，被尊為丘神仙。全國統一後，元世祖忽必烈封全真道所尊的王喆等五祖為真君，元武宗又加封為帝君，從而使全真道在燕京建立了活動中心，擁有可自由建造宮觀、廣泛收徒的權利，活動領域擴展到全國各地。

　　宗教與封建統治相適應，歸根結底是宗教內因所決定，即宗教的自身的再生機制的功能體現。宗教意識的社會適應性，是宗教的社會性的重要方面，而宗教道德又是宗教的順應作用方面驅動力最強的部分。宗教道德的善惡觀的兩個標準（宗教的、社會的）中，社會標準就是適應於穩定社會、強化王權的需要。無論是佛教的道德規範：自利利他、五善五惡、十善十惡、四攝六度等；道教的道德規範：戒害眾生、戒以強凌弱等；伊斯蘭教的與「五功」相並列的「五典」（子女孝順父母，夫妻互相敬愛、長幼互敬、兄弟和睦、朋友忠信）；基督教的「十誡」（順孝敬父母，不可殺人、不可奸淫、不可偷盜等）；這些倫理觀念和規範都與統治者的需要相統一。明太祖說過一句話：「景張佛教，世人因是而互相仿效，人皆在家為善，安得不世之清

泰。」【61】

　　3.借用與控制

　　歷代封建王朝為了維護王權統治，採取宗教、行政、法律相結合的手段，加強對宗教的管理，把宗教的規模及活動限制在有利於和不危害王權的允許限度內。管理寬嚴程度雖不盡同，多數基本上偏嚴，並形成比較完善的機構和措施。

　　(1)僧官制度

　　僧官制度是中國傳統社會中逐漸形成的在政（政府）管教（宗教）的前提下，以教（僧道官統治教團）管教（宗教）的機構體制，是中國傳統社會宗教管理的一個重要特點。僧官制度的發展完善是與君主專制中央集權政治制度結構從三公九卿到三省六部的發展完善相同步。秦漢時宗教事務尚無專門管理機構，而由職掌諸王侯與內附部族的封拜朝聘、宴饗郊迎之禮的大鴻臚（初稱典客、大行令）兼管。最早有記載的宗教管理機構是佛教。東晉皇始年間（西元396～397年），沙門法果為監福曹道人統，令綰攝僧徒。秦王姚興敕選道䂮法師為僧正，僧遷為悅眾，法欽、慧斌掌僧錄【62】北朝在齊時設立與太常、光祿寺平列的昭玄寺，設大統、統、都維那等僧官，州、郡、縣設沙門曹，並有鴻臚寺兼管部分宗教事務。北周始有道官記載，置春官卯，下有司寂、上士、中士、下士，掌道門之政。隋時正式把宗教管理作為鴻臚寺的主要職事之一，下設崇元署，專掌佛道教事。唐襲隋制，從德宗時，置左右街大功德使，下設道錄司、僧錄司，分管僧道；地方各州設功曹、司功掌理。對於其他宗教，由祠部下薩寶府管理。廣州等穆斯林僑商聚居區設都蕃長、蕃長管理。宋以後基本沿唐制。元設宣政院、集賢院掌佛道教，設崇福司、回回掌教哈的所等機構，掌握基督教和伊斯蘭教。在此期間，宗教管理機構的體系已基本形成，即：禮部祠部（祠祭司）為政府管宗教的職能部門，主要是管有關宗

教方面的政令頒布等宏觀事務；鴻臚寺管具體宗教事務，如僧尼簿籍管理，依僧律懲治犯罪僧人與僧官，主持建佛寺，雕佛像工程活動，代表宗教組織向國家要求經濟權益等。鴻臚寺有僧綱司、道紀司，州設僧正司、道正司，縣設僧會司、道會司。這種政府與宗教相連接的對宗教的雙軌管理制度，既體現了君權至上，又體現了作為封建社會子系統宗教具有一定的相對獨立性，宗教既不完全附屬，又不完全自治。

(2)較嚴格的管理制度

與僧官制度相配套，還形成了相應的若干管理制度，如：政府掌握官度僧道權，實行度牒和簿籍制度，控制宗教發展規模；寺、觀的管理制度等。唐開始建立嚴格的官度（敕度）僧道及簿籍制度。國家規定，凡度僧道，必須按照皇帝專門發布的詔令，由州縣主管部門掌握執行，嚴禁寺觀私度僧尼，凡違者，按《唐律》除本人及度之者論罪，知情家長、寺觀三綱以至州縣官吏亦連坐治罪。國家對官度僧，由祠部發給度牒，作為身份證明。僧簿籍三年一造，由州將已度僧尼法名、俗姓、鄉貫、戶頭、所司經書、配住人數等項填表祠部；受戒僧尼死亡，還俗，其度牒由寺綱維須於當天封送祠部。明太祖從開國之初，即清理釋道二教，三年一度給牒，限制出家人數和出家年齡，規定「凡僧道，府不得過四十人，州三十人，」「男年非四十以上，女非五十以上者，不得出家。」清乾隆時對全國僧道喇嘛進行清理。造冊，發給度牒，勒令一部分喇嘛還俗參加生產，限制強壯勞動力出家，規定「僧道喇嘛頒給度牒，其僧道素守清規者，止准收徒一人。」唐時對寺院管理即有若干規定，如寺觀內「不得留客居住」，「僧尼道士除非本師教主及齋會禮謁，不得妄托事故，輒有往來，非時聚會」，僧尼不得隨便「寓跡幽間，潛行閭里，或遠就山林，別為蘭若」，外出「凡止民家，不過三夜，出逾宿者，立案連署，不過三日，路遠者州縣

給程」，等等。歷代王朝因帝王更換等多種原因對宗教的管理有寬嚴、鬆緊的變化，但總的說來，宗教的活動與發展確有一定的限度。

（三）禁毀、反抗與社會衝突

中國傳統社會中，宗教與王權政治的不相適應，表現為在一定條件下出現的禁毀與反抗，反映了統治者與宗教的衝突的激化。宗教方面的禁毀與反抗，作為社會衝突的一個側面，對社會變遷起量的積累作用，有的對社會變遷產生較大的影響。

1.禁毀

禁毀是來自統治者一方對一教、數教採取嚴厲的打擊禁止措施，如強令拆毀寺（觀）聖像、沒收田地、勒令大批僧道還俗等。

(1)反映於宗教領域的外來文化與傳統文化的衝突的激化

佛、道教之間常常發生借助王權進行生存發展競爭的衝突。東晉南北朝時期是佛、道教重要發展階段，雙方依靠、借用王權力量的競爭衝突十分激烈，道士王浮所撰的《老子化胡經》開始了「夷夏之辯」。南朝帝王崇儒，扶植道亦敬佛，對儒道釋的矛盾採取融解方式，北朝則採取嚴厲態度。北魏太武帝由於聽信儒道聯合對佛教的攻擊「西戎虛誕，妄生妖孽」，「為世費害」，加上其他因素，斷然禁佛，先是下令殺了二個高僧，接著又下令殺了長安沙門，在全國廢佛七年。北周武帝時佛道互相攻訐，兩敗俱傷。武帝原崇佛，由於道士張賓利用北齊以來流行於北方的「黑衣之讖」（讖云：亡高（指北齊後主高偉）者黑衣（沙門披緇衣））散布換代言論，曾七次集中和尚、道士、儒士，辯論儒道釋優劣，佛道雙方會上吵罵不休，武帝詔禁佛道二教，將一些寺觀拆毀或賜與王公。也有外來宗教拒斥與中國傳統文化相結合而被禁：清朝前期發生於天主教的「禮儀之爭」即屬此。天主教明末傳入後，其不同教派對待中國傳統文化的態度各異，矛盾的焦點是

是否要適應中國情況，對教義教規進行一些變通，如是否「天主」、「上帝」並稱，是否可敬祖、祭禮等。羅馬教皇採取敵視、拒斥態度，堅持「純潔禮儀，維護教義，洗清異端邪說」。在《教廷禁約》中，對教徒立下若干禁條，如不許用「天」字，不許用「上帝」字眼，只許稱呼「天地之主」；春秋祭孔、祭祖大禮，不許作主祭、助祭之事，亦不許在此處站立；初一、十五不許入孔廟行禮；不許入祠堂行一切之禮；在家、在祭祖墳或逢弔喪之事，俱不許行禮；不許在家供牌位；等等。【63】從而激化了天主教與清廷的矛盾，清高宗連發兩諭禁天主教，將天主堂改公廟，「禮儀之爭」使天主教在中國的傳播沉寂於康、雍、嘉三期。天主教、基督教之所以能在十九世紀後半世紀將其勢力伸展到中國各地，則是依仗帝國主義列強的武力為後盾及清王朝政府懦弱腐敗、喪權辱國的結果。

(2)宗教勢力的過分膨脹

中國傳統社會中宗教與王朝的關係的變化，似有下圖所示的規律

以上規律適用於佛、道教等大的教派

有些小教派屬這種情況

至隋唐時，各教，主要是佛教和道教，已發展到相當規模。據《新唐書》記載，共有佛教寺廟五千三百五十八所，僧七萬五千五百二

十四人，尼五千五百七十六人，道觀一千六百八十七所，道士七百七十六人，女冠九百八十八人。佛道教中特別是佛教發展大，負功能開始上升，它們占有大量田地和財富，擁有一大批享受免服兵役、勞役、納稅等特權的僧道人員，有的名剎大寺還擁有僧兵等武裝力量，「天下僧尼數盈十萬。」【64】「凡京畿上田美產，多歸浮屠」，「十分天下之財而佛有七八。」【65】描繪雖有誇張，亦可見勢力一斑。宗教勢力的過分膨脹，經濟上、政治上對封建王朝的穩定、鞏固產生影響，上升至於一定程度，便成為統治者對某一教禁毀的重要原因。佛教比道教發展規模大，遭禁毀也比道教多，從唐到五代，連續發生禁佛事件。唐武宗滅佛，令拆毀山野招提蘭若四萬所，廢寺（朝廷賜名號的）四千餘處，僧尼還俗二十六萬五千人，釋放奴婢十五萬人，良人五十萬人，沒收良田數千萬頃，除奴婢每人給百畝，餘皆沒收充公；並規定西京留寺四所，每寺僧十人，東京留二寺，所有節度觀察使治州留一寺，僧照西京例，其他刺史所在州不得有寺。這次持續六年的滅佛，對佛教是最大的一次打擊。而且，緊接著周世宗既位伊始，又裁減寺院三千六百三十六所，毀天下銅像鑄錢，解決國力極度的匱乏。然而，「滅」佛並不意味著佛教的完全消滅，只是勢力受到相當大地削弱，宗教有其長期存在的必然性，宋代佛教院寺就又增到四萬多所，宋真宗時僧尼增到四十五萬多人。

2.反抗

反抗是指宗教或與宗教有著一定聯繫的一方對統治者採取的暴動、起義等反抗行為，歷史上某一個系統化宗教獨立組織的對王朝的反抗行動不多見，多表現為宗教的某些因素或變態與其他社會因素相融合，並多與階級鬥爭相聯繫的共同的反抗行動；因而一般不表現為單獨的宗教功能，而表現為複合功能，其強度、衝突面和影響常不亞於統治者採取的禁教行動。這種反抗行動甚至成為社會變遷的催化

劑。

(1)與農民起義相融合

宗教與農民和地主階級的矛盾及鬥爭之間的聯繫表現在：農民起義利用神權。神權在中國傳統社會中具有至上權威，統治者需要神授君權，被統治者同樣需要神授奪取君權，事例多不勝數。秦末陳勝吳廣起義，假托鬼神打出「大楚興，陳勝王」旗號。黃巢起義攻克長安，即以符命暗示天命「唐去丑」「口而黃」，天意「令黃在唐，乃黃家日月也。」【66】李自成在起義過程中，即打出「十八子，主神器」【67】旗號。

在宗教前期形成過程中與農民起義相聯繫。道教即屬此類，東漢時太平道以「蒼天已死，黃天當立，歲在甲子，天下大吉」讖語為號召，發展道徒，形成席卷全國的幾十萬黃巾軍，動搖了王朝的統治。東晉以五斗米道教主孫恩領導的農民起義，是統治階級內部矛盾與農民反抗地主鬥爭相結合，農民隊伍發展到幾十萬人，直逼建康，沉重打擊了門閥地主貴族勢力，加快了東晉的覆滅，也促進了道教的形成。

在宗教衰落消失過程中與農民起義相聯繫。如摩尼教即屬此類。摩尼教唐初期傳入時曾以「邪見」被「嚴加禁斷」；唐中葉借唐王朝對回紇參加平叛安史之亂有功給予禮優而得來到長安和內地傳教，一度發展成為僅次於佛教的一個大教；隨著唐王朝對回鶻的打擊，摩尼教也受到打擊取締。在逐漸衰落消失過程中，除了融入佛、道教外，由於摩尼教主張的「二宗三際」（明暗、善惡、過去、現在、未來）教義以及提倡節儉、善良、同黨相親、通財互助等，都易為群眾接受，因而流向民間，與農民起義相融合，發生多起摩尼教策動的農民起義。明太祖惡明教（即摩尼教）「上逼國號」，以「左道亂正之木」而予嚴禁，摩尼教自此在中國歷史上消失。宗教失去王朝的扶植，夭折

無疑。

　　攙合某些宗教色彩或打著宗教旗號的民間帶有一定政治性的組織與農民起義的結合。這是中國封建社會後期在農民起義隊伍中較為普遍存在的現象。由元末明初興起的白蓮教孳生演變成的數以百計名目眾多的教、會、道、門等組織，多打著宗教旗號，或攙合某些宗教色彩；與宗教雖有某些內在的聯繫，如受某一教的影響，或由游離出的僧、道為首發起組織的；然多不具備系統化宗教的完整的構成要素。一是隨意性：常隨聚隨散，無宗教群體的穩定性、規範性；二是東拼西湊雜亂的、低層次的教義：多抄襲、拼湊佛、道、摩尼等教的某些教義思想，如來自道教的「一生兩儀、二生三、三生萬物」，來自佛教的「彌勒」「三陽」「應劫」「九六原子」「龍華大會」等，編成了「三期末劫，無生老母、真空家鄉、彌勒降世、龍華大會、普渡歸根」等基本內容，以及簡易「修持」方法。它構不成反映自身特點的嚴密神學思想、教規教義。三是明顯的政治目的：多與農民起義融在一起，依附朝廷的是少數，絕大多數都被朝廷列為「以事論魔」的「邪教」、「妖教」而予以查禁。這類組織的活動，對統治者的反抗活動決定了以秘密活動作為保護手段，然秘密性不應是它的本質，本身具有破壞性的消極作用。這類組織具有正負兩方面功能。與農民運動相融是前期的重要特點，元末以韓山童、劉福通為首的白蓮教策動的紅巾軍農民大起義，隊伍曾擴大到幾十萬人，韓林兒曾一度被擁為大明王，稱國號「大宋」。曾參加紅巾軍的朱元璋，初利用白蓮教，繼以白蓮教「妖言」，紅巾軍為「妖寇」，「焚蕩城郭，殺戮士夫，荼毒生靈」，殺害了韓林兒，奪取了起義軍的領導權，並在明開國之始，對白蓮教遂即採取防範措施，於洪武十四年（西元1381年）編「黃冊」，發給僧道度牒，對「不循本俗，污教敗行的出家人」，把他們與僧道「並而居之」。明末李自成的起義軍中就有陝西興平等地的「妖教」數千人參

加，劉宗敏率領的別部，吸收了龍天道的一小股武裝。敲響了兩千多年封建專制制度喪鐘的義和團主力隊伍，是白蓮教的支派與義和拳武術團體的融合。這類組織中，少數屬於純進行封建迷信、騙取錢財、原始巫術活動。隨著封建社會走向消亡，這類組織許多演變成為新社會的敵對力量和消極因素。

(2)與民族矛盾和鬥爭相融合

這類鬥爭主要發生於宗教相融合的少數民族地區的同封建統治者的矛盾和鬥爭中，一般屬於階級鬥爭的反映，具有民族和宗教雙重性格，往往受農民起義的誘發而相呼應。清朝統治者由於對信仰伊斯蘭教的回回基本上採取「以回制回」「以漢制回」的帶有民族歧視壓迫政策，因而爆發了多起回族穆斯林反清起義。這種鬥爭起於清初，乾隆後期從秘密走向公開。乾隆四十六年（1781）和四十八年（1783）先後發生蘇四十三領導的陝、甘、青、寧地區撒拉族與回族人民的起義和田五領導的起義。隨著清朝政府的政策從歧視、懷柔轉為防範、高壓、利用、挑動內訌，從而加劇了矛盾。十九世紀中葉在太平天國運動影響推動下，在雲南、貴州、陝西、甘肅、新疆爆發了一系列回、撒拉、維吾爾等族人民的起義鬥爭，其中雲南回族杜文秀領導的回漢、彝、白族人民參加的反清聯合起義，堅持了十八年。同治三十四年（1864～1865）間，維吾爾族人民發動並聯合其他民族在庫車、烏魯木齊、吐魯番、和田、莎車、喀什、伊犁、塔城等地掀起了大規模武裝起義，在一定意義上成為太平天國運動的一個支流。

王權下的宗教，作為中國特定歷史階段，即傳統社會中宗教與政治的基本關係，是政治上不平等的社會制度在宗教領域的表現。這種不平等的互動關係，隨著中國社會制度發生根本變革而轉化為平等關係，宗教仍將作為新社會制度下的次級子系統而存在。上層宗教信仰雖消失，多層次宗教現象仍具有存在的長期性。這些都含有中國國情

所決定的宗教現象一定的繼承與延續。

第三節　宗教的人本主義傾向

與世界上各種宗教形態相比，中國歷史上的宗教大都是重人世的宗教。它們具備了這樣一些特點，如把修道成仙與覺悟成佛立基於人的主觀心性自覺之上，人的心性成為成仙成佛的根據與素材；它們並不為了神的目的而去貶低人的存在與人類生活世界，也沒有完全將此岸與彼岸、現世與來生割裂開來，從而徹底否定現世生活的意義，而是主張即俗求真，將人的成仙成佛安置於現實生活之中；在中國的各種宗教形態中具有明顯的世俗化的因素，尤其是它們歷史地包含了世俗倫理道德內容。

中國宗教的各種形態都有一種入世的精神，強烈地呈現出了一種人本主義的傾向。

一、傳統與人文

一般說來，世界歷史上的大多數宗教形態都將世界兩重化，它們把人與神，此岸與彼岸對立起來，通過貶低人來抬高神，否定人的價值、人的現世品格和現實生活的意義。但是中國的宗教卻並不完全如此，它們具有自身獨特的品格，如佛教，在其傳到中國以後就一改其在印度的傳統和特徵，成為一種體現人本主義傾向的宗教形態。這不能不歸結到中國文化傳統之上，並應由此得到說明。中國各種宗教的人本主義因素就是在中國文化人文精神的洗禮之下獲得的。

首先，中國文化天人合一的思維方式影響到了中國宗教的理論結構。

學術界相當多的人以「天人合一」來概括中國文化，認為中國文

化是圍繞天人之際的問題來展開其基本內容和論證方式的，追求天人之間的和諧與統一是中國人思考問題的出發點和終極目標。這種思維方式把天與人、自然與社會、主觀與客觀、主體與對象、理想與現實、理論與實踐等所有的方面都整合在天人合一的思維框架結構之中，對之作總體性的思考與把握，中國文化由此展現出對於形而上與形而下，道與器、自然與人為等之間的關係一種系統的辯證互動的看法。

在中國文化的天人合一思維結構中，天與人也可以說是兩個不同的世界，天可以被理解為價值世界或本體世界，但與西方文化不同的是，中國文化中的價值世界絕不是超驗的，遠離現實社會的東西，它恰恰是經驗的，存在於現實社會的經驗世界之中，並從中得到體現。如《易傳》說，道不離器，道在器中，器表現為道。《中庸》說道不遠人，不離器而言道，不離道而言器。同樣，不離人而言天，不離天而言人，道與器，天與人都被整合在一起，它們渾然一體。因而，對於道，對於天的肯定，都是從器，從人的方面來獲得的。

同時，天人合一還表現在對現實的人生的肯定上。中國文化則認為天人之間是一種異形同體結構，天人合一不僅僅具有可能性，而且具有客觀現實性，其根據就存在於人類本性之中。天作為價值之源與人類之本，它是完善無缺的，人來自於天，因而他也必然是完美無缺的。人性中自有為聖為賢的本性，人不是靠外來的救贖，而是靠自身的道德修養來不斷地完善自我。這樣就能最終使人性的光輝凸現出來，成為聖賢。至於現實生活中的人為什麼不是聖賢，並不是人性本身有什麼欠缺，而是現實社會生活的缺失與不完善遮蔽了人的完美的本性。這樣一種觀念，就把人的成聖成賢立於人類本性之上，是通過自身主觀的努力，修養身心來達到。根據即在人自身。

其次，以人文「化成天下」這樣一種重人世的精神構成了中國宗

教的基本內涵，奠定了中國宗教的獨特品格。

在中國文化史上，文獻中第一次出現「人文」的詞語，是在《易傳》之中，它說：「觀乎天文，以察時變；觀乎人文，以化成天下」【68】。從詞語本身來說，《易傳》中所提到的「人文」，按孔疏是指儒家經典《詩》、《書》、《禮》、《樂》所表達的思想內容【69】，孔疏認為在處理人際關係時應效法這些經典所制定的規則，以化成天下。當然，在中國文化中，所謂的人文實際上包含著更為廣泛的社會內涵，天文與人文相提並論，是中國文化人文精神的基本內容和品格之一。從文化史的角度來看，天文與人文之「文」所指的是紋理規則，引申而言是指自然與社會的秩序與法則，中國文化所注重的是從自然與社會的相互交融、動態互補上來展開其思想內容，這樣，就把人及其社會存在放到一個更為廣闊的自然世界的秩序中來加以考察，客觀的自然與主觀的人類自身相互依賴，嚴不可分，人生活於自然之中，自然又為人的目的服務。自然與人類社會的這樣一種關係其實是以人為中心的，因而人類社會的存在成為中國文化所關注的核心內容。中國文化從來不把自然界看作一個純客觀的物理的世界，對之作純客觀的研究，對中國人來說，自然界並不是一個純粹供人們認知的世界，它完全和人類生存及其生活目的相聯繫，所謂「正德、利用、厚生」【70】，就是指的這一點。

同時，以人文化成天下，自然與社會的交融互補中所反映出來的以人為核心，如果對這樣一種觀念進一步加以分析，不難發現，它所強調的是人的社會性。人是社會實踐的主體，而人之制禮作樂、宰制自然也只有在社會整體生活中才能完成。強調人的社會性，人作為社會整體中的一分子。這樣，一方面，人區別於動物，孟子人性論的全部意義就是看到了人的社會性，把人從動物中提升出來，認為人之所以為人，人之區別於動物的根本之點，就在於人具有仁義禮智四端之

心，有了它們，人就會在社會實踐中表現出外在的美善的行為，從而完善自己的人格，並由此去改造社會，實現王道政治。舉例說來，見到孺子入井，大家就會自覺地主動地去救他，因為人人都有惻隱之心；看到長輩自然會生出崇敬之心；這些都是人固有的，而區別於動物之本性。另一方面，人的社會性是強調把人作為一個類來把握，人不是一個個孤立存在的個體，而是類，是群體，因而必須從人際關係上來理解人。荀子就說過，人走不若馬，力不若牛，而牛馬為之用，究其原因就在於人是處於關係之中的群體，【71】正是這種群體性使人能充分地去駕馭牛馬，為我所用，從而真正成為社會實踐的主體。這樣一個實踐主體，有分工、懂禮義、治人辨物，制天用天。由這兩個方面來看，通過對人的本性的深刻認識，由此構成基本內容的中國文化，就歷史地包含了和諧，寬容，義務，責任，貢獻，仁愛等人文性內涵。

以人文化成天下，特別強調了注重現世的生活，注重現實的社會與人生，而對死後的世界則不作太多的考慮。如孔子就反復強調了這一點，他在《論語》中說：「未能事人，焉能事鬼」、「未知生，焉知死」。其實在孔子的思想中，其重心是放在現實的社會與人生上，在他看來人們首要關心的是今生今世的生活，而不是來生，不是鬼神世界，人們在現實的社會生活中盡到責任，努力為善，完成有意義的人生。

復次，神道設教的文化精神強調的是宗教所具有的社會功能，這一點成為理解中國宗教形態關鍵之處。

以孔子為代表的中國文化所具有的現世主義品格，把重心放在現實的社會與人生上，而不太關心死後的鬼神世界，但是這不是說不需要一個鬼神世界，即便是孔子本人也並沒有徹底否定它的存在，對於祭祀的過分重視就表明了這一點，如他說「祭如在，祭神如神在」，對

於這種宗教祭祀活動始終保持著虔敬莊重之心，孔子本人則是入太廟，每事必問。而且當他的學生表示要去掉告朔之禮時，他極力加以反對。

中國文化既注重現世的精神，而又保留宗教的存在，這樣一種雙重性格，實質上是對宗教的一種新的理解。中國文化對於宗教的解釋，主要不是在神學的意義，不是它的信仰體系和祭祀活動本身，而是它的社會功能上，尤其把宗教理解成一種與儒道文化相一致的教化形式，這就是神道設教的思想傳統。所謂「觀天之神道，而四時不忒；聖人以神道設教，天下服矣。」【72】這就是說神道是存在的，但在中國文化看來，神道本身可以用來教化百姓，聖人就是利用神道來設教，以治理天下，因而可以看出，所謂神道設教，強調的是宗教的人文性因素，它所著眼的是宗教的教化作用。對此孔子本人是說得很明白的。《論語》中有如下一段對話：「或問禘之說。子曰：不知也，知其說者於天下也，其如示諸斯乎！指其掌。」【73】禘是王者祭祀祖先的祭禮。有人問孔子，什麼叫做禘這種祭禮，孔子回答說不知道，接著他就發揮了神道設教的思想，說禘這種祭禮和治理天下有關，因為它所隱含的道理可以用來治理天下。由此可以看出，孔子並不關心禘這種祭禮的儀式或者信仰，他所關心的是通過這種儀式來發揮它的社會功能，把它和治理天下結合起來。

神道設教的傳統，既然強調的是宗教的社會功能，而不是鬼神的權威，也不是宗教祭祀活動的神學意義，那麼它必然是要建立在人的內在心性的主觀自覺上，這樣，在宗教信仰與祭祀活動中，主動權就不在作為對象的神靈一邊，而是由人來主宰，它只能表現為一種人的誠服虔敬的心態。《中庸》講「事死如事生，事亡如事存。」《中庸》還說：「使天下之人，齋明盛服以承祭祀，洋洋乎如在其上，如在其左右。」《禮記‧祭統》則說：「崇祀宗廟社稷，則子孫順孝。盡其

道，端其義，而教生焉。」這種種表述所強調的都是人的主觀態度，它必須誠服虔敬，而不能淡泊，這就使得敬天祀鬼的神道活動一轉而為人們自盡其心的人道表現。

神道設教思想其實是一個矛盾的體系，既然神道是聖人為了教化百姓而人為的創立出來的，講述聖人如何創設政治制度、典章文物以治理天下的道理，因而，在中國的聖賢們看來，不管人們是否承認有一個神靈世界的存在，但假設存在著一種宗教，那麼顯然它對治理天下，教化百姓是有用的。這樣，一方面，宗教神道是人為設立的，它的用處是在社會功能上，為教化百姓、治理天下服務，就沒有一點神秘的因素，相反理性主義是其核心內容，而且在宗教神道中，諸如神與人、彼岸與此岸，今生與來世也並沒截然分為兩個方面。另一方面，聖人既然設立了宗教神道，它就必須具備宗教的形式與內容，祭祀活動也就不能缺少，並且要起到作為宗教本身所起的作用。神道設教所包含的神道與教化兩個因素正好反映了中國文化在解釋宗教時所反映出來的基本矛盾和本質特徵。人們在神道與教化兩個方面可以各取所需，所謂「君子以為文，百姓以為神。」【74】並且神道與教化兩個因素又組成了一個統一體，不管是以為文的君子，還是以為神的百姓，都認為神道不可或缺，也都認為神道的功能在於教化，神道與教化這矛盾的兩個方面在中國特有的文化背景與思維結構中又統一在一起。

最後，中國文化的人文性傳統是歷史形成的，由此可以說明植根於這種文化土壤中的中國宗教，它的人文化是以一種文化史程作為支撐，有著堅厚的基礎。

人類社會的史前時期普遍流行神人合一，神人同構的巫術宗教文化氣氛，我們的祖先也不例外，他們的一切無不打上史前巫教的烙印。早期的人類是用神秘的巫教觀念和神人合一的思維方式來看待他

們所生活於其中的自然、社會、人類自身及其相互關係的，宗教並不是簡單地用來作為教化的工具，而是和整個社會生活的整體及其各個方面密切結合在一起，宗教是史前人類的一種生活方式，一套價值觀念，及其認識方法。可以這麼說，除了巫教系統外，就不可能有別的文化形態的存在。

隨著社會生產的發展和人類思維能力的提高，進入人類眼中的神靈，影響人類生活的東西越來越多，於是出現了對之進行重新整理的必要，這樣就產生了宗教與社會雙重變革的要求。【75】在顓頊「絕地天通」【76】以前，社會生活的各個方面無不刻上宗教的烙印，經「絕地天通」以後，由於杜絕了一般百姓與神的聯繫，並且產生了專門的宗教職業者，世俗事務開始從巫教系統中分離出來，結果就有了「為民師而命以民事。」【77】

但綜觀整個從夏到西周的天命神學體系的發展進程，不難看出，此時的意識形態的核心內容仍然是史前巫教系統轉化而來的神學形態，它在社會生活各個方面依然起著支配作用和統治地位。如大禹和夏啟屢次講到「用天之罪」，【78】他們把討伐有扈氏、征有苗、殺防風氏等都看作是在執行上帝的命令，因而需要不折不扣地去完成。殷商人的中心觀念是帝，在他們的思想觀念中，帝是至高無上、決定一切的，它既是自然界的主宰，又是人類社會的主宰，自然與社會領域裡發生的一切都是上帝在操作撥弄，體現了它的意志。在這樣的思潮之下，就不可能產生出充分體現人文精神的世俗文化形態來。西周的意識形態不惟沒有跳出天命神學的思想體系，其實該體系是在西周才得以完成的。我們從《周書》中發現，凡是講到自然界的變化與人類社會的更替，如攻伐即位作王之事，都說成是天的意志。儘管在周文化的系統中，容納進了敬德保民的新的思想因素，並且在相當程度以此作為是否能獲得天命的內在根據，但這些新因素並沒有動搖西周意識

形態的基礎，不是要根本否定它，而只是在重新解釋天命神學，而且諸如敬德、保民一類的觀念也只有放到西周天命神學的體系中才能得到完整的理解。

中國文化的人文精神的獲得以及對而後宗教各形態的影響是和天命神學的解體分不開的。隨著社會的激劇動盪變革而導致的西周政治統治的滅亡，由巫教系統一脈相傳而來的西周天命神學體系也發生了深刻的危機，春秋時期一些開明的政治統治者和思想家們開始清理傳統的天命神學，根據變化了的時代和自己的生活經驗及統治實踐，提出了一些新的思想認識，從而打開了天命神學體系的缺口；同時傳統宗教那些等級森嚴的祭祀制度也已經無法羈縻野心勃勃的諸侯們，天命神學開始解體了。但在春秋時代，開明的統治者和進步的思想家們還不可能提出一套全新的思想路線來取代天命神學。這個任務是由老、孔、墨等春秋末年的思想大師來完成的，他們的功績是用人文的精神去轉換傳統的天命神學，將先前在天命神學體系內所萌發的不同的思想交鋒展開為突破這種體系的不同的思想形態之間的論爭，人文精神、理性主義成為當時各種思想形態的核心內容，這在老、孔、墨諸大家的思想體系中都是可以感受到的。

春秋戰國時期，百家爭鳴的局面是有一個長期的積累過程之後才形成的，它們也並沒有把天命神學所取得的思想成果完全推翻，而是批判地繼承，創造性地轉換，是揚棄，這樣就解釋了為什麼在諸子的思想體系中仍然保留著許多傳統天命神學思想因素。同時，這是一個繼承與變革共存的時代，諸子百家們的思想取代轉換了傳統天命神學，成為意識形態的主流和核心，但傳統宗教仍然有著深厚的基礎，並沒有完全退出歷史舞台，在社會生活的某些領域還起著相當大的作用。由此看來，這是一種哲學與宗教之間共存和交融的時期。因而對於新時期的思想家來說，一方面固然以新的形態去改造天命神學，創

立新的思想體系；另一方面也是對傳統天命神學作新的解釋，從而來尋找兩種不同的思想體系之間的交融點，以便在相當的程度上利用傳統宗教所取得的成果和歷史影響來為自己的目的服務，共同維繫著春秋戰國時期的思想文化形態。

簡述由三代到春秋戰國時期思想文化形態的變化，尤其指出中國文化在其奠基階段就出現了從人文精神轉化天命神學，由此表明在諸如佛教初傳，道教產生以前，中國文化就積累起深厚的基礎，在中國文化的歷史發展中，這種人文傳統貫串了始終，成為中國文化的主流。而後的各種宗教形態首先必須去適應它，認同它，然後才能生存與發展，因此當我們在後面具體討論中國宗教的人文性因素時，不難發現，它是以先前中國文化歷程作為支撐的。

二、中國宗教的人文因素

從文化傳統來理解宗教，就找到了探索這一課題的切入口，中國宗教所具有的人文因素當然不局限於某幾種簡單的論述，而是立足於中國文化精神這一深厚基礎之上所培養出來的基本的思想傾向和獨特品格，在宗教的領域內凸現出人文精神。可以這麼說，中國宗教本質上是人文的，而非神文的；中國宗教所關心的主要不是信仰上的純正性，而是這種信仰所導致的社會效果；人與神之間也不是截然對立的，而相當程度上是兩者之間的貫通與相融。因而不必貶低人，否定人生的價值，相反把現實的人生作為宗教的核心，通過宗教的形式來曲折地反映人的願望與要求，高揚人的精神，以極大的熱情肯定人的價值與意義。

（一）成仙成佛：以人為本

基督教是一種以神為中心的宗教，它通過貶低人、否定人的價值

來抬高神、高揚神的精神，因而在人與神之間實際上是兩種不同的實體，而且是對立的。如把上帝看作是全知全能的，是崇高與神聖的象徵，美善行為的化身，真實存在的本體，上帝同時也是無限的。相反，人則是有限的，卑微的，不完善的，生來就有罪，人必須以上帝作為自己存在的根據等等。人神關係表現為一種救贖關係，即人在上帝的救助之下，不斷贖罪，才能進入天國，無限地接近於上帝，但人永遠不可能成為上帝本身。

中國宗教在神人關係上表現出與基督教完全不同的形態，一個最基本的特徵是神人之間的貫通與相融，本質上表現出以人為本的傾向。人是各種中國宗教的核心內容與基本出發點。比如就佛道來說，佛與神仙的世界即是人的世界的再現，人性成為成佛成仙的素材與根據，道教的長生不死、羽化成仙其實是人在生前就隨著肉體一起飛升，佛教的成佛其內在的根據就在於人內在的心性。可以這麼說，如果否定了現實的人，佛道兩教就缺乏了堅實的基礎，佛與神仙的世界也就無法構築。

我們先來看佛教，佛教徒的最終目標是追求成佛。佛教的創始人原來是淨飯王子，他捨棄王位，出家修行，在畢鉢羅樹下，結跏趺坐，靜思苦想，終於覺悟成道，成為創教佛祖，這表明現實生活中的人經過宗教修持實踐，信仰佛教的思想，最後證得覺悟，就能成佛。佛教中佛、菩薩等譜系，僅僅表明個人在修行證得覺悟的層次上的不同，而本質上都是與人相通的。這樣一種宗教傳到中國，在中國本土文化的洗禮之下，直接把佛性與人性相聯，佛性即是人性，成佛的根據就在於人的內在心性。這樣佛教徒所追求的成佛目標最終是立基於人性之上，圍繞人性來展開的。天台宗、華嚴宗，尤其是禪宗，都充分地說明了這一點。

如天台宗，它可以說是完成了中國化進程以後的第一個佛教宗

派，建立了一整套具有中國特色的佛教理論，就佛與眾生的關係，成佛的根據上，它提出了成佛的關鍵在於反觀心性，反觀心源，以覺心來解釋佛性，灌頂說：「觀一念心，即是中道如來寶藏，常示我淨佛之知見。」【79】慧思明確地把佛性理解為覺心，所謂「佛名為覺，性名為心。」【80】這種一念心其實就是天台宗所謂的中道佛性，而反過來中道佛性也是一切眾生之本原。與傳統印度佛教相區別，天台宗對於佛性的分析上更具有中國特色，它深刻地體現出了以人為本的特色，認為佛性並不只有善的方面，猶如現實的人性那樣，它也包含了善惡兩個方面，這就是性具善惡論。天台宗的經典說：「問：緣、了既有性德善，亦有性德惡否？答：具。問：闡提與佛，斷何等善惡？答：闡提斷修善盡，但性善在。佛斷修惡盡，但性惡在。問：性德善惡，何不可斷？答：性之善惡，但是善惡之法門，性不可改，歷三世無誰能毀，復不可斷壞。」【81】在天台宗的觀念中，佛與眾生一樣具有善惡兩種心情，佛與一闡提的差別不在是否有善惡的本性上，因為即使佛也有惡，一闡提也具善，他們的區別在於佛斷除修惡，而闡提斷除修善，但斷除修惡，惡依然存在；斷除修善，善也同樣依然存在。由此可見，天台宗的性具善惡論，認為佛性既有善的方面，也有惡的方面，實際上是按照孟荀以來，包括董仲舒楊雄在內傳統人性論來解釋佛性，是用現實生活中的人來塑造佛的形象，佛之善惡也就由人之善惡而來，天台宗的佛其實就是由人修善除惡而成，這樣佛與眾生之間就立基於人之善惡本性之上而有了內在的同一性。佛性即是人性，成佛的根據也就在於人的本性。

在華嚴宗看來，佛與眾生之間，其本源是同一的，這就是至絕至淨，毫無雜染的清淨心，或者叫做如來藏自性清淨心，它是一切諸法之本原，也是眾生成佛的根據。因而，佛教華嚴宗人所講的佛性，其實也就是這種如來藏自性清淨心。一切諸法乃至眾生諸佛都是以此清

淨心為體，是這種清淨心稱性而起的結果。華嚴宗名僧法藏曾說這種清淨心乃是「一切諸佛聲聞緣覺，乃至六道眾生等體。」【82】眾生諸佛之間既然都以此清淨心為本為源，表明兩者沒有什麼區別，都是此清淨心的體現，只是由於迷悟的不同，才有了眾生與佛的區別，一個虛妄，一個真實；一個是迷，一個是悟。對此，澄觀曾有明白的表述，他說：「夫真源莫二，妙旨常均，特由迷悟不同，遂有眾生及佛。迷真起妄，假號眾生，體妄即真，故稱為佛。」【83】這就是說，世俗凡夫，由迷起妄，所以假號為眾生，而學佛的目的也就是離妄還源，即證得自身本有的清淨心，這樣就能真正體會到眾生本來是佛。正如宗密所說：「謂六道凡夫，三乘聖賢，根本總是靈明清淨一真法界心。性覺寶光，各各圓滿，本不名諸佛，亦不名眾生。但以此心靈妙自在，不守自性，故受迷悟之緣造業受報，遂名眾生，修道證真，遂名諸佛。」【84】嚴格說來，華嚴宗的清淨心只是一種抽象的本體，但這種抽象的本體植入眾生心中，眾生離妄還源，證得自身本有的清淨之心，那麼眾生即佛，這樣一種佛性理論其實也是把成佛的根據安置在眾生自身的覺悟之上，是眾生覺悟到了自身的本體，這樣那種一切諸法與眾生諸佛共同所具有的清淨本體實際上由抽象一轉而為具體，成為現實眾生所具有的具體的心性本體，這便是成佛的根據，其途徑就是去證得這種心性本體，與之同一。

至於禪宗，它的最基本的觀點是「本心本體本來是佛」，而這種本心本體已具體落實到了現實的人的心性之上，佛性與人性是直接同一的。對於中國佛教來說，佛性問題其實講的是成佛的可能性與根據問題，禪宗佛性即人性，不離人的心性來討論佛性，這樣就把成佛的可能性與根據植入到人的心性之中，成佛就是具體的人的自我覺心，是在現實生活中證悟這種人所具有的內在的心性。佛性本有，不求外借，成佛自願自力，所謂「自性本自具足」，惠能說：「自心是佛，更

莫狐疑，外無一物而能建立，皆是本心生萬種法，故經云：「心生種種法生，心滅種種法滅。」【85】佛與眾生的區別僅僅是由於迷悟的不同，迷凡悟佛，一念若迷即佛教是眾生，一念若悟即眾生是佛。這樣，在禪宗看來，人人都能成佛，只要每個人都覺悟到自身內在心性即是佛性，那便是佛了。對此希運禪師說：「即心即佛，上至諸佛，下至蠢動含靈，皆有佛性，同一心體。所以達磨從西天來。唯傳一心法，直接一切人生本來是佛，不假修行。」【86】按照這種佛性本有的觀念，佛性即是人內在的心性，那麼「佛向性中作，莫向身外求」，成佛只是明心見性。所謂「不識本心，學法無益，識心見性，即悟大意。」【87】明心就是明白心是一切諸法之本，是洞見作為本體之心的本來面目，見性即是去發現自心本具佛性，明白自性本來是佛。因為人心本來一切具是，人性本來是清徹明朗的，只是由於眾生橫生妄念，執著於外境，不能識得自身本有的清徹明朗之心性。如果能識心見性，也就成佛了。禪宗對佛性與人的心性之間這樣一種理解，表明與基督教外在於人的高高在上的上帝不同，佛內在於人的心性之中，佛性即是人性，佛不過是覺悟了的人，成佛不是向外的追求，而是識心見性，是人的心性的任運自然，人的本來面目的顯現，禪宗的這種認識實際上把佛拉回到了人自身之中。

如果說，諸如天台宗、華嚴宗與禪宗這些中國化的佛教宗派是在中國文化的洗禮之下，把佛植入到人的心性之中，它們的成佛理論出現了以人為本的傾向，尤其是禪宗，從而以宗教的形式肯定了現實社會中人的存在。那麼道教本身是在中國文化土壤中培植起來的，中國文化中固有的人本主義傾向極大地影響到了道教觀念，它通過對神仙的設定，強烈地顯現了對於人的生命的尊重，在道教徒看來，生命是美好的，值得延年益壽，因而，長生不死，得道成仙成為道教徒追求的終極目標，也是道教觀念中的核心內容。

既然人可以長生不死，維持這長生不死就能成為神仙，這就意味著，道教的神仙不是鬼神，不是死後的靈魂，而是現實生活中的人修煉而來的，是現實生活中生活的無限延伸和直接升華，人們經過修煉，把生命和肉體更緊密地結合在一起。因此就道教的長生不死、修煉成仙的思想實質來說，它是以人自身的存在為真實，是對自身真實性存在的肯定，也就是說，道教不把解脫的希望寄托於來世，而是主張現身成仙，不否定現實人生。正因為如此，北周釋道安在《二教論》中區別佛道時說：「佛法以有生為空幻，故忘身以濟物；道法以吾我為真實，故服餌以長生。」【88】

　　正如道安所說，道教徒求長生的辦法是服餌，葛洪認為凡人可以修道而為神仙，達到長生不死，學仙修的方法很多，主要是服食還丹金液，所謂「服其藥以求仙。」【89】葛洪認為通過藥物可以養身延命，使得外患不入，內疾不生，從而達到肉體不朽，長生不死。【90】在葛洪看來凡人與仙人之間沒有什麼不可逾越的鴻溝，只要掌握了修道成仙的方法，凡人就可以變為仙人，人只要外祛邪祟，內養形神，做到形神相衛，就可以達到長生成仙。

　　與這種外丹，通過服食仙藥或術數來求得長生不死，成仙證真不同，歷史上許多人不僅未能長生，反而丟了性命。道教的發展就不得不建立新的成仙的理論和方法，道教內丹學就是其中之一，內丹學相信，煉就內丹，就奪得了造化之極，從此便可以自主生命，超出生死。並且也像中國化的佛教一樣，道教徒也把成仙證真立基於人心所具有真性之上，如全真道，這種真性是心之本體，成仙的根據，因此成仙在全真道看來當然不是神仙道教那樣靠服藥或術數來達到，而通過內省的功夫，使人們頓見自己的真性，這樣才使得人自主生命，超脫生死，從而長生不死，所以王重陽說：「真性不亂，萬緣不掛，不去不來，此是長生不死。」【91】

其實各種道教的方術，無論是內丹還是外丹，從道教本身來說，都只是一種達到成仙證真的途徑和手段，而其目的就是長生不死，肉身成仙，這樣就否定了生死，把丹人與仙人聯為一體，所謂仙不是別的，是凡人修煉而成，是肉體的飛升。這樣，對於道教來說，修道成仙不僅不是要放棄生命，而是要延續生命以至永生不死，道教徒正是在成仙的旗號下，通過諸如服藥、術數、內丹修煉，乃至房中等術探索長生之道以自主生命，尤其像全真道把成仙證真建立在人的心性本體之上，認為只要內省自己的心性本體，明心見性就能達到，這樣一種觀念事實上是十分重視道教「我命在我不在天」的精神，在道教的成仙理論及方法中凸現出了以人為本的傾向。因此我們說這是對生命的尊重。

不僅是佛道這兩種中國宗教的主流通過對仙佛與人的關係的論證，把成仙與成佛立基於現實的人之上，中國宗教的其他形態，如伊斯蘭教，在其教義上也反映出了某種人本的傾向，伊斯蘭教認為，伊瑪尼（信仰）是真主先天地賜給每一個人的，每一個人都有的。伊斯蘭教傳入中國後，明清之際一批回族著名穆斯林學者通過「悉本尊經，參以典籍」進行漢文譯著活動闡發伊斯蘭教義。他們往往吸收蘇非派的學說，採用中國傳統文化的概念、素材，加以改造、融合。在他們看來，「歸真可以認主，明心可以見性，修身可以治國。」【92】故認識真主不是向外追求，而是通過自身的內心觀照，向內發掘，明心見性，這樣才能達到「認己認主，復今歸真」。由此貫通了真主與信徒的聯繫，因而認識真主並不是對人自身的否定，恰好相反，而是在肯定真主的存在中也肯定了自身，【93】以超意識的自然觀去體現真主。又如，中國伊斯蘭教在論述「五功」與「五典」的關係時，實際上也是在對履行宗教職責和義務的規定中對人的某種肯定，它認為五功是體現信仰在宗教行為上的五種基本的功課，在伊斯蘭教的宗教活

動中必須遵守的。中國的伊斯蘭教不僅講「五功」，而且提出了「五典」，所謂五典實際上是儒家君臣、父子、夫婦、兄弟等關係的五倫，認為這是為人之道，並同「五功」相提並論，放在重要位置上，這就表明對於一個中國的穆斯林來說，只有既做好五種宗教功課，又能恭行「五典」的倫常，把盡主之道與盡人之道完美的結合起來，才算是一個合格的教徒。

（二）即俗求真：出世與入世的統一

作為一種宗教形態，中國的宗教也是將世界兩重化，如佛教要營建佛國淨土，道教則有一個神仙世界。佛教的根本宗旨是脫俗離塵，遁世修行，跳出三界外，因此自其創立之日起，佛教就主張遠離塵世，不問俗事，以出世為終極目的，如釋迦牟尼，本來是王子，他放棄了王位，入山修清淨，他的弟子中大都不慕榮華、不戀世事，以出世解脫為高尚。對此，佛教有一種基本的理論，認為人生如苦海，只有跳出這苦海，證得真如佛性，在我樂常淨的涅槃境界中獲得解脫，因此，佛教徒常常是剃鬚削髮，身披袈裟，以示離情絕俗，割斷塵緣，在佛教徒的各個方面都表現出了他們厭棄人生、不染世間事務的風尚。道教神仙所崇尚的也是退身世外，歸隱於山，以保全性命，視世俗生活為累贅，道教徒所主張就是要脫離社會，脫離現實，注重個人的養生得道，如全真道就具有強烈的出世精神，它要求人們離開人間苦海，去享受天上的真樂，主張看破功名富貴，財產妻女，放棄對現實幸福的追求，學道煉丹，以求成仙證真。

由此可見，中國的宗教具有一般的宗教特徵。但是，由於受到中國文化的洗禮，因而它又有不同於世界上別的宗教形態的獨特品格。在中國文化對宗教的理解中，它主要不是出世的，而是出世與入世的相統一，主張即俗求真，佛教是為了出世而入世，以入世為手段達到

出世的目的；道教則企求在現實中去營建一個神仙世界，神仙不是天國的幸福，也並不是來世，而是現實生活的昇華。

我們先來看中國的佛教。佛教傳之於中國，一開始就強調了它與中國本土文化的區別，認為佛教是出家修行，儒家是關心世俗事務，如《牟子理惑論》就說：「堯舜周孔修世事也，佛與老子無為志也。」並說：「至於成佛，父母兄弟皆得度世，是不為孝，是不為仁，孰為仁孝哉。」【94】而中國學者抨擊佛教最激烈之處也集中在它的出世主義，如《廣弘明集》卷七中說佛教「脫略父母，遺蔑帝王，捐六親、舍仁義。」把佛教看成是洪水猛獸，說它「入國而破國，入家而破家，入身而破身。」【95】斥責佛教「浮屠害政」，「桑門蠹俗」，「無害於時政，有損於治道」【96】，主張把佛教退回天國。

佛教完成中國化的進程，尤其是禪宗惠能，把出世與入世統一了起來，從理論上調和了佛教的出世主義和中國本土文化入世主義之間的矛盾。禪宗的基本理論是「本心本體本來是佛」，佛性本有，不假外求，主張明心見性，覺悟成佛，那麼成佛就不是在自心性六體之外去尋覓，超聲逐響，而是依賴自力，禪宗反對離俗，認為個人的修行成佛是即事而行，即俗求真，在世俗的生活中求得解脫，所謂不入世就不能出世，因此調和出世與入世的矛盾是禪宗理論的必然結果。

這樣一種理論實際上已不再把修道成佛看成是離塵脫俗，超絕情緣，而是把出世與入世結合起來了。所謂「學佛不離世間，即世間求解脫。」惠能對此有許多精闢的說明，如：「佛法在世間，不離世間覺，離世覓菩提，恰如求兔角。」這就是說，佛法與菩提只存在於世俗生活之中，人們也只有在世俗生活之中才能真正求得解脫，如果離開了人們現實的社會生活而去求佛法，那只能如求兔角那樣徒勞無功。惠能思想的核心是即世間而超世間，所謂「世間法則佛法，佛法則世間法」。出世間與即世間兩者實質上沒有什麼差別，因而他教導人

「勿離世間上，外求出世間。」事實上，離開了世間，也就無所謂出世間，因為在惠能的觀念中，兩者是統一的。

這樣一種即信求真，把出世入世相統一起來是禪宗的基本特徵。神會和尚認為佛就存在於世俗生活之中，無世俗生活也就沒有佛法，他說：「若在世間即有佛，若無世間即無法。」【97】梵琦更說：「處處無非佛事，頭頭總是道場。酒肆、淫坊了無掛礙，龍宮虎穴任使經過。亦可入魔，亦可入佛，然後佛魔俱遣，凡聖不存」【98】由此可見，禪宗的發展，已不像以往的佛教，而是把佛法立基於世俗生活之中，強調佛法的現世主義品格，並且越是後來這種傾向越明顯，入世即是出世，修習佛法也不過是如穿寓於常人常事，因而禪宗把解脫成佛融會到了個人的世俗生活之中，所謂「處處自在」，「便登佛地」。

基於此，禪宗強調「非離世間而求解脫」，【99】如惠能就反對向西天佛國去求佛法，他說：「若欲修行，在家亦得，不由在寺。在家修清淨，即是西方。」又說：「菩提只向心覓，何勞向外求玄，所說依次修行，天堂在眼前。」惠能還說：「東方人造罪，念佛求生西方；西方人造罪，念佛求生何國，凡愚不了自性、不識心中淨土，願東願西，悟人在處一般，所謂佛言隨所住處恒安樂。」【100】這就是說，佛國淨土只在人的心性本性之中，不存在一個超脫世俗之上的彼岸世界的存在，這樣，學佛修行就不必離開人間，孤栖遠遁，而在於開悟識道，識得自身心中本體即可。

禪宗這種即俗而真，把入世與出世統一起來的特點不僅在佛教的其他宗派中反映出來，它是中國宗教的一種基本的傾向，因而也在像道教這樣的本土宗教中反映出來。一般說來，道教思想的核心既然是修道成仙，長生不死，這種思想其實是獨立出世，要上升仙界，離塵脫俗，超情絕緣，從而與世俗的生活形成鮮明的對比。但道教的這種觀念又與道教在歷史上的實際情形是有著很大的不同的，如葛洪改造

神仙道教為上層統治者服務，陶弘景被稱為山中宰相，唐代的道教徒積極參與到政治社會生活的各個領域，邱處機等全真七子和蒙古統治者也緊密結合在一起。這一種客觀的歷史說明道教並不是不關心塵世的生活，甚至發展到不以俗為累，是在仙界與人間建立起溝通的橋樑，尤其是像孫思邈這樣的醫學大家，更是以濟世救人為職志。

這樣一種思想的進一步發展，就走向了把入世看得比出世更緊要，並以為只有入世方才能出世，如淨明道就主張要盡人道世事，反對離俗出家。劉玉曾說：入淨明道的人，「或仕宦、或隱游，無往不可，所謂忠君孝親，奉先叔后，至於夏葛冬裘，渴飲饑食，與世人略無少異。只就方寸中用些功夫，非比世俗所謂修行，殊形異服，廢絕人事，沒溺空無。」【101】淨明道把入世與出世完全統一起來，認為「淨明之道不廢人事」【102】，「欲修仙道，先修人道」【103】，只有「人事盡時，天理自見。」【104】

總之，以佛道兩教為主要形態的中國宗教，已並不完全是一種出世主義的宗教，而是把出世與入世統一起來，強調為了出世的目的而入世，即俗求真，在世俗生活中求得對佛法道法的理解與體悟。其實佛道兩教這種即俗求真，將入世與出世統一起來的態度，在某些中國人對基督教的理解中也有相同的方面，他們把治世與修性統一起來，在某些中國的天主教信徒中，對於皈依天主教更主要的也是依據於神道設教的傳統，把信仰天主和愛人救世統一了起來，如徐光啟就認為「必欲使人盡為善，則諸陪臣所傳事天之，真可以補益王化」，【105】並認為如果全國都信奉了天主教，那不要幾年時間，「世道人心，必漸次改觀。」「興化致理」這就是徐光啟對於天主教的社會功能的理解。

（三）世俗化的宗教倫理：忠孝仁義

由於中國的宗教，大都是為了出世的目的而入世，把入世與出世

結合起來，強調即俗求真，其結果必然是走向世俗化，尤其在其宗教思想體系中包含了大量的世俗化的倫理觀念，仁義忠孝等中國社會中主要的倫理思想和規範同時也成為以佛道兩教為主要形態的中國宗教所十分注重的倫理觀念。這一點是不難理解的，因為中國是一個注重現實人生，講究實際的古老的文明國度，在佛教初傳、道教誕生之前就已經奠定了中國的文化傳統，在這樣的氛圍之中，全然不顧中國人所極其看重的倫理綱常，過分地強調離塵脫俗，是不適合國情的，倘若那樣，各種宗教就會被排斥於中國文化的傳統之外。因此，中國常教的人本主義傾向，也主要地反映在它的倫理規範和道德觀念的世俗化上。我們且以在中國社會中有廣泛影響的佛教與道教為例作些分析。

佛教在中國初傳時，其在社會上曾受到的攻擊主要的一點就是說它違背了中國的君臣父子之間的倫常關係，不合中國情。《牟子理惑論》就記錄了當時人們攻擊佛教的一些言論，如「棄妻子，捐財貨，或終身不娶」，又說它：「違聖人之語、不合孝子之道。」「違貌服之制，乖，搢紳之飾。」【106】東晉孫綽《喻道論》引反佛者的話說佛教「大乖於世教」，因為「沙門之道，委離所生，棄親即疏，刑剃鬚髮，殘其天貌，生度色養，終絕血食。」【107】可以說在這方面反對佛教的鬥爭從未停止過，即便到南北朝，佛教已經有了長足的發展，荀濟上書反佛，說佛教違背五常，「使父子之親隔，君臣之義乖，夫婦之和曠，友朋之信絕。」認為佛教所行之道是「君不君乃至子不子」，「不行忠孝仁義」，「俱斷生育，傲君凌親，違禮損化。」【108】

佛教徒為了求得在中國的發展，不斷為自己的觀念與行為進行辯護，調和佛教與中國文化之間的矛盾，如盧山名僧慧遠就說，信仰佛教的人出家為僧，不顧君臣之禮，父子之親，表面上看來是違背了傳統中國倫理，但實際上他們「道合六親，澤流天下，雖不處王侯之

地，固已協契皇極，大庇生民」【109】因而在慧遠看來，佛教不僅沒有違背中國的孝道，而且是大忠大孝。

佛教徒在調和它與中國傳統文化的矛盾時，為了適合中國的國情，在人倫道德方面大量吸收了傳統中國文化的內容，尤其是忠孝仁義等觀念，以為不僅儒家講忠孝仁義，佛教的宗教倫理也注重忠孝仁義這一些人倫道德觀念，因而中國的佛教中有大量的仁義忠孝的內容，從而使得其宗教倫理世俗化，在相當的程度上凸現出了其人本化的傾向。這種趨向在隋唐而後的中國佛教中表現得越來越明顯。

隋唐所創立的中國佛教宗派實際上都是在其宗教倫理方面表現出世俗化的傾向，大量吸收了忠孝仁義等儒家倫理的內容，如《內德論》所說：「儒之為教也，勸人以忠，勸子以孝，勸國以治，治家以和。」【110】針對反佛者所說的佛教違背五常，佛教徒以五戒來比附五常，認為佛教的戒律其實就是儒家的五常，如禪宗雲門系的契嵩就說：「吾之喜儒也，蓋取其於吾道有所合而為之耳。儒所謂仁義禮智信者，與吾佛曰慈悲、曰布施、曰恭敬、曰無我慢、曰智慧、曰不妄言綺語，其目雖不同，而其所在立誠修行，善世救人，豈異乎哉。」【111】他把仁義禮智信與不殺、不盜、不邪淫、不飲酒與不妄言直接等同起來，說：「夫不殺、仁也；不盜、義也；不邪淫、禮也；不飲酒，智也；不妄言，信也。」【112】在契嵩看來，佛教的五戒與儒家的五常，叫法雖不同，但本質上是一樣的，它們「異號而同體」。

事實上，佛教自傳入中國，和中國本土文化發生碰撞，兩種不同的文化系統之間所出現的拒斥與容受，歧異與認同是一種必然的現象，尤其對佛教來說，它要在中國生存發展，必須首先認同於中國文化，根據中國的國情，主要是與儒家所強調的人倫綱常相協調，特別是在而後的發展中，它已逐步地把忠孝仁義這種中國世俗倫理的具體內容納入到佛教體系中，成為理解佛教的一個重要方面。如唐代禪宗

名僧作《百丈清規》，這對禪宗的發展產生了極大的影響，在其後的修改完善中，《百丈清規》大談特談忠孝，把它們列為開頭的四章。而後的僧人更是撰文大講孝道，如契嵩的《孝論》認為孝敬父母是「天下三大本之一。」明清以後的僧人還有所謂的《孝聞說》、《廣孝序》等有名的佛教論孝名著。明代名僧智旭在《孝聞說》中說「世出世法，皆以孝順為宗。」【113】在《廣孝序》中說：「佛以孝為至道之宗。」【114】他們皆大講孝道，把孝視為佛教的根本宗旨。

　　佛教也通過對佛經的重新注釋，以世俗化的倫理道德觀念來闡發佛教中的思想，從而使印度佛經經過改造之後以適應中國的國情。印度佛教的《盂蘭盆經》被稱為中國佛教的孝經，隋唐以來極受重視，究其原因就在於此經體現了中國文化所注重的孝道精神，如宗密的《盂蘭盆經疏》就強調目連救母這種精神，因而出家修行是為報答父母慈養之恩。」【115】

　　中國本土的道教就植根於中國文化的土壤之中，同樣的社會歷史背景規範了道教本身也無法逃脫社會所求要它的，如對於人倫道德的推崇一開始就是道教的主要內容，《太平經》認為，「三綱六紀所以能長吉者，以其守道也」，實際上肯定了三綱六紀的合理性存在。《太平經》對於世俗的倫理道德有許多吸收，如它說：「吉者聖人像天地而行，以至道要德力教化愚人，使為謹良，令易治。」《老子想爾注》有這樣一些話：「道用時，臣忠子孝」、「道用時，家家慈孝。」還說：「會不能忠孝至誠感天，民治身不能仙壽，佐君不能至太平」。神仙道教的奠基人葛洪在《抱朴子》中明確地把求仙與忠孝聯繫在一起，他說：「欲求仙者，要當以忠孝和順仁為本，若德行不修，而但務方術，皆不得長生也。」【116】

　　道教的戒律，大都肯定了世俗的倫理綱常，將忠孝禮智仁義等作為道士必須遵守的規範，因此我們在《十戒》中看到這樣一些說法，

如：「不得違戾父母師長，反逆不孝」、「不得叛逆君王，謀害國家」。有些戒律宣稱學道者要以忠孝為先，說：「夫學者之人，先孝於所親，忠於所君，愍於所使，……不違外教，當事人道也。【117】魏晉南北朝期間，天師道、正一道經過改變以後所形成的新的五戒，其內容主要的也是仁義禮智信等儒家的五倫，所宣揚的是盡忠、敬老、賞善、罰惡的思想：這五戒是：一、行仁，二、行義，三、行禮，四、行智，五、行信，【118】從這正一五戒中不難發現：其一，這五戒的內容其實就是世俗化的五常，它一點都沒有宗教神秘的因素；其二，正一五戒是道士必須遵守的，認為只有遵守這五戒的內容，才能入正一道。由此可見，在正一道中，能否信奉仁義禮智信並在修道實踐中嚴格履行，這成為衡量道士的尺度，是道士必須遵奉的戒律。

在道教中反映出其宗教倫理的世俗化的還表現在一種《功過格》上，《功過格》是記錄道士行為的一種小冊子，分善惡兩類，善言善行為功，登功格；惡言惡行為過，登過格。而區分善惡的標準其實也就是社會上普遍遵循的世俗倫理規範。《功過格》的實質是勸人修善去惡，認為行善可以長壽成仙，行惡則減年奪命，不得善終，這樣一種東西是把人的修養去惡和修道成仙聯繫起來，一個人能否修善去惡成為其能否修道成仙的前提條件，這樣就在宗教的修煉實踐中極大地渲染了善惡規範的意義。

道教在自身的發展中，越來越看重倫理綱常，如全真道，雖然它竭力主張離家出世，但卻對綱常倫理極為重視，他們把忠孝放到修煉的第一位來對待，以「忠君王，孝順父母師資」【119】為煉內丹的前提，還說：「若要修行，須要修仁蘊德，濟貧撥苦，見人患難，常懷拯救之心，或化誘善人入道修行，所行之事，先人後己，與萬物無私，乃真行也。」【120】全真道認為，他們所修煉之道實質是包對超在三綱五常之中，陳致虛說：「夫金丹之道，先明三綱五常，次則固定

生慧。綱常既明，則道自綱常而出，非綱常之外別有道也。」【121】從這種種論述中，我們看到全真道教徒並不是那種超然物外，對世事漠不關心，而是關心世事，具有強烈忠孝仁義之心的人，這也解釋了為什麼像邱處機這樣的全真道士會被元統治者禮遇和重用。

道教中還有一個淨明道，它剛產生之初就是和忠孝問題聯繫在一起的，所以稱之為淨明忠孝道，可見它對忠孝的重視。淨明道把「忠孝」推到極致，稱為「大道之本」，宣揚「孝至於天，日月之為明，孝至於地，萬物為之生，孝至於民，人道為之成。」【122】虞集在評說淨明忠孝道的宗旨時是這樣說的：「蓋春說以本心淨明為要，而制行必以忠孝為貴而已。」【123】淨明道有垂世八寶，所謂的「忠、孝、廉、謹、寬、裕、容、忍」，其實質性內容也是強調綱常倫理，處世原則與態度。因此，我們從淨明忠孝道那裡可以看到道教的宗教倫理十分明顯的世俗化因素，仁義忠孝等中國社會世俗倫理觀念成為道教淨明道的核心內容。對此劉玉也是說得很清楚的，認為對於淨明孝道來說，其要不在成仙修道、而在於淨明忠孝，說：「要不在參禪問道，入山煉表，貴在於忠孝立本，方寸淨明。四美具備，神漸通靈，不用修煉，自然道成。」【124】

至於基督教，它本身的特點和中國文化之間存在著巨大差異，並由於自其傳入之後特定的社會歷史背景，在來華四次傳教過程中，衝突十分激烈，它始終沒有改變作為外來宗教的身份，而融入到中國的主流文化中，中國人對基督教的批評，甚至在一次又一次的教案中，常常指責基督教「破壞倫常」，「暗傷王化」。即便如此，基督教也自覺不自覺地吸收了中國文化中的倫理內容，表現世俗倫理的一些因素，走向本地化的進程。耶穌會教士在中國成功的秘訣就在於把天主教義和中國祭祀祭孔結合起來，只有在向強大的中國傳統文化靠攏，在妥協與認同中求得兩種文化因素的融合，才能堅持立足、發展。在

中國的伊斯蘭教中，也有大量的世俗倫理內容，如主張把忠於真主、忠於君主與孝於父母結合起來，認為「忠於真主，更忠於君父，方為正道。」【125】認為順主、順君、順親是人主的三大正事。

第四節　宗教與中國傳統文化

　　當我們把宗教作為一種文化現象，並放到中國文化的整理框架內來加以考察，試圖說明它所具有的文化價值與功能時，這就表明中國的各種宗教形態並不是游離於中國文化整體之外，成為完全獨立的現象。中國文化是由各種相對獨立，而又彼此聯繫、相互影響的文化形態所構成的歷史總體與整體，是一個文化大系統，中國歷史上的各種宗教形態正是構成這文化大系統的有機組成部分和基本內容之一，並在其自身的歷史行程中，始終與中國文化的整體及其各個組成部分之間處於雙向選擇與動態互補的關係之中。

一、宗教是中國文化的有機組成部分

　　古代中國社會的各種宗教形態，它們既是作為一種相對獨立的現象，在中國文化中具有獨特的個性特徵，又同時存在於中國文化的整體結構與氛圍之中，是中國文化的有機組成部分，與其他的文化形態一起，構成中國文化的歷史整體。

　　（一）作為歷史文化形態的巫教系統及三代天命神學，在中國文化史上，作為一個必然存在的階段，它在相當長的歷史時期內是中國文化的歷史整體或總體

　　首先，原始文化就是由史前巫教系統構成的，人類經過原始的巫

術宗教活動才開始形成自己的文化傳統，巫教活動及由此形成的文化形態是民族文化的歷史開端，可以這麼說，在人類發展的史前階段，離開了巫教系統就不可能有任何別的文化系統的存在。

史前巫教崇拜與祭祀活動是一個無所不包的文化系統，它由各種自然神靈及多種多樣的祭祀活動組成。在這樣的系統中，原始人類無一例外都不能游離於巫術宗教活動之外，所謂「家為巫史，夫人作享」，【126】說明了其普遍性。同時，在巫教系統中，江河湖海、草木禽獸、日月星辰、以及山川大地都有神靈的存在並作為主宰，太陽的升落，月亮的圓缺，草木的盛衰、河水的漲落，這一切在原始人的心智活動中，都以為是神靈在作祟，為了求福禳災，必須去祭祀各種神靈，在巫教系統中，祭祀是一種普遍的行為。所謂：「山川之神，則水旱厲疫之災，於是乎禜之；日月星辰之神，則雪霜風雨不時，於是乎禜之。」【127】還有：「山林川谷丘陵、能出雲，為風雨，見怪物，皆曰神。有天下者，祭百神。」【128】

我們的原始祖先就生活於這樣的宗教氛圍之中，他們日常生活的各個方面無不與宗教活動有著緊密的聯繫，深深地刻印上了巫教的烙印，並通過它們來表現。他們的文化形態，心智活動及人際關係也就無不包融於巫教系統之中，如豐收祭祀，圖騰舞蹈等。原始人是通過巫術宗教觀念和神秘的巫教思維方式來看待與理解他們生活於其中的自然界與人類社會的，並以此來說自然界的種種變化和人類社會的發展，由此形成的巫教觀念和思維方式以及體現此種觀念的祭祀活動構成了原始文化的歷史整體。嚴格說來，當原始人還遠未能真實地去把握自然、社會、人類自身及其相互關係，無法準確地記敘自然與社會的客觀史程，通過宗教的形式，在幻想中重視自然、社會的變化及其相互關係與內在的統一性，這成為原始人心智發展的必由之路，也是人類自我意識發展的一個歷史前提，在這樣的條件下，除了巫教文化

就不可能有別的文化形態。

其次，隨著部落聯盟的形成及其由此而來的夏、商、西周三個朝代的依次更替，在思想文化領域內，作為原始的文化整體的統一的無所不包的巫教文化系統開始分化，並轉化為三代的天命神學這種國家宗教形式。三代天命神學的思想體系是當時思想文化形態的核心內容和基本的形態，也是這一時期意識形態領域內歷史文化的主體。可以這麼說，在夏、商、西周的歷史更替中，在當時的社會實踐及其日常生活中，以及各項文化創造中，三代的思想文化無不圍繞天命神學來展開，並由此來得到說明。天命神學支配一切，尤其是統治者與思想家用來作為解釋歷史的變遷、朝代的更替的強有力的理論武器，把天命神學作為論述政治統治合理性存在的依據，這一點在三代文獻中是隨處可見的。

在天命神學體系中，天神觀念是核心的內容。夏王朝的建立就奠定了天命神學的主體性地位，把天神觀念作為思想文化的核心，利用其來發號施令，為自己的政治統治服務。《墨子·兼愛下》引《禹辭》說：「濟濟有眾，咸聽朕言，非惟小子，敢行稱亂，蠢茲有苗，用天之罰，既率爾群，對（封）諸群（君），以征有苗。」殷商人比夏人更崇信天神，遵天之命，用天之罰，這既是殷商人用以解釋代夏的神學依據，也是確保自己政治統治的神學保證，所謂：「慎厥終，慎其始，殖有禮，覆暴君，欽崇天道，永保天命。」【129】完整的天命神學體系是由西周人來建立的，西周人在傳承並同樣信欽敬天神觀念的基礎上，提出了新的內容，這就是天命可以轉移。天命轉移的依據是人間之王是否能敬德與保民，這樣，西周人的意識形態是天德民這樣一種結構，無疑，天神觀念依然是這一結構的核心觀念。

維繫三代天命神學意識形態的另一核心內容是祖先崇拜，天命神學是天神崇拜與祖先崇拜這種二元結構。在三代，祭祀祖先是一種普

遍的行為,《尚書·甘誓》記錄夏啟討伐有扈氏時說:「用命,賞於祖。」孔子說大禹致孝乎鬼神也就是指祭祀祖先。到了周代,以祖先配上帝,把兩者有機地結合起來,形成了完備的天命神學體系。這一時期的歷史文獻對此有大量的記錄。如「文王在上,於昭於天,周雖舊邦,其命維新,有周不顯,帝命不時,文王陟降,在帝左右。」【130】還如:周公既相成王,「郊祀后稷以配天,宗祀文王於明堂,以配上帝。【131】這就是把西周宗族的祖先文王與上帝相並列加以祭祀。把族類先祖作為天神的代理人,因而死後能匹配於上帝,同享祭祀。

(二)宗教與中國文化整體結構

中國文化由多種文化形式匯合而成,即多元一體是眾多要素構成的複雜體系。當我們去解析中國文化的結構時不難發現,宗教是其不可或缺的有機組成部分。特別是在中國文化自身發展過程中完成了其整體建構以後,包括外來宗教與本土宗教在內的各種中國宗教形態,是構成中國文化結構的基本內容之一,包括各種宗教形態在內的不同文化要素之間的衝突與融合,共同構成了中國文化的基本框架,它們之間的內在統一性成為中國文化的歷史整體或主體,並推動中國文化的發展。因此,各種宗教形態,不僅是中國宗教的基本內容,也是更為廣泛的中國文化的整體結構中的一個方面。

對於中國文化的整體建構問題,應放到中國傳統宗教與哲學的總體發展中來考察,在中國文化發展的每一個階段,都有宗教形態存在。正如前面所說的,在史前巫術宗教文化系統與三代天命神學思想體系中,宗教是維繫社會的唯一的精神支柱,因而它們構成了從史前到三代這一社會歷史時期思想文化的整體。然而,在諸子競起,百家騰越的春秋戰國時期,天命神學的思想體系固然完全被打破了,人文

理性精神替代天命神學而成為意識形態的核心和思想文化的主體，但傳統宗教的影響依然存在。春秋戰國時期其實是傳統宗教和人文理性精神並存而相融。這種文化建構可以看作是中國文化融宗教於整體構建之中的一種雛形，並且在最基本的方面奠定了中國文化整體結構的基礎，而後中國文化的發展，宗教始終是維繫這種整體結構的一個重要的方面。中國文化在其發展的每一個階段上，都有宗教附麗於傳統文化的整體之中，是宗教的各種形態與傳統文化的同生共長。

中國古代文化歷史整體的形成無疑是一個動態的過程，它經過幾次大的變動才最終確定下來。大致說來是經過了這樣一個過程，漢代是文化整體結構初步確立的時期。此時有兩個因素值得充分重視，其一，儒學經過長期的發展，獲得了獨尊的地位，傳統文化開始形成了以儒為主，廣泛吸收了道、法、陰陽諸家的思想這樣一種格局，奠定了中國文化結樣和意識形態的基礎。其二，本土道教的產生，佛教的初傳，佛道兩教的比附並與儒家經學的相融與衝突，在中國文化結構中形成了儒數道三教關係，外來宗教相融於本土文化建構之中，從而在中國文化中拉開三教之間不斷衝突與融合的關係的序幕。魏晉時期中國文化結構進一步作了調整，數百年統一王朝的解體，社會轉入到分裂割據的動盪年代，紛爭不息，思想文化領域內也發生了歷史性的變化，舊的思想文化結構變換了內容，其中具有決定意義的是儒學失去了獨尊的地位，並與老莊道家之學相結合，形成了適合魏晉時代特徵的，以老莊為骨架，以孔孟為靈魂的玄學思潮。同時，佛道兩教經過最初的發展以後，此時都已獲得了相對獨立的形態，在理論、組織等各個方面都展現出其自身獨特的個性特徵來。因而，魏晉時期儒釋道三教關係展現出了更為豐富的內容。三教之間爭優比勝，在相互衝突鬥爭的同時，也普遍存在著相互滲透與融合的一面。並且三教之間的匯合，其趨勢越來越強烈，這可以說是魏晉（包括南北朝）時期構

成思想文化的基本內涵。如何適應時代特徵，確立新的文化建構，尤其是理順三教關係，成為當時最重要的理論課題。隋唐以來，佛教進一步發展，建立起了不同的宗派，完成了中國化的進程；道教在帝王的扶持下，一躍而居於三教之首；佛道兩教都進入了鼎盛時期，但隋唐以來的思想文化政策是三教並重，儒釋道這三種文化形態的融合構成了唐以來中國文化的歷史整體。

　　考察中國文化的歷史進程，儒釋道三教共同維繫了中國文化的整體結構，在不同的時期，三教之間的關係容或有所不同，但它們是構成中國文化的三個主要的方面，是中國人的三大精神支柱。這樣一種整體結構成為維繫傳統文化整體性的深層鏈條，極大地豐富了中國文化的內涵，並影響到了中國文化的各個領域，左右著中國文化發展的潮流和方向。同時，其他各種宗教形態在中國文化的整體結構中增添了新的內容，它們或多或少的相融於這一整體建構之中，相互之間的衝突與融合使得中國文化的畫卷更為絢麗多姿，但在整體中並沒有改變中國文化的結構與性質。

　　儒釋道三教共同架構與維繫的中國文化整體，儒學是主幹，佛道是輔翼，儒佛道三教各具特色的思想信仰與生活理念之間具有內在的一致性和統一性，因而它能夠成為維繫中國人的三大精神支柱，並在具體的歷史行程中獲得客觀性的力量。所謂以儒治世，以道修身，以佛養心，還有所謂儒以經世，道以忘世，佛以出世，明德清禪師說得好：「為學有三要，所謂不知《春秋》，不能入世；不精老莊，不能忘世；不參禪，不能出世。」【132】這樣一種文化結構可以滿足不同的需要，給人以多種選擇的可能，以便在社會變動及人生變故之際能及時調整自己的價值取向和生活理念，而不至於驚慌失措，無所適從，中國人正如按照對自身需要的理解及特定的社會背景與人生態度來選擇安身立命之所的，在思想信仰上，有的獨崇一家，有的儒道兼綜，有

的出入於老釋，有的則三教並重，許多人一生中不斷變換著自己的思想信仰，出入於老釋，泛濫於諸家，成為中國人特有的心路歷程。

（三）極其珍貴的文化財富：宗教典籍與文物

浩如煙海的古代文物典籍是中國文化光輝燦爛的歷史見證，也是其極其珍貴的文化財富，它具體地記敘了勤勞勇敢的中華民族的智慧及在歷史活動中所取得的偉大成果。其中無疑也包括大量傳世的宗教典籍、文物及廣大宗教徒的創造性勞動成果，它們同樣是中國文化不可或缺的重要內容，是中華民族的極其珍貴的文化財富。

首先，宗教典籍不僅局限於宗教方面的內容，記錄宗教思想信仰和宗教徒的活動，宗教發展的歷史等等，因而具有一般文化史的價值。

以佛教典籍為例，佛教原為印度宗教，它傳入中國是從介紹翻譯佛經開始的，在長達二千年的歷史中，中外僧人譯介了大量印度佛教各個宗派的經典，這為中國佛教的創立與發展提供了理論上的依據。中國的佛教徒還有大量闡發佛經的著作，如《肇論》、《摩訶止觀》、《壇經》、《金獅子章》等，它們成為中國佛教史上的不朽之作，這些著作是佛教中國化的極其重要的理論創造。同時佛教的典籍中還包含了大量的傳記，它們對於佛教徒的生平事跡，學派的建立與宗旨，學說的傳播，經典的翻譯與注疏，以及佛教及各宗派的盛衰都有具體的記錄，為研究中國佛教文化提供了珍貴的資料。

道教典籍也極具珍貴的學術價值與史料價值，如葛洪的《抱朴子·內篇》奠定了道教內丹派的基本理論，集以往神仙煉丹之大成，標誌著上層道教已有了自己獨立的理論建構和思想體系。唐代的道教學者，他們的著作也極具理論意義，如司馬承禎、王玄覽、成玄英等以解釋老莊的著作來發展道教哲學，把唐代道教推向理論化，學術化

的方向發展，從而在理論形態豐富了道教思想體系，以與唐代極盛於世的佛教各宗派的學說相抗衡。

宗教典籍往往超出各宗教形態自身的界限，而包含有其他各種文化形態的內容，因而具有了一般文化史的意義。以《道藏》為例，它首先是一部大型的道教文獻典籍三結集，內容涉及到了道教的各個方面，包括理論、歷史、組織、教派，是研究道教的第一手資料。但《道藏》也相當多的包含了《易》學、醫藥學、養生學、文化、哲學、地理學等方面的內容，如它保留了《道德經》、《南華經》等各種版本，為研究老莊的思想提供了豐富的資料。再如，莊達吉讀《道藏》，發現了《淮南子》書比流行的集子內容要多得多，這也就為研究《淮南子》書比流行的集子內容要多得多，這也就為研究《淮南子》提供了重要的參考資料。佛教典籍也有一般文化的意義，如《高僧傳》等佛教傳記就不局限於為僧人作傳，也包含了更為富豐的社會史的內容。事實上，在許多佛教典籍中，由於其豐富的內容，不局限於傳播論述闡發宗教信仰，還有如哲學理論、倫常規範、政治理念及邏輯思維方法等方面的內容，同時，佛教典籍對於目錄學、版本學、校讎學、編纂學等方面也極有用處，缺少了這方面的典籍，就難以深入研究中國文化的各個形態，也就難窺中國文化史的全貌。

其次，宗教文物的文化史意義不能低估。中國宗教作為一種文化形態，在長期的發展過程中，並不局限於它們理論建構和思想信仰，而是將這種理論建構與思想信仰落實於實物形態，通過諸如建築、雕塑、繪畫、器物等實物形態生動地再現出來。中國的各種宗教留下了大量的文物，這些文物以宗教的形式凝結了中國人民高度的智慧與才能，它們是中國文化史上極其光輝珍貴的財富。

以道教為例，道教文物是用來宣傳道教教義與神仙思想，直接服務於道教，它是道教文化的重要的內容，這些文物在道教徒那裡都具

有神聖的意義，它們同時又是中國文化整體的有機組成部分。如山西永樂宮的壁畫就集唐宋道教繪畫之大成，不僅形象生動地宣傳了道教教義，而且在藝術史上也堪稱是中國繪畫的傑作，有很高的藝術價值，是文物中的精品。道教第一叢林白雲觀中保留了許多珍貴的文物，道教用以從事宗教活動的場所的宮觀等建築群體，作為中國古代建築文化的一部分，其布局、結構、藝術風格、乃至壁畫等裝飾，都是極有價值的東西，尤其在道教的宮觀中，往往將壁畫、題辭、詩文、聯額、碑刻等與建築主體相融為一體，鮮明地體現出多種文化史上的意義。

佛教有大量豐富的文物留存下來，其中許多是價值連城的精品，彌足珍貴，諸如像佛教的建築、繪畫、雕塑、法器等不僅直觀地再現了佛教教義與思想信仰，同時也是重要的藝術形式和審美對象，是中國文化中的燦爛明珠，它們不僅為我們研究佛教提供了實物形態，也為研究其他的文化形態提供了重要的參考材料。如通過對寺院演變的考察，可以從中看到中國人的智慧、審美情趣、建築藝術與風格的發展，在佛教文物中，著名的寺院，像國清寺、少林寺、栖霞寺等，還有三大石窟、四大名山、八大祖庭等至今依然閃爍著中國文化耀眼的光彩。

復次，宗教徒也是中國文化的創造者，他們不僅對其所信仰的宗教形態作出了貢獻，而且也廣泛地參與各種文化領域之中，對於中國文化的各個方面都作出了自己的貢獻，我們在中國文化的科學、哲學、文學等各個領域都可以看到宗教徒所作出的巨大貢獻。

葛洪是道家思想家和理論家，它奠定了丹鼎派的理論基礎，其實他同時也是一個傑出的科學家，在古代中國的醫學和化學領域有過深入的研究，並取得了成果。一般說來，道教徒對中國文化思想上的兩個方面有所貢獻，一是科學，一是哲學，當然不以這兩個方面為限。

如陶弘景，時稱山中宰相，在政治上為帝王所器重，在科學技術方面也極有成就，他本人是一個天文曆法專家，醫學家和藥學家，並在中國歷史上第一個創立了以玉石、草木、蟲獸、果菜、米實為分類內容的分類法。唐代道教徒孫思邈是一個極有成就的醫藥學家，被稱為藥王。在哲學上，尤其是唐代的一些著名道教徒都是重要的思想家、哲學家，他們在闡發道教思想理論時，也豐富了中國哲學的內容，推動了中國哲學的發展，我們從王玄覽、成玄英、司馬承禎等道教學者身上都可以強烈地感受到這一點。

許多中國的佛教徒也在廣泛的領域內對中國文化作出了傑出的貢獻，佛教徒中，不僅有著名的科學家，哲學家，也有傑出的文學家、畫家等，僧一行第一個實測了子午線的長度，並在天文曆法方面也有建樹，曾修改前人的成果，撰有《開元大衍曆經》，唐一代僧人中，在儒學、史學、文學、詩詞等領域內不乏大家，有的絕不是附庸風雅，而是造詣極深。如唐代詩僧就有姓名可考者百餘人，像僧皎然、貫休等都有詩集傳世。

佛道兩教而外，如入耶穌會的徐光啟，他不僅是一個天主教徒，也是一個傑出的科學家，他在改宗天主教的同時，介紹了西方的自然科學，並進行吸收消化，用主要精力編纂《農政全書》，這是一本極有價值、內容豐富的科學著作，總結了中國古代天文學、數學的成果，為科學發展作出了貢獻。

總之，中國宗教的各形態並不是游離於中國文化之外，與之完全無涉的另一類文化形態。中國文化是由多種形態匯合而成的複雜體系，宗教作為一種文化現象，是維繫中國文化整體結構，組成中國文化體系的有機內容之一。在這樣的認識之下，我們再來探討宗教與中國的關係，就會有一種更深一層的理解。

二、宗教與中國文化的動態互補

嚴格說來，中國歷史上所有的宗教現象都不過是中國文化的整體結構與基本精神在中國宗教領域內的特殊表現形態。它們存在於中國文化氛圍之中，受制於中國文化背景，認同於中國文化的本體結構，體現中國文化的基本精神。同時，它們又都是作為中國文化整體中具有鮮明的個性特徵的文化形態，具有相對的獨立性，而不是完全消融於中國文化的各種形態之中。在宗教與中國文化的衝突融合之中，宗教不是消極地適合中國文化，而是積極地肯定地給中國文化以影響。這樣，宗教與中國文化形成了一種動態互補的關係。

（一）宗教體現了中國文化精神

宗教與中國文化之間的並存與相融，共同構成中國文化的歷史整體，一方面，中國文化本來就是由各種不同的形態構成的共同體，它具有開放性，包融性等特點，主張兼收並蓄，博采眾長，從而能夠融納不同質的文化於一體，這樣就為各種宗教形態在中國文化中的存在，並與其他文化形態並存相融，從而為構成一個文化共同體提供了寬鬆的環境。另一方面，宗教不是游離於中國文化整體之外的另一個獨立的文化形態，它就存在於中國文化背景之中，它的思想內容和基本結構不過是中國文化整體在宗教領域內的曲折反映，因而，中國社會的各種宗教形態，無不主動地自覺地附麗於中國文化的基本結構，反映中國文化的主體精神，吸收中國文化的思想成果來充實豐富提高自身。在中國宗教的各種形態都可以感受到中國文化的強烈影響。

試以道教為例，與後來傳入中國的各種外來宗教不同，道教就植根於中國文化的土壤之中，是在中國文化精神與歷史傳統的薰陶之下土生土長起來的，因而它先天地就和中國文化傳統有著不解之緣，道

教的教義教理，思想信仰、人生理想、基本結構、價值取向乃至於它的宗教實踐等方面都反映了中國文化傳統。道教之所以能成為煌煌大教，並在以後的發展中與儒佛並駕齊驅鼎足為三，共同構成中國文化的整體，其最重要的方面就在於始終相融於中國文化之中，反映與體現中國文化的基本精神，吸收各種文化所取得的豐碩成果。如在它產生之始，就把當時社會生活中廣為流行的陰陽災異、巫覡神道，民間方術等納入自己的理論建構之中，作為創立道教的思想前提。尤其是儒道兩家的學說，老莊道家之學使道教獲得了形而上的哲學思想基礎，從而使其不再停留在粗俗的巫術神道的低水準上；孔孟儒家之學使道教獲得了一種為廣大的生活世界所接受的政治理念和倫理觀念，從而使其能與主流文化相融而匯通，容納進傳統文化的整體結構之中。因此，我們看到，支撐道教的不僅僅是作為宗教形態的教義教理、神仙信仰及它的宗教實踐活動，同時也包含了更為豐富的文化內容。

即便是外來的各種宗教形態，它們傳到中國，並在以後的發展中，也無不受制於中國社會固有的文化傳統，在與本土的文化的衝突融合中會通於中國文化整體，成為中國文化建構中的一個方面的內容，並在各自的宗教形態中體現中國文化的精神與整體結構。任何外來宗教都不能超越於中國本土文化之外，因為它們所傳入的國家是一個文明高度發展的先進之邦，具有極其光輝燦爛的文化成就和一以貫之的文化傳統，任何外來宗教傳之於中國都首先面對的就是這個前提，去適應它，和它相融，否則就不可能找到立足之地。對此我們從三個方面稍作展開來加以說明。

首先，文化心態：比附迎合與拒斥容受。

這是外來宗教初傳於中國時所出現的兩種不同的文化心態，外來宗教的傳教者為了使他們所信仰的宗教落生於中國社會文化之中，爭

得一席之地，他們無不去迎合比附中國本土文化之上，它就不可能使得兩者並存而相融。對於本土文化來說，對外來宗教的感情是複雜和矛盾的，常常是拒斥與容受並存，在最初的階段，拒斥多於容受。

我們先來看佛教初傳的情況，佛教初傳，是通過翻譯佛經開始的，但翻譯佛經困難重重，一是語言上的障礙，一是觀念上的差異，因為佛教與本土文化是兩種不同的文化系統，而且當時在中國的譯師們都是外國人，如何克服兩大障礙，準確地翻譯好佛經，使之成為中國人可以理解，可以接受的東西，當時的譯師們一個共同的特點是無不用中國文化的術語名詞來譯述佛典，主要是道家的陰陽、道等一些概念範疇，用它們來調整佛經，如安世高，支婁迦讖所譯的佛典即是如此。這表明譯師們試圖去比附迎合中國文化的努力，也由此真正開始了佛教與中國文化相融合的進程。

譯師們不僅僅停留在術語名詞比附上，同時也在思想內容上進行比附迎合，甚至作出牽強附會的解釋，以求得兩種文化系統的並存相融，為佛教立足於中國進行有益的嘗試，如安世高在翻譯《尸迦羅越六方禮經》時，就廣泛地涉及到了社會人際關係，為了求得所譯佛典與儒家社會倫理綱常名教相適應，他不惜通過增刪譯文的方法，對佛教原典進行了調整。康僧會則把佛教的菩薩行附會於孟子仁政學說。魏晉時期則是佛教依附於玄學，所謂「六家七宗」、「格義」等實質上都是援玄入佛，因玄談佛，是佛教的玄學化、像佛教大師慧遠、道安等，他們的歷史功績就在於為佛教取得了威儀形式超脫的地位，而在思想內容上則依附於儒家的倫理觀念和價值取向，使之隸屬於王法的要求。

隨著佛教初傳於中國，由於是兩種不同的文化系統，它與中國本土文化之間必然產生衝突，在這種情況下，如何來對待佛教，中國文化表現出了拒斥與容受這兩種不同的心態。從本土文化立場出發，看

到兩種文化之間的歧異性，對佛教採取了拒斥的態度。所謂：「世人學士多譏毀之。」【133】說佛教是夷狄之術。「違聖人之語，不合孝子之道」，我們中國人不應該「背五經而向異道」。因而出現了許多反佛教的言論，強烈表現出拒斥佛教的態度。但佛教初傳於中國，作為一種獨特的文化思想思潮也逐漸為中國文化所容忍與接受，吸引了許多的中國人，他們出家成為佛教徒，並在反佛言論盛行之時起而為佛教進行辯護。

這樣，我們看到，佛教初傳中國所表現出來的比附迎合與拒斥容受這樣雙重的文化心態，其實是立基於中國文化背景，按照中國文化的精神來對待佛教，從中國人拒斥佛教來說，就是看到兩種文化系統的歧異性，它們之間的衝突與不相融的方面。從中國人接受佛教來說，因為中國文化本身是一個開放系統，有極大的包容性，融不同質的文化於一體，中國人接受佛教就是把它容納進本土文化的框架結構之中，對之進行再解釋，從而一改印度佛教為中國佛教。從佛教方面來說，翻譯佛典，比附迎合本土文化，實際上也是以中國文化來創造性地解釋佛教。

天主教耶穌會初傳於中國，也出現了同樣的情形。耶穌會士面對中國強大的文化傳統，試圖將他們的宗教中國化，成為中國人可以接受的宗教，因而更多地表現出迎合比附中國傳統文化。如利瑪竇對中國文化就很有研究，認為天主教與儒家傳統有相似之處，當他脫下教士服換上儒服的時候，也就為天主教披上了儒學的外衣，嘗試著用儒學來解釋天主教教義，他的《天主實義》就是在這方面一次比較成功的努力，他把天主教的天主比附儒家的上帝。耶穌會士們充分了解到了為適應中國社會而作種種努力的必要性，即便在外在形式上，也盡量去適應中國文化。他們廣泛與統治者及士大夫知識分子交往，學習中國傳統，在生活習慣上也作適當的調整，身著中國民族服飾，在倫

理道德上尋找天主教與儒家的相似性，提倡耶穌合流，孔子加耶穌。所有這一切都是為了天主教能在中國傳播，事實也確如此，耶穌會在中國得到了初傳，並吸引了像徐光啟等朝廷重臣。

不管對天主教是拒斥還是容受，中國人是立基於本土文化的立場上表現出不同的文化心態的，於是在他們身上表現出了先前中國人對待佛教初傳時相同的情形。有些人非常驚奇於天主教教義與中國文化的相通相似之處，如徐光啟，他之入天主教，是因為他認為天主教有益於忠孝，和孔孟之道並無矛盾，可以「易佛補儒」，【134】所謂：「補益王化，左右儒術，救正佛法。」【135】並說：「百千萬言中，求一語不合忠孝大旨，求一語無益於人心世道者，竟不可得。」【136】而拒斥天主教的人們也是依據自身的文化精神，看到了天主教與本土文化這兩種文化系統之間的歧異性及不相同的方面，以此作為理論武器來反對與批判天主教。如沈潅在標題為《遠夷闌入都門，暗傷王化》的上疏中說，「西士勸人信奉天主，不可祭祀祖宗，是教人不孝，有背中國名教。」【137】因而必須拒斥天主教，以捍衛中國文化的正統性與純正性。

總之，外來宗教初傳時，傳教者迎合比附中國文化，致力於外來宗教的中國化。中國人的拒斥與容受也立基於本土文化的立場，從兩種文化的歧異性與相融性作出不同的選擇。

其次：和諧思想的具體表現。

和諧思想是中國文化的活的靈魂，中華民族在長期發展過程中，不同地域，不同思想流派各具特色的文化，在大一統政權的干預下，彼此認同，相互影響，和睦共處，構成了具有內在統一性的文化共同體。當然，組成中國文化整體的各種形態之間不是沒有衝突與鬥爭，但衝突不是分崩離析，鬥爭也不是分庭抗禮，更不是要消滅對方，衝突與鬥爭不過是達到並存與相融、組成內在統一的文化共同體的有效

途徑。中國文化的這種思想品格，深深地影響到中國的宗教現象，中國各宗教形態之間及其各教內部的派別之間也形成了多元、互忍與相融的特徵。

宗教是一種十分普遍的社會文化現象，世界歷史上形成了宗教多種並存的局面，但並存不一定互忍，更不一定能夠相融，在各種宗教之間，由於不同的文化背景，就形成了比較複雜的關係。在西方文化背景下，各種不同的宗教形態之間，如同冰炭，常常出現你死我活的爭鬥，基督教世界是從護教學的角度來看待不同的宗教形態之間的關係的，它們把基督教稱之為正教，而把別的宗教形態視為異端，為此常常發生大規模的宗教戰爭，如十字軍東征、宗教聖戰。

反觀中國的各種宗教形態之間卻是另外一種情形，各教之間也確有衝突，甚至是很激烈的衝突，而導致過激行為，在儒釋道三教之間不僅有理論上的論爭，而且在某些情況下如同冰炭，因為它們在中國文化整體中代表了三種不同的價值取向和理論結構，因而會產生在道士的挑撥縱容下唐武宗的會昌法難；韓愈甚至主張要取消佛教；佛教徒中自稱天香居士的黃貞極反對基督教。但在通常情況下，中國的各種宗教形態之間卻能和睦共處，彼此認同，形成了多元結構。在中國歷史上，除了道教以外，佛教、基督教、伊斯蘭教都是外來宗教，它們都能相融於中國文化的背景之下，各教之間沒有發生根本性的衝突，更沒有出現過視自己為正統，別的宗教為異端，因而導致大規模的宗教戰爭。

中國的宗教徒中，有許多人的信仰是堅定而虔誠的，終其一生，崇奉某一種宗教，中途絕不改變。但也有許多信徒就靈活得多，他們儒道兼宗，佛道俱信，儒釋並存，或者在三教之間自由地變換其思想信仰，按照自己人生變故與價值取向的轉變，不斷在三教之間輪流搖擺，這對他們來說沒有一點滯礙阻隔。中國的宗教徒不把各種宗教之

間的差異視為珍域，而是在思想信仰與宗教實踐方面把它們貫通起來，在中國文化整體規範之下和睦共處，事實上，在中國古代社會中，出入於老釋、泛濫於諸家成為共同的心路歷程。

和諧共處也體現在各種宗教的內部宗派上。以佛教為例，印度佛教在創教以後，由於歷史的發展，對原始教義和戒律的理解產生了歧義，原始佛教開始分化，形成部派佛教，分為上座部與大眾部，各自又分化出若干個支派。公元一世紀開始形成大乘佛教，主要有觀行派和瑜伽行派，前者為空宗，後者為有宗。大乘佛教產生以後，遂把以前的佛教稱為小乘佛教，於是在印度佛教中有大小乘之分。在印度佛教中，各個教派之間的門戶很深，彼此視為敵人，相互之間爭論的勝負往往以生命作為賭注。

印度佛教的各宗派先後傳入中國，而且中國化的宗教也是以各宗派的獨立發展，完成中國化的進程為標誌的，但與印度佛教內部各宗派之間的關係不同，中國佛教的各宗派之間不是一種你死我活、如同冰炭的關係，它們之間也是互忍、並存與相融的，彼此認同，相互吸收，共同提高與發展。中國的佛教以判教的形式來調和內部各宗派的關係。所謂判教，就是以本宗為基礎，去調和佛教內部各個不同的宗派，甚至去調和佛教與其他文化、宗教形態的殊異，區別不同的情況，把各個宗派看成同一宗教整體的不同層面，從而將它們圓融貫通。在中國佛教徒看來，各教派的思想之間並不矛盾，不是水火不相容，各種佛典都是佛說，只是由於時地不同以及聽眾水準的高低，才有針對性的講述不同的道理，從而有了種種差異。各種佛教宗派都有自己的宗教學說，它們之間雖有很大的差異，但本質是一致的，就是通過消除各宗派之間的隔閡、圓融互攝，從而使宗教的不同學說之間形成一種文化共同體，和諧無礙。如華嚴宗的判教就是要在融合各宗的基礎上去融合宇宙萬物，宗密的《原人論》則從更為廣闊的文化領

域來融合中國文化各形態。我們再來看中國的佛教宗派，它們經過判教，彌合了分歧，雖然也有爭論，但主要集中在何者為主的問題上。佛教各宗派的內在統一性，它們之間的圓融無礙，和睦共處則是各判教理論的共同出發點。

與此相聯繫，我們再來看中國的佛教徒，他們常常是兼信兩宗，甚至是多宗的。如大名鼎鼎的《原人論》的作者宗密，他既信奉荷澤宗，精研《圓覺經》，又從澄觀學《華嚴經》，成為華嚴五祖。在唐以後，這是一個十分普遍現象，如明德清和尚，對禪宗、淨土宗與華嚴宗都加以圓融貫通之。

中國的伊斯蘭教也存在著這樣的情況。早期伊斯蘭教由於政治、宗教及社會主張等方面的分歧，發生分裂，形成遜尼派和什葉派兩大教派。歷史上，派別之爭，曾引發戰爭，兵戎相見。傳入中國的伊斯蘭教主要是遜尼派，也有什葉派，而遜尼派中融合了什葉派的某些因素。從而在中國的伊斯蘭教中，什葉與遜尼兩派已不像國外那樣界線分明，突出歧見，而是在中國文化的整體觀照下，兩派之間一定程度上已經相融而存，和平相處。

復次：對外來宗教的創造性闡發。

外來宗教要在中國生根，不同程度地進行中國化的進程，和本土文化真正做到並存與相融，當然就不能停留在初傳時期那種簡單的比附迎合上，而是在既保留各自特質的情況下，整體上適應中國的社會文化思潮，按照中國文化的內在結構和基本精神，對外來宗教作出創造性的解釋，從而使外來宗教經過新的闡發以後，並存與相融於中國文化整體結構之中，成為中國文化的有機組成部分，體現出中國文化的固有傳統與精神實質來。

佛教在這方面是比較突出的。印度佛教和中國本土文化是兩種性質完全不同的文化系統。印度佛教是出世的宗教，它的原始教義以人

生為苦，而苦的主要原因是人有欲望，因而它視家為牢籠，倫理為羈絆，所崇尚的是與王者抗禮，以解脫為務，走出世之路，輕蔑個人的社會責任。為了實現個人的解脫，佛教提出了一套去欲去惡，從善出世的理論，形成了一種獨特的宗教哲學體系。中國的本土文化則是以儒家學說為主的入世的社會倫理學，強調個人對於社會的責任，以治國平天下為人的擔當，干預生活，改造世界。這樣兩種不同的文化系統，其矛盾衝突對立鬥爭是不可避免的，因而，不管初傳時是如何去迎合比附傳統文化，甚至牽強附會於本土文化之中，也無法消解兩者之間本質上的歧異性。尤其是佛教初傳中國，它的一些觀念，如眾生平等又直接和中國宗法傳統下的等級觀念發生直接的衝突。

佛教要弘大於中國文化的土壤之中，固然不能停留於印度佛教的教義教理上，固執於印度的佛教經典，甚至不能如初傳時的簡單比附上，而是從兩種文化系統內在的思想核心上作融會貫通的工作，要做到這一點，就必深入到這兩種文化系統的內在建構，用中國本土文化去創造性地解釋佛教，從而在文化整體上使得佛教不斷調整自己的思想形態，一改印度佛教那種固有的傳統，克服其與中國文化的對立，適應中國文化的結構與特徵，並存與相融於中國文化之中。

如魏晉時期佛教的六家七宗，其實是佛教的玄學化，用玄學的思想範疇來闡發佛教義理，通過談本末有無問題，在思想領域內再現玄學發展的線索，實質上以玄學的精神作為六家七宗思想的核心。有一個生動的例子能充分說明這一點。《世說新語·假譎篇》載創立心無義的支愍度，他過江往江東的時候，與一個道人為伴，他認為，用舊的思想往江東，恐怕行不通，於是創立了心無義這一派，就是佛教徒為了適應江東玄學，倉促改變自己的主張，把玄學引入自己的佛教義理之中，從而闡發出新的理解，心無義的宗旨是「無心於萬物，萬物未嘗無，」【138】這正是玄學崇有論者裴頠「自生而必體有」思想在心

無宗的具體運用。

如果說在般若學時期，佛教與中國本土文化還有牽強的痕跡，遠未達到圓融無礙，而成為一個完整的文化共同體，因為般若學還沒有完全展現佛教所具有的個性特徵。唐代佛教是在自身經過充分發展，展現出其獨特的個性與豐富的內涵之後，在整體上與中國文化相融。對於唐代佛教的各宗派來說，所依據固然是印度佛教的經典，但體現於其中的活的靈魂則是中國本土文化精神，這種精神是用本土文化對佛教進行了創造性的闡發後才充分凸現出來的，尤其是中國文化傳統中那種以人性論為指導的重視內心自覺、重視道德實踐的精神在唐代佛教各宗中被極大的高揚了，從而保證了佛教真正完成了中國化的進程，並能沿著中國文化演變的軌跡向前發展。

以禪宗為例，它以性淨自悟為宗旨，認為本性自有，不求外借，主張擔水劈柴無非妙道，穿衣吃飯即是人倫物理，坐臥行住也可以悟道，頓悟成佛，見淨自悟，因而他們不讀經，不坐禪，不拜佛，甚至把佛像劈了當柴燒，這樣一種宗教，其實是用宗教這種形式作為外殼，以佛教為旗號，表面上宣揚了佛教的解脫思想，實質上是中國文化特有的價值觀念與思維方式的產物，它是在儒道兩家思想的熏陶之下，綜合了儒家的性善論、良知說、孟荀關於人人可以成為堯舜這樣一些觀念以及道家任運自然的人生態度而形成的一種中國化的佛教，在禪宗中通過對佛教進行創造性的再解釋，從而使佛教完全相融於中國文化整體結構之中，強烈地體現出中國文化精神來。

在唐代佛教中，不僅禪宗如此，天台宗的實際奠基人智顗所主張的性具善惡說，同樣標誌著印度佛教的進一步中國化，儘管這一學說依然用的是佛教術語，但究其實質，所體現的恰恰是中國文化所特有的人性論學說，性具善惡說綜合了中國歷史上的各種不同的人性論，尤其是在董仲舒的性三品說和楊雄的性善惡混的基礎上，來創造地闡

發印度佛教如來說「性具染淨」的理論。

唐代文化中，人性論被高揚，與佛性學說相聯繫，並用人性論來解釋佛性論，這種學術風氣的新特徵，其實是與唐代儒學開始的由本體論向心性論的轉向相表裡的，這樣在唐代儒釋兩家佛性論與心性論的相互啟發與促進，佛教完全融之於中國文化整體之中，成為中國文化結構中的一個方面。而唐宋以來的佛教徒無不在這種文化融合的大氛圍下公開援儒入佛，宗密作《原人論》，智圓大師自號「中庸子」，宣稱他的思想「崇儒為本」。

當然反面的教訓也是有的，比如早期天主教就未能完成中國化的進程，小乘佛教的教義在中國未能產生較大影響，法相唯識宗也收效甚微，中國歷史上還有其他一些外來宗教，如猶太教、祆教、摩尼教等迅速衰微融附於其他宗教，或消聲匿跡。究其原因，一個重要方面就在於它們未能有機地體現中國文化的本體結構和基本精神，沒有將中國文化涵受於自身之中，並用中國文化對這些外來宗教或宗教作創造性的解釋，使這些外來宗教或宗派與中國本土文化並存而相融。

（二）宗教對中國文化的影響

當我們追根溯源，去追尋中國文化的最初形態時，不難發現，它就是史前巫教系統及隨之而來的三代天命神學，它們同時構成最初時期中國文化的整體和總體，也是中國文化的全部內容，並為中國文化的產生和發展奠定了第一塊基石，在各個方面對中國文化產生了極為深刻的影響。

諸子百家紛紛起來衝破傳統宗教的束縛，獲得了相對獨立的發展，不再與天命神學體系混而為一，從此才有了本質上完全不同於天命神存體系的各種世俗文化形態。在諸子思想體系中，消解轉化了傳統宗教的神學內容，改變了它的迷狂與非理性的成分，極大地凸現了

人文主義的因素，從而在本質上區別於天命神學體系。但是諸子百家也不是一下子突然產生出來的，它脫胎於傳統天命神學這一文化團體，是在先前宗教思想體所積澱的文化成果的基礎上逐步形成的。同時，諸子百家的思想體系中也並沒有完全推倒先前思想文化所取得的成果，而是在相當的程度上把它們保留了下來，從而使之成為一個積極的文化因子被容納進諸子的思想體系中，成為他們思考問題，創立思想體系的思想酵母和出發點，只要我們具體地去分析諸子的思想體系，就能從中強烈地感受到傳統天命神學的影響。可以這麼說，如果沒有天命神學所提供的思想成果和思維結構，就不可產生出諸子百家各自不同的思想文化形態。

總之，從中國文化的最初形態來看，諸子百家儘管是一種獲得獨立發展的世俗文化流派，它本身承續了傳統宗教的思想成果和思維結構，並沒有從根本上推倒天命神學，徹底擺脫它的羈絆。從傳統宗教這一方面來說，當它失去了作為文化整體或總體的地位以後，也並不是對世俗文化形態不再具有任何的影響力。認識到了宗教與中國文化的這種根源性因素，對把握兩漢以後，尤其是形成了以儒釋道為中國文化的整體結構以後，宗教對中國文化的影響，具有啟示性的價值。在中國文化的發展史上，宗教始終給予了極大的影響，無視這種影響，就不可能完整準確地去領會中國文化。

從理論上來說，宗教是中國文化的整體結構中不可或缺的組成部分，宗教與中國文化的各種形態構成了具有內在統一性的完整的文化共同體。這是一種動態互補結構，宗教與中國文化整體之間在長期的歷史行程中彼此認同，相互影響，共同發展。因此當我們說宗教受制於中國文化背景，體現中國文化精神，並只有在中國文化所能提供的框架內合理的發展，從中國文化的其他各種形態中吸收養料來充實豐富自身。這同樣也就表明了宗教在中國文化中不純然只是一個消極的

因素，被動地去適合中國文化，而是在相當廣泛的領域內對中國文化產生了深刻的影響，對中國文化的發展起了積極的推動作用。

以佛教為例，它是一種內涵極為豐富的世界性宗教，有一個完整的思想體系，以其精緻的教理、深奧的教義、嚴密的邏輯、獨到的修持方法和完備的組織形式立於世界文化之林。正是這樣一種外來宗教，成為提供中國文化的理論要素，完善中國文化的整結體構，推動中國文化向高層次發展的一個歷史動因。佛教對於中國文化的影響廣泛而深入，涉及到了社會生活的各個領域與文化體系的各個形態，哲學、史學、文學、藝術、乃至本土的宗教，都在佛教的影響下，變換了其思想內容。以文學為例，從六朝的志怪到明清的神魔作品都留下了佛教的思想痕跡。佛教也促進了中國文化藝術多方面發展，它顯著地滲透到了詩歌、音樂、雕塑、繪畫、建築等藝術形式之中。在南北朝隋唐時期，佛教是中國文化中一個極其重要的方面，在這一時期，倘若沒有佛教，中國文化就顯得蒼白無力，至少呈不完整狀態。並且在佛教的影響與帶動下，促進了史學、目錄學、翻譯學、語言學、邏輯學等多種學科的研究與發展。佛教對中國文化的最大影響是在思維方式與理論轉向上，具體說來就是隋唐佛教的發展促使傳統儒學吸收佛學成果，發展出宋明新儒學。

從文化系統上來說，儒學與佛學是根本不同的兩種思想體系，宋明新儒家沒有一個不是站在傳統儒學的立場上，從理論上來批判佛教思想體系，以把自己與佛教嚴格區別開來。然而當我們深入宋明新儒家思想的內部作細緻的分析，不難發現，他們無一不受到佛教的影響，即便是像張載、王夫之這些強烈反佛教的人，也不能例外。佛教影響宋明理學的不只是一些簡單的命題，如「月印萬川」，「理一分殊」，而是經過唐代佛教充分展開了的佛性學說，與儒家傳統的心性學說相互啟發和促進，深入到宋明新儒家的思想體系之中，成為其核心

和靈魂，並影響到中國文化發展的道路與方向。宋明新儒學就是在佛教佛性論的推動下產生的，朱熹天理世界的建構，王陽明心學體系的奠定，張載「太虛無形，氣之本體」這一本體論世界觀的確立，王夫之對於能所關係的辯駁，以及包括整個宋明新儒家在內的在人性問題上高層次的探討，這一切都無不刻有佛教思想深深的印痕。

　　宗教並存而相融於中國文化之中，它並沒有完全泯滅自己作為一種宗教型態所具有的個性特徵。在中國文化中，不管是本土宗教還是外來宗教，中國宗教的各種型態又同時是一種特殊的現象，因而就必然具有其他文化型態所沒有的特殊的功能，在相當的程度上去補充傳統文化，給予深刻的影響。不僅佛教是這樣，即便像基督教在尚未「能完成中國化進程」，在與傳統文化的碰撞中，衝突必然多於融合，但它也不是對中國文化沒有產生一點影響。一個不容置疑的事實是，中國人正是通過傳教士接受了近代西方科學文明的。我們在徐光啟、李之藻、楊廷筠的著作中都可以證明這一點。隨著傳教士進入中國，他們同時把古希臘思想介紹給了中國人，如亞里士多德的一些學說。以徐光啟為例，他接受天主教，並不局限於通過它來介紹西方科技與物質文明，還有著強烈的人文的動因，即基督教思想體系中所包含的人文因素，他曾明確宣布改宗天主教是易佛補儒，認為天主教中有儒學所無而又可以補充儒學的東西。

　　從佛教等外來宗教的例子來看宗教對中國文化的影響，有一點似乎是不言而喻的，就是宗教在相當的程度上提供了其他文化型態所無法取代的功能，以滿足人們的精神需要，尤其是社會轉型或人生變故之時，宗教更能顯現出其特有的價值。對於中國宗教來說，同樣如此。事實上，宗教對於提高中國文化的抽象思辨能力，展現人的創造性、能動性與想像力，豐富中國文化的內涵，提高中國文化的理論深度，滿足人們的精神需要及其在生活態度、人生價值、人格理想與道

德修養等方面都有一定的價值。如果不能在某些方面滿足人們的精神需要，就不可能具有價值，也就不會對中國文化產生影響，其本身就失去了存在的意義。一些外來的宗教或教派之所以不久就湮沒無聞，就在於它們在一定程度上不能滿足中國文化的某種需要，提供不了某些為中國文化所能接受的東西。

同時必須指出，宗教對中國文化的影響有兩重性，既有積極的、正面的、值得肯定的方面，也有消極的、負面的、必須加以否定的方面。這就需要聯繫社會條件，放在具體的時間與空間裡，加以具體的分析。

三、宗教與中國文化本位

無論從理論內涵還是歷史形態來看，宗教相融於中國文化的整體之中，成為這個整體的一部分，並給它以多種影響。然而，這種相融本質上依然體現了和而不同的文化精神。一方面，宗教並存而相融於中國文化整體之中，它並沒有放棄宗教之所以為宗教所具有的個性特徵，宗教對中國文化的影響所及也並沒有導致世俗文化的宗教化，這種影響是相對的，有限的。另一方面，中國文化對於宗教是拒斥與容受並存，並沒有無原則地把一切宗教，或宗教的一切方面都納入文化整體結構之中，而是有所選擇的。因而在中國文化的整體發展中，宗教與中國文化整體及其他各種文化形態之間不時地彈奏出不和諧的音符，這一方面在外來宗教與本土文化的關係中表現得特別明顯。當我們充分注意到了宗教與中國文化相融一方面的同時，也應充分認識到不相融的方面，看到兩者之間的衝突與鬥爭。

以佛教為例，當其初傳時，由於佛教主動地去比附中國文化，它自身的個性特徵未能充分地加以展現，而且中國文化在當時主要是從

本土文化的立場上來理解宗教，對它的本性缺乏真切的了解，因此兩種不同質的文化系統的衝突與鬥爭還不甚嚴重。但是隨著佛教勢力的增長，尤其他在中國社會中進一步的發展而展現出鮮明的個性特徵，佛教再也不滿足於對於中國文化的迎合比附上，而要求獨立發展，這時，兩種文化系統的歧異性就越來越明顯，衝突與鬥爭就突現出來了，並且公開化，愈演愈烈。南北朝時期就出現了各種各樣的爭論，當時爭論的問題主要集中在如下幾個方面：1.夷夏之爭；2.黑白之爭；3.形神之爭；4.沙門應否禮敬王者之爭；5.佛教對國家的利危之爭。從這些爭論來看，幾乎涉及到了兩種文化系統的所有方面，因而是全面的衝突。

即便是在佛教並存而相融於中國文化整體之中，完成了中國化的進程以後，兩種文化系統都並不是完全泯滅自身的個性特徵，而依然存在著深刻的矛盾，因而鬥爭同樣不可避免。如唐代，一方面是儒釋道並獎，另一方面佛教宗派的形成，儒釋道合一之類的觀念成為時代普遍的文化心態。但有唐一代，兩個文化系統之間的衝突從來就沒有停止過，在唐初有傅奕與佛教法琳及佞佛茲深的士大夫官僚蕭瑀之間的鬥爭。中唐以後則有韓愈挺身而起，主張禁絕佛教。佛教與中國文化的這種種衝突甚至走向極端，統治者運用手中的工具來滅絕佛教，如有名的會昌法難即是一例。

外來宗教與中國傳統文化之間的衝突鬥爭突出地展現在基督教與中國本土文化之間，基督教在唐、元兩朝兩次傳到中國，但卻都未能紮下根來，這本身就顯示出基督教在當時未能相融於中國文化傳統中之，兩者之間有不相融的方面，並且是主要的方面。明清之際第三次傳到中國，由此拉開了兩種文化系統碰撞、衝突與鬥爭的序幕，但傳到中國的各派中，只有耶穌會士試圖去調和基督教與中國本土文化之

間的矛盾，使其表面上相融於傳統文化之中，從而在某些士大夫知識分子那裡有某種認同。但就基督教的全體及本質方面而言，它是被作為未能相融於中國本土文化的東西來對待的，自耶穌會曇花一現以後，清初即有長達百年的禁教。列強入侵，基督教被作為帝國主義的工具，與本土文化的衝突鬥爭日顯尖銳激烈，不斷發生的教案，其深層的根源就在於兩種文化系統的不相融的方面被凸現了出來，在這樣複雜的社會背景之中，有可能並存而相融的方面卻往往被忽略了，因而它們之間的交往碰撞，必然是衝突多於相容，歧異多於認同。

作為兩種不同的文化系統，宗教與中國文化的動態互補關係就是在不斷地消解對立、和緩矛盾的過程中進行的，因此，相融性與鬥爭性是宗教與中國文化整體之間關係的兩個不同的方面，缺一不可，兩者之間又具有內在的統一性。進一步來看，兩種文化系統的相融與鬥爭，歧異與認同都立基於中國文化的歷史整體，受制於中國文化的背景，是在中國文化的總體框架內進行的，不能游離於中國文化之外，超出所允許的範圍。在中國文化整體中，宗教作為一個特殊的領域，只是相對於其他文化形態才有意義，各種宗教形態不能分庭抗禮於這一整體之外，而在中國歷史上那些未能相融於這一整體的宗教或教派，不僅不能取代這一整體，與其相抗衡，甚至必將失去存在的條件與意義。

這裡涉及到了在中國文化的多元結構中以何者為本位的問題，包括宗教在內的中國文化整體的各種形態並不是等量齊觀的，而有主次之分。自漢代以來，中國文化就確立了以儒為本，從來沒有動搖過。包括本土宗教與外來宗教在內的各種宗教形態從未凌駕於儒學之上，取代儒學，處於中國文化的主導地位，成為思想文化領域內意識形態的核心內容或主流。

在考察宗教與中國文化的整體關係時，確立以儒學為本位，就能更好把握中國文化的性質，那麼以下兩點應特別引起重視。其一，廣義地來說，中國文化對於各種宗教形態既有拒斥，也有容受，而拒斥與容受的尺度，則看該種宗教與儒學是否能相容及其相容的程度，中國人是站在儒學的立場上來看待一切宗教的形態的，這一點對外來宗教來說更其重要。以韓柳兩人為例，柳宗元對佛教有相當程度的信仰，但他信仰佛教是看到了它許多與儒學相通的地方，他是站在儒學的立場上來談佛教的，提出統合儒釋，就是以儒統釋，因儒談釋，援佛入儒，從而來豐富補充儒學，對於那些與儒學相違的東西，柳宗元也是持拒斥的態度。韓愈反佛也是基於儒家的立場，他看到了佛教相異於儒學的方面，主張用儒家的道統論來抗衡當時極盛於世的佛教各宗派，指斥佛教背離了中國文化傳統，乖違忠君孝親之義，有礙農桑，是夷狄之教，主張讓佛教徒還俗，燒毀佛教典籍，這一切也都是基於儒學的立場。韓柳對於佛教的態度正好是在儒學的立場上，中國人拒斥或容受佛教之一體兩面。

其二，宗教與中國文化的衝突融合，是和中國文化整體的發展聯繫在一起的，也只有以儒學為內在線索才能充分理解宗教能否相融於中國文化及相融的程度，從而對宗教所施之於中國文化的影響有一個基本的定位。中國文化的整體是由儒釋道共同來維繫，三者並存而相融，因而在中國文化中，從歷史形態來看，就有所謂儒道的匯通與互補，儒佛合流，「三教合一」，儒耶合流等各種形態，但不容否認的是「三教」關係以儒為主，儒學是主幹，佛道為輔翼，為補充。是作為宗教形態的佛教、道教、基督教等向儒學靠攏。在儒學與宗教的衝突中，被禁絕的也只是宗教，歷史上不斷有士大夫知識分子來批判宗教，但很少有宗教徒聯合起來批判儒學的。

對於中國人來說，儒學是我們生活的文化環境，是我們所能體驗

到的客觀的歷史的生活態度，是整體中國人的行為方式、道德準則、社會規範、政治理念的文化基礎，以及作為支撐我們的社會正常運轉的價值取向和人文因素，在中國文化中，儒學的這種地位，就決定了即使在宗教大發展的時期，如唐代，它們仍然未能凌駕於儒學之上，進入到意識形態的核心，取代儒學，成為最主要的精神支柱，相對儒學來說，它們依然只能起配角的作用，彌補儒學不足，在被儒學允許的範圍內發揮作用。在廣泛的社會生活領域內，具有指導性意義的只能是儒學的價值觀念和社會理想，以及它的道德準則和社會行為規範。

在以儒學為本位及內在線索來理解宗教與中國文化整體關係的同時，應該看到儒學在中國文化的整體發展中不是一個封閉的系統，而是一個開放的系統，而是一個開放的系統，儒學本位的確立和不斷提升的過程邏輯地包含了各種中國宗教形態所提供的積極的思想成果。以宋明理學為例，它成為中國歷史上長達千年的一種思想文化思潮和意識形態的核心，而又不同於唐代以前的儒學，一個基本的原因就在於它吸收了隋唐以來佛道的積極成果。南北朝隋唐以來，佛道大發展，相對說來，儒門淡泊。在這個文化大背景下，如要復興儒學，宋明理學就必須對佛道既拒斥又容受，既要超越，又勢必要包含與吸收佛道的某些內容。然而宋明理學這種對佛道的態度，本身也是以儒學內在的整體結構和特徵作為基礎與出發點的。

【注解】

【1】恩格斯《致布洛赫》《馬克思恩格斯選集》第四卷，第四七七頁，人民出版社，一九七二。

【2】董作賓《殷墟文字乙編》七一九七，七三四三。

【3】《周書‧召誥》。

【4】《卜辭通纂》三六四。

【5】《卜辭通纂》三六五。

【6】林泰輔《龜甲獸骨文字》。

【7】《太盂鼎》。

【8】《尚書‧召誥》。

【9】《尚書‧周書‧蔡仲之命》。

【10】羅振玉《殷墟書契前編》下。

【11】《毛公鼎》。

【12】《周書‧君奭》。

【13】《小雅‧正月》。

【14】《小雅‧雨無正》。

【15】《春秋繁露》。

【16】《國語‧魯語上》。

【17】《國語‧魯語上》。

【18】《大戴禮記‧禮三本》。

【19】《禮記‧禮運》。

【20】《禮記‧哀公》。

【21】《周禮‧春宮大宗伯之職》。

【22】《禮記‧祭統》。

【23】《禮記‧曲禮》。

【24】《喪服小記》《孔疏》。

【25】《禮記‧亡禮下》。

【26】《國語‧楚語下》。

【27】《周禮‧大宗伯之職》。

【28】董仲舒《天人三策》。

【29】《禮記‧祭法》。

【30】《禮記‧王制》。

【31】《左傳‧僖公十年》。

【32】《禮記‧大傳》

【33】《禮記‧祭統》。

【34】《易‧象傳》。

【35】《禮記‧效特性》。

【36】《禮記‧大傳》。

【37】《妙林經二十七戒首》。

【38】契嵩《孝論‧孝戒章》《鐔津文選》卷三。

【39】頤歡《夷夏論》。

【40】《魏書‧釋老志》。

【41】慧遠《沙門不敬王者論》。

【42】《文集‧答吳斗南問》。

【43】《文集‧答廖子晦》。

【44】《朱子語類》卷十三。

【45】《禮記‧坊記篇》。

【46】《鹽鐵論‧備胡》。

【47】《詩經‧北山》。

【48】《管子‧任法》。

【49】《馬克思恩格斯選集》第三卷，第三五四頁，人民出版社，一九七二。

【50】《梁書・陶弘景傳》。

【51】《元史》卷二〇五《阿合馬傳》。

【52】《貞觀政要》卷六。

【53】《集古今佛道論衡》卷三。

【54】《御制立教立成齋醮儀文序》。

【55】《明史・張三豐傳》。

【56】《明史・邵元節傳》。

【57】《明史・邵元節傳》。

【58】《梁書・武帝本紀下》。

【59】《混元聖記》卷八。

【60】《舊唐書・方伎列傳》。

【61】《釋氏稽古略續集》卷二。

【62】《高僧傳》卷六。

【63】陳垣（輯錄）：《康熙與羅馬教皇使節關係文書》影印本。

【64】《全唐書》卷一三三。

【65】《全唐書》卷一〇一。

【66】《舊唐書》卷二〇〇。

【67】《明史》卷三〇九。

【68】《易・賁卦・象傳》。

【69】《十三經注疏》。

【70】《尚書・夏書》。

【71】見《荀子・王制》

【72】《易・觀卦・象傳》。

【73】《論語・八佾》。

【74】《荀子・天論》。

【75】參見《中國宗教史》第一編第五章第二節。

【76】《國語・楚語》。

【77】《國語・楚語》。

【78】《墨子・兼愛下》引《禹誓》。

【79】《觀心論疏》卷三。

【80】《法華玄義》卷一。

【81】《觀音玄義》卷二。

【82】《華嚴五十要問答》。

【83】《大華嚴經略策》。

【84】《禪源諸詮集都序》。

【85】《壇經》。

【86】《黃檗山斷際禪師宛陵錄》。

【87】《壇經》。

【88】《廣弘明集》卷八。

【89】《抱朴子・對俗。》

【90】參見《抱朴子・論仙》。

【91】《重陽授丹陽二十四訣》。

【92】王岱輿：《正教真詮》。

【93】王岱輿：《正教真詮》。

【94】《弘明集》卷一。

【95】《弘明集》卷八。

【96】《弘明集》卷三。

【97】《荷澤神會禪師語錄》。

【98】《梵琦語錄》。

【99】《大珠禪師語錄》。

【100】均見《壇經》。

【101】《淨明忠孝全書》。

【102】《淨明忠孝全書》卷三。

【103】《淨明忠孝全書》卷三。

【104】《淨明忠孝全書》卷四。

【105】《辨學章疏》。

【106】《弘明集》卷一。

【107】《弘明集》卷三。

【108】《廣弘明集》卷七《列代王臣滯惑解》。

【109】《弘明集》卷十二《廬山慧遠法師答恒玄書沙門不應敬王者事》。

【110】《弘明集》卷十四。

【111】《鐔津文集》卷八《寂子解》。

【112】《鐔津文集》卷三《孝論》。

【113】《靈峰孝論》。

【114】《靈峰孝論》。

【115】參見方立天：《中國佛教與傳統文化》，第二七七頁。

【116】《抱朴子·自敘》。

【117】《洞玄靈寶智慧本願大戒大品經》。

【118】《無上秘要》卷六十四。

【119】《金關玉鎖訣》。

【120】《晉真人語錄》。

【121】《金丹大要》卷九。

【122】《淨明忠孝全書》卷二。

【123】《道學圍古錄》卷五十。

【124】《淨明忠孝全書》卷二。

【125】王岱與《正教真詮》。

【126】《國語·楚語下》。

【127】《左傳·昭公元年》。

【128】《禮記·祭法》。

【129】《尚書·仲虺之浩》。

【130】《詩大雅·文王之什》。

【131】《孝經注疏》卷五。

【132】《憨山大師夢遊全集》。

【133】《理惑論》載《弘明集》卷一。

【134】《方豪六十自定稿》上第二一二頁。

【135】徐光啟《辨學疏稿》。

【136】《徐光啟集》上冊第八十六頁。

【137】《破邪集》卷一。

【138】《肇論》。

第八章　社會主義制度下的中國宗教

中國共產黨領導中國人民經過幾十年的奮鬥，終於在一九四九年奪取政權成立了中華人民共和國。中華人民共和國的成立標誌著中國社會政治、經濟體制的又一個大轉型。這場革命的性質在於結束幾千年來與勞動人民相對立的階層和集團對中國社會的控制，改由工農大眾掌管社會政治和經濟命脈，政治上實行以共產黨為領導核心的與其他民主黨派進行政治協商的人民民主專政，經濟上也由私有制逐步改為社會主義的公有制，以實現中國共產黨為之奮鬥多年的追求社會平等的理想。社會主義制度在經過社會主義改造後逐步確立下來，從根本上改變了中國社會的結構和組織體系，引起了社會從經濟基礎到上層建築的廣泛革命和改革。宗教作為一種和整個社會主義制度不甚協調的社會組織制度和觀念信仰，在劇烈革命後的新制度下如何存在與發展，它的社會功能如何，成為一個突出的問題。

第一節　新制度下宗教的調適與功能

一、新制度下的宗教調適

社會主義革命為中國帶來了一個全新的時代，它結束了中國社會若干年來的動盪與解組，使之進入一個新的社會整合時期。新的經濟基礎必定要產生新的上層建築，新的社會制度必然要衍生出新的社會組織與機構，一切社會結構的改革都圍繞著適應社會主義的經濟基礎和政治制度進行。

宗教作為一種有別於社會主義意識形態的特殊觀念信仰與組織

制度，這時有著諸多與新社會制度的不適合之處：

1.宗教意識與社會主義社會的主導意識形態存在著根本分歧。

無論是世界性的，還是民族的地域的宗教，都是建立在有神論唯心主義的基礎之上，而中國的社會主義社會的主導意識形態卻是馬克思主義的，是建立在科學的無神論與辯證唯物主義和歷史唯物主義的基礎之上的。

2.各教的領導權曾被封建統治階級、官僚資產階級及帝國主義勢力長期控制。

在舊中國漫長的封建社會和一百多年的半殖民地半封建社會中，中國的各種宗教都曾經被統治階級利用，成為他們進行社會整合與控制的工具。國內的封建地主階級、領主階級以及反動軍閥和官僚資產階級主要控制著佛教、道教和伊斯蘭教的領導權；後來的外國殖民主義與帝國主義勢力則主要控制著天主教和基督教的教會。

3.各教內部還存在著某些封建特權和壓迫剝削制度。

4.反革命勢力與帝國主義勢力披著宗教外衣，利用宗教從事著反對新的社會制度與干涉中國內政的種種活動。

正因為有著以上種種同新中國的社會制度相矛盾、相衝突之處，宗教能否繼續在新的社會制度下存在下去面臨著極大的窘境。尤其是剛剛建立起來的新的社會體系極需與其協調一致的上層建築，以利於新的社會控制與整合，但這時宗教幾乎顯示不出它對社會的積極功能。如果人為地取消宗教既不符合事物發展的客觀規律，又會帶來極為不良的社會後果，因為以下幾個因素決定著宗教還將在中國的社會主義社會中長期存在。

1.社會現實問題對人們精神的困擾

首先是當今中國生產力發展水準的限制使人們的認識水準受到

限制，無法科學地認識世界。中國的社會主義社會，是一個從貧窮落後的母胎中誕生的嬰兒，其先天不足決定了它在很長一段時期內生產力的發展只能處於較低的水準，人們這時尚無能力對一些困惑自己的現象作出科學的解釋，因而會使一部分社會成員產生信仰宗教的意向。

其次是社會制度的不健全，加之由於多種經濟成分並存產生的一些衝突及工作上的一些失誤，使一些社會苦難暫時無法擺脫從而導致一部分人皈依宗教。

再者是宗教傳統對人們的影響。中國歷史上就是一個多民族、多種宗教的國家，宗教對很大一部分社會成員的生活有著極為深刻的影響。解放以後雖然一直提倡無神論，但在一部分人的心中宗教傳統的影響還是根深蒂固，這也成為今日人們信教的一個因素。

2.信教人數眾多

據統計，中華人民共和國建立之初全國信仰各教的人數大體為：

表8-1　解放初期信教人數統計表

教　　種	人　　　　數
漢傳佛教	僧尼五十萬人，在家居士無確切統計
小乘佛教	九十三萬人
藏傳佛教	四百四十三萬人
道教	包括道士、道姑、在家信教者均無確切統計
伊斯蘭教	八百萬人
天主教	二百七十萬人
基督教	七十萬人
東正教	無確切數字，多為阿爾巴津人，中國籍為數不多。

資料來源：北京市宗教事務局資料《華北宗教一覽》。

據中華人民共和國第一任總理周恩來的估計，解放之初，中國信仰宗教的人數約在一億左右。這個數字包括了在家信佛教和道教的人數。佛、道教在舊中國影響相當廣泛，有很深厚的群眾基礎。這個絕對數字相當龐大，即使和全國當時的四億五千萬人口相比，也已占四分之一左右。宗教關乎著近四分之一社會成員的精神寄托，關乎著如何對待群眾，如何調動一切積極力量，促成社會的進步與發展，實在是舉足經重，不可等閒視之。

3.宗教與民族問題關係密切

中國是由五十六個民族共同組成的社會，其中半數以上的民族幾乎是全民信教。藏族、蒙古族、維吾爾族、傣族等全民信教的民族居住總面積約占全國疆土的一半以上。所以如何對待宗教，正確處理宗教問題直接關係到民族團結和國家安全。

4.宗教關係到與世界各國的交往

世界上的各個民族都有自己的宗教，其中有幾十個國家還將某種宗教定為國教，如果建國之初就不允許宗教在中國存在，勢必影響中國與世界各國，中國人民與全世界人民的友好往來與友好相處。

正是由於以上種種原因，在中國社會主義時期，宗教既不會自發消亡也不能人為地使之消亡。周恩來在此問題上曾同意李維漢的分析：由於宗教的群眾性、民族性、國際性與複雜性的特徵，決定了它還要在中國的社會主義社會中長期存在下去。這也就是說，雖然宗教在很多方面還不適應中國新的社會制度，但由於種種客觀原因，又必須允許它在中國社會主義社會中長期存在下去，這就形成了一個明顯的矛盾，如何解決這一突出的矛盾？如何使宗教走上與中國社會主義社會一體化的道路？方法只有一個，就是對宗教進行

調適，使之適應主義制度。但這種調適必須是雙向的：作為政府，要保護人民的宗教信仰自由，要允許正常宗教活動的進行；作為宗教界自身，也要主動向政府靠攏，要剔除反共、反社會主義的勢力，要遵守新制度下的政策、法律、法令，要改革自己的組織機構與神學思想。只有這樣，才能使宗教這個社會子系統和整個社會系統相吻合，保證整個社會系統的正常運轉。

宗教必須進行變革，才能適應社會主義制度。那麼，它自身到底有無變革的可能性呢？有。這根本上取決於宗教本身具有再生機制。宗教的再生機制含有可變與不可變相統一的兩個組成部分。宗教意識的核心部分是不變部分，宗教神學思想的形態、宗教道德、組織機構、制度、社會功能等則是可變化的部分。

宗教神學思想可適應社會的變革、融合、吸收新的成分而發生某些變化。在一定的歷史條件下，對「神的啟示」的認識、理解、闡述和理性解釋，如對人間和天國、今世和來世、此岸和彼岸、入世和出世等關係，不同時期、不同教派、不同神學家會作出不同的解釋。在以信仰虛幻的天國、上帝為動力和歸宿的前提下，有不同的世界觀；既有出世入世相對立的消極厭世的今世觀，又有出世入世相統一、不放棄現世利益、甚至強調現世利益的今世觀。不同的今世觀本質上正是反映了不同階級、階層、民族的利益和要求，因而其社會作用也不相同。以基督教為例，它產生的初期階段所崇尚的「原罪論」、「原罪平等」，反映了受羅馬帝國統治的猶太民族作為奴隸和被壓迫者的要求；此後為適應時代變化的需要，便以「天國的平等」代替了「原罪平等」，從而掩蓋了剝削本質；中世紀神學思想又著重宣揚整個世界是上帝意志的產物，強調教皇和教會是上帝和信徒的中介；十六世紀的宗教改革則反映了新興資產階級的

反封建要求，神學思想融入了人文主義思想，宣揚信仰得救，肯定人的地位，強調「在神的面前眾生平等」。近代基督教大量傳入中國後，同樣出現反映不同階層利益、要求的不同神學思想形態。

宗教自身的再生機制中，宗教道德是社會適應性最強的部分，雖然上帝、天國、神的「啟示」等宗教標準是「永恆不變的」，而進入天國的善惡標準、道德要求，均可隨社會變化作出適應性的解釋。如佛教，強調成佛最高目標必須「以眾生為緣」，道德活動必須「自利利他」，由此形成了一系列道德規範如五善五惡、十善十惡、四攝六度等。佛教傳入中國後，又吸收了儒家社會的傳統道德，如忠孝之道等，伊斯蘭教傳入中國後，融入中國的傳統文化，用儒家倫理道德解釋伊斯蘭教倫理道德，總結為「五典」（五倫）與伊斯蘭教的基本宗教制度「五功」相並列。此外諸如宗教的組織結構、社會功能也均隨社會的變遷而作相應的改動。宗教的這種再生機制，也保證了它通過自身改革達到與新的社會主義制度相適應是完全可能的。

但具體來說，宗教怎樣在新制度下通過自身變革以達到適應，以及從哪些方面進行調適呢？

首先是組織和政治上的調適。【1】在舊中國，宗教曾被帝國主義和國內統治階級控制利用，起過很大的消極作用。而在新中國，宗教界的上層人士納入愛國統一戰線，愛國愛教，擁護社會主義。新的社會制度建立以後，宗教首先就要從組織和統治狀況上進行改革，以適應新的社會制度並保證自己能夠存在、鞏固下去。

1.基督教和天主教，擺脫了殖民主義、帝國主義勢力的控制，成為由中國宗教徒自辦的宗教事業

基督教界發起了三自愛國運動：1.反對外國差會的控制，發表「三自宣言」，主張「自治、自養、自傳」；2.同時割斷與外國差會

的關係，成立三自愛國組織「中國基督教三自愛國運動委員會」；並規定該會宗旨為：在中國共產黨和人民政府的領導下，團結全國基督徒，熱愛祖國，遵守國家法令，堅持獨立自主，自辦教會的方針，保衛三自愛國運動的成果；3.肅清基督教內的反革命勢力，各地政府陸續依法逮捕了少數披著基督教外衣的反革命分子，並通過肅反運動，基本上清除了混跡於基督教內的反動分子，使宗教活動一步步走上正常軌道。天主教界也同樣發起了反帝愛國運動：1.發表愛國宣言，反對梵蒂岡干涉中國內政。2.揭發和控訴帝國主義利用天主教侵略中國的罪行。3.肅清天主教內的反革命勢力。4.擺脫梵蒂岡教廷的控制，自選自聖主教。

2.佛教、道教和伊斯蘭教擺脫國內反動階級的控制和利用

佛道教界進行了民主改革運動：1.廢除封建特權和壓迫剝削制度。佛、道教在舊中國長期受統治階級的控制和利用，形成了種種封建特權，一些大的寺觀的住持，有權奴役和處置上層僧侶及所屬佃農，一九四九年後，經過土地改革和民主改革，廢除了佛、道教的種種封建特權，出家的佛、道教徒和寺觀住持也和一般公民一樣享受同等的權利和義務。2.純潔佛、道教徒的隊伍，把一些混入佛、道教徒中的反革命分子和壞人從佛、道教中揭露出來，其中還清除了一批混入佛道教界中的反動會道門分子。3.建立了佛、道教愛國組織「中國佛教協會」和「中國道教協會」。4.藏傳佛教實行政教分離和民主改革。伊斯蘭教也進行了民主改革和愛國運動：1.廢除封建特權和壓迫剝削制度。2.清查出極少數隱藏在伊斯蘭教內進行反對社會主義活動的敵對分子，純潔了伊斯蘭教內部。3.建起伊斯蘭教愛國宗教組織「中國伊斯蘭教協會」，其宗旨為：發揚中國穆斯林的好傳統，愛護祖國，保衛世界和平。

其次是宗教神學思想方面的調適。為了適應變革了的社會，適

應已變化了的社會經濟與政治條件，適應在新形勢下宗教徒的需要，中國各宗教的神學思想都進行不同程度的變革與調適。

1.基督教神學思想的若干變化。

要達到真正的「自傳」，基督教必須擺脫西方神學的羈絆，清算逃避現實的思想，創造中國信徒自己的神學體系。基督教愛國人士對一些被帝國主義、反動分子曲解的教義作了合乎《聖經》中真正精神的辯明和解釋，從而使中國基督教的神學思想出現了某種新的因素。尤其是在一九五六年，基督教刊物《天風》曾就「基督徒應怎樣對待世界」、「基督徒和世人的關係」等問題展開了廣泛深入的討論，在下列四個問題上形成共識：1.世界是屬於魔鬼的，還是屬於上帝的？信教群眾根據基督教教義，普遍認為「人類走向正義善良，符合上帝的旨意」，「世界不是魔鬼掌握的，而是上帝管理的。」這也是對新的社會制度的一種肯定回答。2.人的本性是完全敗壞的，還是既有「罪性」，也具有「上帝的形象」？許多基督教徒認為，從基督教神學來看，人既有「墮落敗壞」的一面，也具有「上帝的形象」，不可一味鄙棄或否定人民群眾及其在社會發展中所表現出來的聰明才智和巨大創造力。3.「信與不信」是完全對立的，還是雖有信仰差別，都應和睦相處？不少基督教徒認為，「愛眾人」乃「愛上帝」的表現，同非教徒對立，不符合「愛人如己」的教義。基督徒應盡力和眾人和睦相處，共同建設祖國。4.宗教信仰與社會道德是對立的，還是統一的？絕大多數教徒批駁了那種「只講生命（即信仰），不講善惡是非」的論點，認為按照聖經教義，必須是非愛憎分明，既要肯定別人的道德進步，也要承擔自身的道德責任。【2】以上這些對神學問題的討論，克服了基督教某些傳統教義中消極的一面，闡發了教義中積極的一面，發展、變化了教義，使其在客觀上適應了新社會的需要。

2.佛教思想的變化

1.「人間佛教」思想的發揚。在舊社會，佛教較片面強調世間一切皆空，人生一切皆苦，只有西方極樂世界的「淨土」、「佛國」才是幸福快樂的，這易使教徒消極厭世和逃避現實。中華人民共和國成立後，中國的佛教思想有了明顯變化，認為佛教徒不僅要追求來世幸福，也要致力於人間的幸福。佛教界許多愛國人士繼承和發揚了佛法和世間不可分離的思想，提倡「人間佛教」思想，要佛教徒奉行五戒、十善淨化自己，廣修四攝、六度以利樂人群，自覺地以實現人間淨土為己任，為社會建設貢獻力量。2.對佛教的「慈悲」、「不殺生」等教義的新理解。過去佛教界認為，慈悲為修行之本，即使犯了滔天大罪的壞人，也不能殺。在新社會中，佛教徒對這些戒條有了新的理解，他們強調：「佛教的慈悲，以廣大群眾為對象。為了大多數人的利益和安樂，消滅少數危害群眾的惡魔，正是佛陀大慈大悲的偉大意義所在。此外，其他宗教的思想也有不同程度的變化，如天主教在解放初期澄清了「有神無神勢不兩立」、以及超政治、超階級、超國家等觀念。伊斯蘭教的宗教思想也有所變化，廣大的穆斯林不再著重宣揚「世界末日將來臨」等消極思想，不再反對婚姻法和計劃生育等等，而是開始強調教義中積極的東西，接受新的文化科學技術和新的生活方式。

再者是宗教的社會功能也有了調整性的變化。這個問題我們將留待後面專門闡述。

總之，在新的社會制度下，中國的各種宗教為了在新的社會體系中得以繼續生存，都在努力改變自己的舊形象，積極地調整變革本教和新社會制度不適應的方面，力求完全納入新的社會系統並和整個系統保持協調一致的運轉。而作為國家新的領導者的中國共產

黨和中央人民政府，對宗教界這種向新社會靠攏的調適是非常歡迎的，尤其因為這些變革是在激烈鬥爭中完成的，它們不僅是數量上的增減，而且是性質上的轉變。社會主義時期的宗教、教會及各種宗教團體的領導權已不掌握在剝削階級手裡，宗教已成為各族勞動人民中的宗教信仰者自辦的宗教事業。教會也擺脫了帝國主義的控制利用，把宗教還原為個人私事，只作為一部分群眾的思想信仰。這些調適是成功的、值得肯定的，經過調適後宗教的社會整合程度還是比較高的，這是宗教與社會主義社會關係的主導方面。另一方面，宗教由於自身存在有基本不變的部分，而正是這部分，與社會主義社會存在有不相適應乃至對立的因素。這就是中國社會主義制度下宗教表現出的雙重性格。也就是說，宗教是人類社會歷史的產物，它要隨著人類社會的變化而變化，社會變遷是其變化的源，而它自身的改革是其變化的流。作為宗教載體的信仰者首先是社會意義上的人，然後才是宗教意義上的人。作為社會意識的人的本質必是他所處的一切社會關係的總和，他們所信奉的宗教也必定與他們所處的那個時代大體相適應。從這個意義上說，歷史上宗教所發生的一切適應性變化，都是由社會生產方式和經濟基礎決定的。但從另一方面來看，宗教為了在新的歷史條件下求得生存和發展，也在不斷地改變自身，以適應社會發展的要求。這種不斷的改變與適應，儘管是被動的，然而卻成了宗教在歷代社會中都得以生存的重要原因，社會主義制度下的宗教也教也概莫能外。

對宗教進行的調適是雙向的，社會也在積極調整有關宗教的政策、法律、法令，領導社會主義國家的黨和人民政府，為對宗教進行調適，積極引導宗教和社會主義社會的政治、經濟、文化、藝術、教育相適應作出了多種努力：

一是在國家和宗教之間實行「政教分離」的原則。從中國歷史上看，在全國範圍內從來都是「政教分離」，皇權一直高於教權。但中國社會主義時期「政教分離」原則的含義則是：宗教組織不是國家政權的組成部分，無政權的權力，而是一個社會組織和次級子系統。對國家來說，信仰宗教是公民的私事；國家既不推行某種宗教，也不禁止某種宗教，同時也不允許宗教干預國家行政、司法和學校教育。在「政教分離」的總原則下，把宗教納入了統一戰線範疇之內，即由包括廣大信教群眾在內的全體社會主義勞動者和一切愛國者在建設社會主義和促進祖國統一的目標下組成最廣泛的愛國統一戰線。愛國宗教界人士代表參加各級政治協商會議，發揮著黨和國家與宗教組織及廣大信教群眾之間的紐帶作用。二是國家從法律上保護宗教信仰自由。早在一九五四年，宗教信仰自由就寫入中國第一部憲法。國家依法保護公民有信教、不信教和信仰不同宗教和教派的自由。三是國家對宗教實行必要的行政管理與宗教團體對自身的管理相結合，各司其職。政府對有關宗教的法律、法規和政策的貫徹實施情況進行行政管理和監督，使宗教在法律範圍內活動，保護公民的合法信教權利、宗教團體寺廟教堂的合法權益、神職人員履行正常的教務活動和信教群眾的正常宗教活動、制止非法剝奪公民的正當的宗教信仰自由的行為以及打擊利用宗教製造混亂等違法犯罪活動。宗教團體的日常教務活動則由宗教團體自己管理，以教治教，奉公守法，熱心從事社會主義公益事業，防止外國勢力干預或插手中國宗教事務。

一場劇烈的社會革命後，中國誕生了一個新的社會，在這個新的社會系統中，各個部分都要服從整體，整體也會對各個部分作出調整。作為和社會主義社會主體意識形態有矛盾和對立因素的宗教

這個子系統，在這個調整適應過程中任務相當艱鉅，但它克服了重重困難，積極地去適應新的社會，對自己進行了力度很大的改革；同時黨和政府也積極地從宏觀方面入手，對和宗教有關的一切進行調整，為宗教完成自身變革提供了一個良好的社會環境，這樣最終使宗教順利完成變革，和整個社會系統協調一致起來。但與此同時，我們也應清醒地看到，宗教信仰和社會主義主體意識形態之間的矛盾和對立仍是客觀存在的。正由於此，使已進行過成功調適的已適合社會主義制度的各種中國宗教，在「文化大革命」十年浩劫中，受到了極左路線的殘酷迫害，又一次瀕臨絕境；也正是由於如此，三中全會後黨的宗教工作進行了撥亂反正，全面落實了黨和國家的宗教信仰自由政策。但也應看到，一些人由於認識上還未轉過彎來，尚未改變「文革」中對宗教的印象，仍在一定程度上視宗教為社會主義社會中的異物，沒能把它當作現今社會系統中一個必然的子系統來對待；還正是由於宗教與社會主體意識形態這種客觀上長期存在的矛盾與對立因素，國內外的一些敵對勢力出於自身的目的，往往打著宗教的旗號，利用宗教對現社會進行滲透、破壞和顛覆。新社會制度下的宗教就是在這種跟隨著時代大起大落，和整個社會系統又統一又鬥爭中繼續著它的存在和發展。

二、社會主義時期宗教的社會功能

建國以來，經過幾年的社會主義改造，中國已正式進入社會主義時期。隨著社會制度的變更，宗教自身也進行了若干調整，以適應於新的社會體系。在和以往舊制度全然不同的新社會中，宗教的社會功能也隨之發生了一些變化。

（一）影響宗教社會功能的新背景

經歷了一場劇烈的革命後，中國社會正處於新的上升時期，到處呈出一派蓬蓬勃勃、百廢待興的景象。一般說來，歷史上每當社會的上升時期，香火往往也相當旺盛，宗教對社會的正功能此時也總是呈上升趨勢，新的統治階層這時總是最有效地利用宗教來對社會進行控制和整合。但社會主義社會是中國歷史上一種嶄新的社會形態，它的意識形態是馬克思主義的，是建立在無神論基礎之上的辯證唯物主義和歷史唯物主義，它和唯心主義的宗教信仰之間存在著一種不可調和的基本矛盾。新的社會還沒有形成很多經驗，加之當時國際環境的惡劣，這些決定了在這個社會的上升時期，宗教社會正功能不但不會呈增長趨勢，而且還會有所下降。五〇年代的中國青年，富於新社會的熱情，他們追隨中國共產黨，信仰共產主義，信仰無神論。當時及此後的幾十年間，除原有少數出身於世襲的宗教家庭和信仰民族宗教的情況外，絕大多數中國青年都不信教。無神論的宣傳和教育影響之深遠使跨度幾十年的若干代年輕人不但覺得不信教天經地義，而且認為信仰宗教者很不可理喻。「文革」十年浩劫中，無神論的信仰占了絕對統治地位，宗教信仰自由的公民權被踐踏，人們不僅自己不信仰，而且不許別人信仰，把宗教置於死地。「文革」前，宗教人口占全國人口的總比例已經有所下降，「文革」時期更是急劇下降。當然那時也有不少信教者是為了免遭迫害，當眾違心地表示不再信教，私下還作禮拜、燒香和祈禱，但這只是在年紀較大的人群中。大部分中年人、青年人在一九五九～一九七九年這三十年間，是對宗教充滿批判傾向的，這種現狀必然影響宗教社會功能的變化。宗教徒人口比例減少，宗教場所減少，宗教的社會功能萎縮，加上它與社會主體意識形態之間的基

本矛盾的長期存在，這一切就決定了宗教在新社會中的地位：從信仰上講它是滿足部分群眾精神需求的一種亞文化，從組織上講它不能與國家的政治、經濟、文化、教育組織並列而只能處於從屬地位，是一個和政治分離開的執行次級功能的次級社會組織。

但無論在哪個社會系統中，只要一個子系統存在，它就必然具有某種正功能，因為社會系統不會讓一個毫無用處的子系統長期存在其中。那麼，在社會主義時期，中國的宗教仍具有哪些正功能呢？這些正功能和舊社會相比，又發生了什麼變化呢？

（二）社會主義時期宗教的正功能

在中國的社會主義時期，宗教仍具有以下幾種主要的正功能：

1.心理調適功能。宗教具有滿足中國部分社會成員的精神需求，對之進行心理調適的功能。中國社會主義時期，人民的物質和文化生活水準都有了很大提高，隨著剝削制度與剝削階級的被消滅，宗教存在的階級根源已基本消失。但由於人們意識的發展總是落後於社會存在，舊社會遺留下來的舊思想，舊習慣不可能在短期內消除；由於社會生產力的極大提高，物質財富的極大豐富，文化、教育、科學的高度發達都還需要一個長時期的奮鬥過程；由於某些天災人禍給人帶來的種種痛苦還不能在短時期內擺脫；由於科學的發展一時還不能回答人們在生活中所產生的種種疑問；因此仍有一部分群眾內心會產生對宗教的需求意向，宗教仍可以為這部分群眾提供安全感和慰藉，可以滿足他們對愛與關懷的渴望，可以幫助他們化解由於暫時的社會不公而帶來的憤懣和怨氣，可以幫助他們擺脫對死亡的恐懼及人生其他種種煩惱。通過這種種心理調適，使這部分社會成員的精神和心理能處於比較平衡的狀態。正因為如

此，為尊重每個公民自己的信仰選擇，中國憲法才明文規定要保護公民的宗教信仰自由。所以說，社會主義時期，宗教雖然不具有滿足中國大多數成員精神需求的功能，但它仍有滿足中國信教群眾，即部分社會成員的精神需求，對他們進行一定的心理調適的功能。

2.社會整合功能。宗教的整合功能主要體現在它可以對社會成員進行價值整合。宗教可以通過提供一種世界觀，通過塑造人們的基本信仰和情感使一些社會成員的價值觀得到整合；同時宗教又通過把社會規範神聖化來敦促教徒自覺遵守社會規範，從而對他們的行為進行整合。目前中國的宗教對中國信教群眾仍具有上述兩種整合功能，但它主要的正功能是它整合行為規範的功能。我們現有宗教仍可以通過使行為規範神聖化來整合廣大教徒的日常行為，使他們不越出社會所確定的界限。而且對於信教者來說，這種約束力遠大於現實社會的約束力。但在社會主義階段，宗教對社會的價值整合功能因意識形態的不同，只局限於對信教群眾的作用而對整個社會基本不存在影響。

3.社會控制功能。無論什麼樣的社會，有一點上是共同的，就是社會成員必須恪守社會所制定的公德規範，社會才能井然有序，正常運行。監督執行的，主要是法律，但法律往往「後於事」，只有在錯誤或犯罪行為已經出現時才能予以懲罰，而道德信仰和道德情操往往能「先於事」地約束人，使人在進行抉擇時受到內心的道德約束，往往能控制人們不去作錯誤的抉擇。宗教道德和社會主義道德在本質上是不同的，但其中有一部分（公德部分）在現象層次上是相容的，所以宗教通過對教徒進行道德教育與提出道德要求，使其恪守社會公德，服從政府的政策法令，從而有助於維持局部的社會秩序，使社會控制得到加強。

4.個體社會化功能。宗教通過傳授給個體知識與文化，教給個體行為規範和如何處理人際關係及扮演好社會角色而促使個體更快地社會化。社會主義時期，宗教在中國部分地區和部分民族中，仍有著促進個體社會化的功能。中國現有的一些少數民族如雲南傣族和西北地區的某些民族，現在仍把宗教教育作為傳播本民族文化、教給本民族成員社會規範，使之盡早社會化的重要手段。他們的小孩子到一定年齡就進廟念經，一面學習宗教知識，一面學習民族語言、文化和行為規範，接受過此種宗教教育的人在本民族才有一定的社會地位。

5.認同功能。中國社會主義時期，宗教在部分地區、部分民族及群眾中，仍具有認同功能。宗教通過使教徒接受宗教價值及有關人的本質和命運的教理，幫助個人理解「我是什麼」；同時，由於中國幅員遼闊，是個多地區、多民族的社會，不少地區和民族的成員由於共同信仰某種宗教，會使他們之間產生一種強烈的認同感，這在某種程度上可增進和加強部分地區與民族間的情誼與團結，也可增強某些民族內部的團結。

6.文化功能。宗教本身就包含著豐富的文化內涵，在人類歷史的長河中和其他文化形式如倫理、哲學、文學、藝術和教育等交織在一起，形成更廣義的文化，如有「基督教文化」、「佛教文化」、「伊斯蘭教文化」等等之說。長期以來，宗教與中華民族的文化、習俗等交織在一起，成為中國絢麗多彩的傳統文化的組成部分。如中國的敦煌和布達拉宮的宗教藝術，還有另一些帶有濃郁宗教文化色彩的宗教名勝古蹟如少林寺、五台山、峨嵋山、普陀山、杭州靈隱寺、武當山等都已成為中外遊人觀賞中華民族文化的勝地。另外有很多宗教內的成語已演化為中國民間語言，像「做白日夢」、

「當一天和尚撞一天鐘」、「想入非非」、「晨鐘暮鼓」、「大千世界」、「清規戒律」等等，都已成為漢語中通俗而生動的比喻和日常用語。

7.交往功能。在社會主義時期，宗教在中國仍具有著促進國內和國際交往的功能。教徒之間的交往由於共同的信仰而加強，成為他們建立互幫互助的良好人際關係的橋樑。由於信仰的虔誠，使一部分信教者還向非教徒和教外人的交往。國際間的宗教往來往往能增進和加深中國與其他國家宗教徒之間的友誼與感情，同時也使我們與有著政治隔閡的地區有了一條很好的民間交往途徑以增進彼此的了解。尤其是改革開放以來，宗教在中國社會生活和國際往來中的交往功能大大增強，一個共同的信仰可以聯結五洲四海。即使是長期處於隔絕狀態的海峽兩岸的宗教界，近十幾年來也有著頻繁的友好往來。這對增進海峽兩岸同胞之間的友誼和了解，有著不可抹殺的功績。海外僑胞捐資修建或重建了大陸一些著名的寺廟，還有不少早年出洋在外奉教的僧人每年向大陸的祖廟進奉獻。

（三）社會主義時期宗教的負功能

宗教對社會的功能此時雖然有所變化，但毋庸置疑的也顯示出了對中國社會的一些負功能：

1.宗教可以對中國部分社會成員——宗教徒的某種不平衡心理進行調適，使之在宗教意識的誘導下達到暫時的平衡，這在一定程度上增加了中國社會的穩定性。但在宗教執行心理調適功能的同時，它也產生相應的負功能——愚化教徒，使一些教徒的心態趨於保守、宿命和逃避現實。中國很多地區，尤其是一些偏遠的山區和丘陵地帶，生產力發展水準還很低下，交通閉塞，經濟落後，人口

素質又差，那裡的群眾很難區別宗教與世俗迷信的界限，一些傳入此類地區的宗教很大程度上蒙上了世俗迷信的色彩，對社會具有潛在的不良作用。

2.宗教對信教者進行價值及行為規範整合，幫助穩定社會秩序的同時，也有其明顯的負功能：它會帶來一些社會保守主義色彩，並且容易形成以各教自身為核心的社會分化現象。由於宗教世界觀上的唯心主義，也會影響教徒對於我們社會主體意識形態的理解與接受。當然這種負功能是自然產生的，它源於宗教與社會意識形態間的基本矛盾。因此它對教徒所進行的價值整合在一定程度上和全社會範圍內的價值整合有著矛盾和衝突。但社會主義社會可以通過愛國統一戰線所奉行的求大同存小異的原則來化解此種負功能。

3.宗教通過對某些社會目標和社會規範的神聖化敦促教徒遵紀守法，來發揮它維護社會穩定，有助於進行社會控制的正功能。但恰恰是這種使社會目標和規範神聖化的做法，也會帶來促使社會解組和失控的負功能。因為一旦當宗教站在反社會的立場，提出另一些社會目標並使其神聖化，就很容易蒙蔽和鼓動教徒做出一些反社會的行動，從而對現社會起到瓦解和破壞作用。同時，由於意識形態的不同，宗教也容易被國外一些敵對勢力利用來作為顛覆中國社會主義制度的工具。這種利用雖然與中國宗教界的主觀意識無關，但對社會卻實在隱含著一份潛在的危險。

4.宗教在中國部分地區起到傳播民族語言知識和宗教文化，促進個體在本社區的社會化作用；但從更大的範圍來看，這一點也明顯具有推遲兒童大社會化進程的負功能。如西雙版納的傣族，信仰的是上座部佛教，兒童從小就進廟學經，但這個年齡也正是他們應該接受國家法定義務教育的年齡，因此，就對當地普及義務教育造

成衝擊，使兒童不能及時進入正規學校學習科學文化知識。

5.宗教在中國部分地區，部分民族及群眾中，的確具有增加認同感和凝聚力的功能。但在某些時候和某些地方，也會助長狹隘的民族主義和排他主義情緒，這在某種程度上又隱含著不利於社會團結或造成社會分裂的負功能。

6.宗教具有文化功能，它極大地豐富了中國的傳統文化，也豐富了社會主義時期的文化巨流。但由於宗教文化本身所具有的唯心主義色彩，使它在社會主義時期有著和中國主體文化相悖的意識傾向。這種傾向一方面使和宗教有關的文化藝術作品清新、脫俗、超然，另一方面也有著阻礙人們積極參與社會現實和宣傳唯心主義世界觀的負功能。

7.宗教是教徒與外界交往的橋樑，同時也促進了中國同國際間的友誼與交流。尤其是改革開放以來，宗教交往功能更為增強。但與此同時，國外敵對勢力利用宗教為幌子，混入境內，和國內的反動勢力相勾結，意欲顛覆或破壞現政府，對中國進行「西化」與「分化」；他們也通過地下渠道，向國內非法運送和散發一些不健康的宗教宣傳品；這些都對社會主義政權的鞏固和穩定具有破壞性。但我們在注意到宗教這種社會負功能的同時，也要劃清界限，區分敵友，不要人為地擴大這種負功能。敵人利用宗教來進行滲透和中國宗教界的主觀意識無關，他們利用的主要是宗教和社會主義的意識形態相左這一點，並具有反對社會主義政治制度的政治目的。

（四）宗教正負功能的變化

宗教在中國社會主義時期仍具有正負兩種相對應的功能，而這

兩種功能之間在一定的條件下會發生變化，由強弱變化到一定程度即為潛顯變化。我們認為，在總量不變的情況下，宗教的每種正負功能在一定的社會條件下都可能發生變化，可能相應地擴大或縮小，它們彼此消長，你強我弱。當一種正功能擴大時，與其相應的負功能就會縮小；而一種負功能增大時，與其相應的那種正功能就必然減弱。決定宗教正負功能變化的因素雖然很多，但在中國，社會對宗教所持的態度如何是影響宗教功能變化的一個相當重要的因素。換言之，宗教正負功能的變化都離不開社會所給予它的條件，是社會條件決定每組宗教正負功能彼此的消長。前些年某些地區發生過一些小範圍的宗教衝突，調查結果發現，絕大多數是由於宗教政策落實得不好或地方領導仍持對宗教「左」的偏見。而在一些宗教信仰自由及歸還宗教活動場所政策執行得好，宗教工作幹部較負責任並與宗教界關係比較融洽的地方，形勢就很穩定，而且一些宗教徒聚居區還成為建設社會精神文明的模範區。

　　中國目前的戰略重點仍是搞好社會主義現代化建設，搞好經濟，提高綜合國力，滿足人民日益增長的物質文化需要。要做到這一點，從人民群眾才是社會歷史創造者的觀點出發，就必須團結全國十二億人民，發揮一切可能發揮的力量，利用一切可能利用的積極因素，來同心協力地完成社會主義建設大業。就此而言，對占全國總人口近十分之一的信教群眾絕不可忽略，如果能充分調動他們建設社會主義現代化的積極性，必然會加速中國的現代化建設進程。正因為如此，我們才要抓住宗教社會功能的上述特點，創造良好的社會條件，充分發揮中國宗教的正功能，消除其負功能，積極引導為社會主義現代化建設多作貢獻，反之，如果我們不去努力地為它創造良好的社會條件，甚至人為地製造不良的社會條件，其負功能就會加劇，最終使之成為我們這個社會中的異物，給整個社會

帶來危害。

　　那麼，怎樣才能充分發揮中國宗教的正功能、抑制其負功能，使之更有效地為社會服務呢？

（五）充分發揮中國宗教正功能的前提

　　要更好地調適宗教和中國社會的關係，求同存異，使之更充分地發揮對社會的正功能，關鍵是要創造良好的社會條件，這就必須注意以下幾個問題：

1.決策層的認識和行動

　　中國政府決策層要充分認識到發揮宗教的正功能，使宗教與中國社會整體系統更好地協調的積極意義；認識到能不能團結近人口總數十分之一的宗教徒，調動他們的一切積極性來投入社會主義建設，是能否穩定和發展中國政治、經濟，早日實現現代化的大問題。觀點直接影響政策，支配行動；而正確的觀點來自於科學理論指導下的實踐與認識。在認識宗教問題上尤要具有正確的政治觀點與群眾觀點。其次，要不斷健全與完善有關法制。在宗教工作中強化法制觀念，各級政府宗教事務部門的工作者要依法行政，防止泛化，確立工作重心，抓重點，抓隊伍，提高工作效率。再者，要增加地方宗教工作的經費，提高宗教工作者的待遇，使基層的宗教工作者安心工作，做好工作。

2.地方各級政府宗教工作的改進

　　就中國各級政府中的宗教工作部門來說，首先要明確自己的職權範圍，克服不敢管，不願管的心態，也不要管理不到點子上胡亂管。其次要運用正確的管理方法，宗教問題有其自身的特殊性與複雜性，表現為功能與矛盾的多樣性，包括人民內部矛盾與敵我矛

盾，非對抗性矛盾與對抗性矛盾，國內問題與國際問題，宗教問題與民族問題，宗教文化中的精華與糟粕，思想信仰與政治態度，宗教信仰與社會主體意識形態等，錯綜交織在一起，最忌簡單化的處理。對宗教要依法進行管理，對需要行政部門處理的問題，也要避免簡單的行政命令，而要做認真、過細的工作，學會疏導與化解矛盾的本事。第三，要提高宗教工作幹部的專業知識水準。目前許多基層宗教工作者還相當缺乏宗教常識，據調查，不少人對此只是略知一二，有些甚至一竅不通，這些人一般工作方法簡單且不安於現職工作。最好定期對基層宗教工作者進行輪訓，進行必要的宗教常識與科學管理教育。

再者，要充分發揮愛國宗教組織的橋樑作用。中國五大宗教現有七個全國性的愛國宗教組織，此外還有許多地方性組織，它們是政府與中國廣大信教群眾之間的橋樑，在教徒中有較高的威望，能幫助教徒理解和貫徹政府的各項政策，爭取和團結廣大宗教界人士。

3.宗教界的認識與改進

就宗教界自身而言，要清醒地認識宗教在中國社會中的位置，要擺正自己作為次級社會組織的地位及與社會的關係。宗教界應努力與社會主義社會相適應，協調好與當地政府部門尤其是宗教事務部門的關係，能互相體諒對方工作中的困難，求同存異，密切合作，爭取辦好宗教方面的事情，此外也要警惕與抵制海外敵對勢力利用宗教對中國進行的滲透活動。宗教界更要解決好宗教組織負責人及教職人員的接班人問題，這個問題目前十分突出。出於十年浩劫的影響，許多地方宗教組織負責人和教職人員的年齡都嚴重老化，如我們抽樣調查的天津天主教教職人員及其他教會負責人共四

十九人中，有四十三人年齡在五十歲以上，其中教職人員基本已年邁，所以選擇好接班人，承上啟下的問題已迫在眉睫。目前的新一代教徒與以往不同，有著比較強的獨立意識、參與意識及商品經濟意識，如何看待這個問題，如何既考慮到宗教傳統，又考慮到中國改革開放的新形勢來選擇合格接班人值得認真思考。

4.其他幾個需要各方面協調解決的問題

比如要健全宗教事務管理體制，使組織系統經緯分明，各自的職責和分工明確，以便於依法進行管理；要處理好局部發生的宗教問題和衝突；要盡快解決落實宗教政策中尚遺留下來的若干具體問題。

第二節　改革開放後的中國宗教

在「文革」十年劫難後中國社會所推行的改革開放政策是中國社會發展上一個新的里程碑，它標誌著一個迥然不同於過去的新時代的到來。要了解新時期的中國宗教的種種變化，就讓我們先來了解一下改革開放後的中國社會的種種特徵，在此基礎上，我們可以通過對中國目前宗教現狀的一些抽樣問卷調查和實地考察，更進一步地把握改革開放後的中國宗教狀況。

一、改革開放後的中國社會

改革開放對沉悶已久的中國社會無疑是一聲驚雷，一個數十年如一日沉浸於政治爭鬥的社會被震撼了，甦醒了，人們在鮮明的今昔對比中逐漸悅納了變革的現實，中國社會從此開始了它新的意義上的起飛。

與以往十數年相比，中國社會在改革開放後可以明顯看到以下幾個方面的改變：

1. 政治氣氛較以往寬鬆、自由，「左」的思潮遭到人們的合力排斥。
2. 國民經濟得到迅速恢復和發展，經濟體制上由公有制一種單純的經濟成分變為允許私有制存在的多種經濟成分共存。
3. 文化領域一掃「文革」中的「一言堂」局面，人們可以暢所欲言，直抒胸臆，形成各種健康文藝作品及其他精神作品一時間百花齊放、碩果累累的繁榮景象。
4. 停頓、荒蕪十數年的教育又得到恢復和發展，關閉十年之久的相當數量的高等院校又重新對中國青年一律平等地敞開了大門，其中包括專門培養宗教教職人員的學府——佛學院、神學院等。

上述種種，賦予中國社會一種嶄新的面貌，世界也為中國迅雷不及掩耳的變化所震撼，開始對我們投以熱切的關注與期望。但在這一切變化的表象之後，一個更深層次的轉變已在中國發生，那就是，中國已開始步入轉型社會（transision society）。這種轉型總起來說是從傳統社會向現代社會轉型，具體地說主要具有以下幾個特徵：

1. 從自給半自給的產品經濟社會向社會主義市場經濟社會轉型

高度集中的計劃經濟很大程度上是生產力水準低下的產品經濟社會，實際仍是一種變形的自然經濟，大部分農村仍處於商品率很低的自給半自給狀態，形成了以自給自足為主要生產目的封閉經濟體系。改革開放使商品經濟作為新的社會要素導入，促使傳統的經濟結構發生巨大變化，這一本質性的變化又引發了社會其他方面的轉型。社會主義市場經濟本身是手段而不是目的，但它的傳播與擴

散已經引起社會各個方面的深刻變化，使中國由傳統社會向現代社會跨出決定性的步伐。

2.從農業社會向工業社會轉型

現代社會必須是工業發達的社會。從嚴格意義上來說，社會從傳統到現代的過程就是農業文明受到工業文明衝擊，從而被工業文明替代的過程。農業社會的特徵是散漫、保守、閉塞、不寬容，農民安土重遷，重農輕商，對視野以外的事情知之甚少；而工業社會的特徵則是組織謹嚴、科層化，相對開放，寬容，它講速度、講效益，社會無論是商品還是信息流通量都很大，使人視野開闊。近十幾年中國鄉鎮企業的飛速發展，第三產業在國民生產總值中的比重也在不斷增長，使中國社會已明顯地由占優勢的農業文明向工業文明過渡。

3.從鄉村社會向城鎮社會轉型

改革開放後短短的十幾年中，中國社會總體上的鄉村特徵已發生了重要的變化，由於市場經濟的驅動，城鎮迅猛發展，中國目前的市鎮都存在城鄉聯結關係。從鄉村社會向城鎮社會轉型將會帶來一系列變化，城市聚集經濟效益會日趨明顯，農村剩餘勞動力轉移也勢在必行，社會發育會更加成熟。

4.從封閉社會向開放社會轉型

改革開放前的中國社會基本還處於封閉、半封閉狀態，對外關閉，對內強調高度穩定，限制社會流動。決定實行對外開放是一個歷史性的抉擇，經過十幾年努力，中國今天已形成全方位、多層次、多渠道的對外開放格局。社會從封閉、半封閉的狀態走向對外開放，對內搞活，使社會流動大大增強。

5.對同質的單一性社會向異質的多樣性社會轉型

經濟改革打破單一的公有制經濟的格局，確立了以公有制為主

體，多種所有制並存相容的新結構。所有制結構的變化和社會分工的精細帶來職業群體結構的變化和多樣化，同時也造成了利益需求的多層次化，利益差距、利益磨擦和利益衝突的問題日益突出。傳統意義上的農民業已發生深刻的職業分化，在現實中已分化為農業勞動者、鄉村工人、鄉村個體工商業者、鄉村私營企業主、鄉村企業管理者和農村管理者等8個有不同利益要求的職業階層。與職業群體結構的分化相適應，中國的組織機構也從黨政合一、政企合一的高度集權的組織形式逐步變為類型更加多樣化，功能更加專門化的組織格局，社區類型也向多樣化發展。

6.從倫理型社會向法理型社會轉型

中國傳統文化的影響使中國社會過去長期形成倫理本位的特點，以人情倫理來判斷行為的正當性，將法律功能僅局限於刑罰制裁，聯結人們社會公務關係的因素除法律和契約外，還有很濃重的私人情感和身份、地位的成分。社會結構像是一根根私人情感聯成的網路，子女、親戚、朋友、老鄉、同事組成一個個互利互惠的小圈子。此種情況目前仍大量存在，但從總體上看，也正在逐步改變，中國已開始了從倫理型向法理性社會的轉化。改革開放以來，我們已先後頒布了刑法、民法通則、企業法、破產法、義務教育法等等七十多個重要法律，法律已經逐漸成為人們衡量和判斷事物的標準。【3】

二、作為新的社會存在之反映的宗教

（一）改革開放後宗教的根本性變化

宗教是中國社會的一個子系統，它的存在和發展必須依賴於整個社會系統的正常運轉。當社會順利向前發展時，宗教也正常地存

在和發展著；當整個社會陷入逆境，脫離正常的運行軌道時，作為社會存在的反映之一的宗教也會一同陷入深淵。

「文革」十年，宗教是遭受劫難沉重的領域之一。為了所謂意識形態上的高度「純潔」，極左派「消滅」了一切宗教：逼教徒悔過自新，逼和尚、尼姑還俗成婚，封閉宗教活動場所，銷毀經書，關押批鬥教職人員，剝奪教會財產。中國共產黨十一屆三中全會決定實行改革開放政策之後，宗教和其他社會子系統一樣，發生了根本性的變化，這種變化主要表現在以下幾點：

1.恢復了宗教信仰的合法性

「文革」時期，視信教是「反動」的、非法的，萬千教徒只能把宗教信仰藏在心中，不能絲毫溢於言表。改革開放後，宗教信仰的合法性得以迅速恢復，公民的宗教信仰自由重新受到了法律保護，信教公開化且理直氣壯了，教徒不再是入另冊的受歧視者。

2.恢復宗教活動場所，歸還宗教房地產

改革開放後幾年間，中國就落實了大部分宗教政策，恢復了相當數量的宗教活動場所，歸還了大部分宗教房地產。宗教信徒可以在宗教活動場所進行正常的宗教活動。

3.恢復了宗教的國際交流

文革期間，一切都處於混亂狀態，和國外正常的交流渠道也被堵塞，被「革」了命的宗教更是喪失了和國際間進行交流的一切機會。改革開放後，隨著宗教活動的逐步正常化，宗教也逐步恢復了和國際間的一切交往。互相進行友好訪問，協作交流，使得中國宗教與世界宗教的距離拉近，進入了世界宗教文化交流圈。

4.恢復了宗教的文化功能

作為一種文化現象，中國宗教數千年來都是中國文化不可分割的組成部分，但「文革」使其統一成為被橫掃對象的精神垃圾，也

湮滅了它的文化功能。改革開放後隨著宗教的復興，它的文化功能也得以恢復，宗教又在文化領域放出異彩，發揮著它特殊的文化媒介作用。

5.改革開放後宗教最突出的變化

根據中國社會科學院世界宗教研究所「改革開放與農村宗教問題研究」課題組在天津、河南、福建三地十幾個市、縣的抽樣問卷調查結果可以看出，各地的宗教工作者均認為當地宗教在改革開放後最突出的變化是：1.落實宗教信仰自由政策的力度較大；2.信教人數發展很快；3.教會內部問題增多。

（二）宗教受到社會轉型的影響

近十數年來，中國社會正在經歷從傳統社會向現代社會演進的種種變化。這些變化是巨大的、根本性的，面對這些根本性的社會變遷，作為社會子系統之一的宗教也受到種種影響。

1.經濟形態轉變對宗教的影響

中國的傳統習慣多是屬於農業文明的：恥於言錢、重義輕利、重農輕商……。這些傳統觀念一直延續到中國改革開放之前。作為講信仰、講奉獻、講不染塵埃、清淨無為的諸宗教，和商品與金錢的距離更遠於社會其他方面。但改革開放後經濟領域內發生的變化劇烈地衝擊著舊有的這些觀念，它也從多方面衝擊影響著宗教。

首先是中國教徒的經濟觀念受到社會經濟生活變化的衝擊。他們逐步拋棄了鄙視錢財的觀念，認識到經濟在現代社會和個人生活中的重要作用，希望自己能有較好的經濟收入、過上更好的生活並永遠擺脫貧困。在中國社會科學院「改革開放與農村宗教問題研究」課題組近幾年的幾項調查中，近三分之二的宗教徒把自己近年的生

活目標定為「小康」之上（他們對「小康」有自己的主觀理解，而非社會客觀指標），另三分之一左右的人則希望自己「擺脫貧困」，其中年紀越輕的教徒發財致富的願望越強烈。在市場經濟大潮的衝擊下，一些教徒主要是中青年教徒有為掙錢而淡化宗教活動的傾向，另一些人是為求致富或發財的平安而信仰宗教，一些貧困地區的人有為脫貧而作和尚、尼姑的。儘管這些教徒與邊緣教徒的行為方式多種多樣，但有一點卻是共同的，即和過去相比，更多的（注意：是更多的而不是大量的）教徒日益注重經濟利益與宗教的聯繫。

寺觀文化商品化是宗教受經濟生活變化影響的又一表現。過去大多數寺廟基本是一方淨土，經濟靠政府補貼或施主捐贈，自己不從事商業活動，許多寺觀過去甚至不收門票。改革開放後，隨著佛、道教界商品經濟意識的增強，許多寺觀開始收門票、設香火及旅遊商品、紀念品出售處。作為名勝古蹟的寺觀，收入就更為可觀，一些著名寺觀幾乎成了小商品市場。

社會經濟生活的發展也使中國教徒個人生活水準不斷改善和提高。據中國社會科學院一九八九年對天津農村天主教徒的問卷調查來看，近69%的被調查者認為一九七九年以來自己的「生活水準有了很大提高」，27%的教徒認為「有所改善」。在一九九〇年對河南偏遠貧困農村的基督教徒所作的調查中，47%的被調查者認為自己的生活水準近十年來「較之過去有了很大提高」，41%認為「有所改善」。

2.農業文明向工業文明轉型對宗教的影響

隨著中國社會向工業文明轉型，農業社會中形成的保守、閉塞、安土重遷的心態逐步被打破，科學的普及、信息傳遞的現代化

也影響宗教自身發展和教徒基本素質的提高。宗教開始顯得寬容，接受了一些現代科學常識和社會常識。近年來，城市宗教徒中出現了年輕化、知識化的傾向，信教者中知識分子尤其是青年知識分子不斷增多，使教徒群體的知識構成不斷提高。

農業文明向工業文明轉化也影響著教徒宗教生活的單一性。農業勞動，時間觀念不強，農民可以隨時丟下手中活計去過宗教生活。工人則不行，工業生產要求高度的勞動紀律性，在工作時間內，工人只屬於集體的生產流程而決不可能為按時過宗教生活而任意停下工作，這就使得由農民轉變為鄉鎮企業工人、建築承包工人及城市民工的教徒無法按規定的日期、鐘點去過宗教生活，這就打破了農業社會中宗教活動時間和形式的單一性。

3.從鄉村社會向城鎮社會轉型對宗教的影響

農業社會多以鄉村布局為主，地域遼闊。村落散漫、信息量小，所以中國鄉村中的宗教過去一直與外界交往較少。近年由於經濟生活的活躍，不少農村教徒做工、經商，流進城市或城鎮，就在工作所在城區過宗教生活。這些穿梭於城鄉之間的教徒把一些有關的宗教信息較快地帶回農村，起到穿針引線、互通信息的作用，使鄉村教會和外界的交往大大增多，密切了城鄉教會與教徒之間的聯繫，增加了教內的凝聚力。改革開放之後，居住離城鎮較近的農民教徒有時也到城鎮一些大的宗教活動場所過宗教生活，使城鎮的宗教活動場所顯得擁擠、短缺，有些城市就在這些臨時居民的聚居地建一些簡易宗教場所供其使用。

4.從封閉社會向開放社會轉型對宗教的影響

改革開放打破了中國社會多年來的封閉、半封閉模式，使之形成了對外開放的格局，這極大增進了中國宗教界同世界各國的宗教

團體與教徒的友好往來，加深了彼此之間的友誼，也使得國內外的宗教人士能一起切磋經學、教義，加深宗教文化素養。一些德高望重的宗教界人士被邀請去國外講經、布道，受到海外宗教界人士的崇敬，也使中國教會的聲響在海外得以發揚光大。

由封閉到開放也使得僧道教牧人員接觸到外界多方面的宗教信息，並了解其他國家和地區一些宗教人士的活動情況，這使得一部分教職人員的社會參與意識急劇增強。

5.從單一性社會向多樣性社會轉化對宗教的影響

社會從一元到多元化的過程就是社會加速分化的一種過程，所有制成分的轉換使中國人的社會生存環境有了很大改變。中國社會經濟基礎的多元變化決定著宗教和宗教徒意識的變化。多元化的經濟模式使各地的經濟發展出現了不平衡，一部分地區先富起來了，另一些地區還處於貧困之中。在經濟發展水準不同、宗教淵源不同的地區，各種宗教的發展就呈現出不同的趨勢，如福建沿海一帶素有「閩南佛國」之稱，現在由於群眾生活水準的大幅度提高，使此地原本就普遍的佛教香火更加旺盛，一個寺廟節日間燒香拜佛的人竟日達數萬。而在浙江沿海地區及河南內陸農村，基督教教徒數量卻以文革前數十倍的速度猛增。

6.從倫理型社會向法理型社會轉化對宗教的影響

中國從倫理型社會向法理型社會轉化的序幕已經拉開，從宗教界人士及廣大教徒和宗教工作者對宗教法的渴望中，我們可以看到這種轉型給宗教帶來的影響。在一些規模較大的實證調查中，宗教界人士及廣大信教群眾表示了他們對宗教法的熱切盼望。宗教界強烈希望國家頒布「宗教法」以保障擁有宗教信仰和正常進行宗教活動的自由，而宗教工作部門同樣希望早日頒布「宗教法」以便他們

可以依法來處理宗教事務、界定正常與非正常宗教活動並對之進行依法管理。儘管開放改革後中央於一九八二年專門頒布了指導宗教工作的十九號文件，另外又三令五申要保護宗教信仰及進行正常宗教活動的自由，但人們依然翹首企盼中國宗教法的誕生，這說明人們已有了一定的法理觀念，認識到政策和法律之間的不同，相信法律更穩定、更詳盡、更具權威性。【4】

中國社會正在進行一場巨大的轉變，這些轉變折射在作為社會子系統之一的宗教上，宗教作為新的社會存在之反映，必然要表現出種種新的特徵，正如上述。

第三節　中國宗教的展望與思考

一、宗教將在中國社會長期存在

我們已經指出，在現代中國社會，宗教仍是一個不可忽視的社會子系統。它和政治、經濟、文化、教育等社會分支的不同僅在於兩點：一它只是中國社會的一個次級子系統；二這個次級子系統所持的世界觀和我們社會的主體意識形態是相矛盾的。

正是由於上述第二個原因，激進的「社會主義者」曾經希望能在中國盡快消滅宗教，以維護意識形態的純潔性，爭取早日實現共產主義。他們把這種願望付諸於行動，採取了種種人為的手段來壓制宗教，試圖在人工的催化下，能消滅宗教於一朝一夕間。但事實卻是，這種揠苗助長的做法不僅絲毫無助於「革命進程」的推進，反而從另外一種意義上助長了宗教在「文革」後的急速復興與發展。

和激進的「社會主義者」不同，真正的歷史唯物主義者是尊重歷史、尊重客觀現實的。中國社會今天的進化程度和現狀決定了宗教不僅在當代中國是一種必然存在，而且在未來相當長的一段歷史時期內，都還將繼續存在下去，並繼續對部分社會成員行使著它的調適、整合、控制、交際諸功能。

　　宗教之所以能在社會主義社會長期存在下去，是有著其自然的、社會的、經濟的和文化的原因的。首先是自然的原因：人類今天還不能完全做到防止與克服自然的災害，加之有限的認識能力，使其遠不能窮盡對無限的客觀世界及真理的認識。當人們至今無法對自然界的一些奧秘，尤其是和人類自身生活有關的一些奧秘，對偶然與必然等作出合理解釋時，他們仍有可能步入宗教信仰之門。其次是經濟與社會的原因：在中國社會主義的初級階段，社會生產力發展水準總的來說仍比較落後，這就造成物質的貧困和人們文化素質的低下，這種情況往往驅使人功利主義地投向宗教的懷抱，如在一些貧困和文化落後的地區，許多人為缺醫少藥而入教禱告治病，求平安免災禍。社會生活中積累的多種難以解決的矛盾也是宗教得以在中國長期存在和發展的社會根源。不少人為解脫現實生活中的苦悶，為使受痛苦折磨的心靈得到慰藉而皈依宗教。再者是文化的原因：宗教作為一種文化載體與有機構成，自然對傳統的東西有所傳承，這種文化延續源遠流長，是輕易割不斷的。除去上述諸因素的影響，社會轉型所帶來的種種困擾與不安，社會價值體系一度的脫序與失範，都是令一些人皈依宗教的原因。

　　由於上述若干種切實的原因，宗教將在中國社會長期地存在下去，已是一個不爭的事實。中國的領導層在考慮宗教問題、處理宗教事務及制定有關宗教的政策時，以此為出發點，方能避免短視的

行為。以宗教的長期存在為前提考慮問題，能使我們居高臨下，有遠見卓識，而不會因急於求成反造成欲速不達。

二、宗教與社會合作傾向的強化

　　對於中國宗教與社會的合作傾向我們可以這樣分析：中華人民共和國建立以來，凡是在社會發展的正常時期，宗教界和政府的合作都是成功的。已故的毛澤東、周恩來等，都曾對宗教界表示過極大的關切，宗教界人士尤其是廣大教徒也都表現出了對新政權的認同及良好的社會合作態度。但在中國社會發展的非常時期，即歷次政治運動及「左」的思潮泛濫之時，政府和宗教界的關係就會受到極大影響，往日友好合作的二者彷彿在一夜間就變成對立的雙方，一邊是極左路線的執行者，一邊是被打倒、被批判、被唾棄的對象。宗教此時已無立錐之地，自身難保，更談不上與社會的合作與不合作了。

　　「四人幫」的倒台及「文革」的結束，標誌了中國極左路線的終結。隨著撥亂反正的進行和改革開放政策的實施，實際上已中止了若干年的宗教信仰自由在中國又得以恢復，長期處於受壓抑狀態的中國宗教至此又恢復了生機。宗教活動場所的歸還和教徒宗教生活的正常化曾使無數中國信教者為之歡欣鼓舞。信仰，是一種精神上的東西，不是一紙行政命令和若干外界壓力就能輕易取消得了的。政府允許信仰自由時，宗教信仰是一種公開的東西；沒有信仰自由時，只不過使其由公開轉入隱蔽，教徒在心裡禱告，你又能奈他何？但正如人際關係一樣，任何相關的兩事物間也都存在著一種互動關係，不是良性互動，就是惡性相斥。一個壓抑信仰自由的領導層恐怕很難得到信教者由衷的熱愛和尊敬。反之，一個把億萬信

仰者從長期被壓抑狀態下解放出來的領導層一定會贏得中國廣大信教者真誠的感激與合作。

因此我們說，從中國社會近幾十年的發展軌跡看，目前宗教界與政府的合作傾向正在加強，即做到政治上團結合作，信仰上互相尊重。政府各級領導人更多地注意了宗教方面的事情。近年來，國家主要領導人總是較頻繁地接見宗教界領袖，聽取他們的意見和反映，以改進政府的宗教工作。宗教界也能和政府部門互通信息，密切合作，共同處理一些宗教事務。這種社會合作傾向的加強對國家，對信教者都是一件好事情。我們相信中國政府與宗教界的社會合作傾向還會得到進一步強化。社會生活氛圍的改變對這種合作傾向的強化是一種推動。現在的中國，極左思潮已如一隻過街老鼠，人人喊打，人人深惡痛絕，這就使得習慣於整人的那套東西再沒有用武之地。大家依法行事，簡單的行政命令沒有了，自然少了對立，多了合作。再者，歷史的痛苦使人反思，人們也越來越習慣於解決問題的明智之舉，過去各執一端，爭來鬥去的做法也逐漸為人們所摒棄。

當然，合作傾向的加強並不等於矛盾的消失，不同的立場使人看問題的角度總是有所不同。但矛盾並不等於衝突，及時互通信息，溝通情況，共議對策完全可以使不期而至的問題得到合理解決，使矛盾消散於無形。

政府與宗教界的良好的互動關係，是中國宗教平穩存在與發展的前提，宗教與社會合作的首要任務便是配合政策部門完成中心工作。但僅有這種合作還是不夠的，我們的視野還應該放在防止分裂傾向上。中國是個多民族多宗教的國家。很多時候，民族問題與宗教問題糾纏在一起，在複雜的情況下，需要冷靜分析，區別對待。

善於體察民族問題與宗教問題的區別和聯繫，並正確地加以處理。講宗教時應以維護人民利益與維護中華民族大團結為根本，以防不穩定因素滋長，從根本上影響宗教與社會的合作與團結。

三、宗教發展與經濟發展

　　幾年來，我們一直致力於思索和研究中國宗教發展和經濟發展之間的關係問題，希望能得出一個明確的結論，是相關還是不相關，是正相關還是負相關。但遍及幾省的宗教實地考察與抽樣問卷調查結果，使我們認識到，這不是一個簡單的相關問題，因為宗教發展與所在地經濟的發展不一定同步。不一定同步本身就是個複雜模糊的概念，不像同步或不同步那樣容易理解。

　　中國是一個地域遼闊、各地情況差異很大的國度。改革開放前，全國各地的經濟發展程度雖然也參差不齊，但一般來說，在城市與城市，農村與農村之間，差別不像今天這麼懸殊。現在全國的一般情況是，大城市和大部分沿海地區，經濟發展水準較高，而在一些內陸地區尤其是偏遠山區，經濟發展程度依然很低，人們的生活條件仍十分落後。據調查，各地區經濟發展情況的巨大反差和宗教發展速度快慢並沒有固定的聯繫，簡言之，二者既不是正相關，也不是負相關。從對近年來宗教發展速度較快的地區的研究來看，發現這些地區既有富裕的，也有貧困的。但其中並非完全沒有規律可循，由我們的研究發現，宗教發展與所在地經濟發展之間似乎呈現出一種「兩極性相關」。宗教發展最快的地區往往不是極富的，便是極窮的，這就是我們所說的「兩極性相關」。究其原因，我們發現，在經濟發達的地區，社會轉型期特徵往往表現得更為明顯，社會由於發展較快易呈現出一種不穩定狀態（這也是一切現代轉型

社會的共性），人們對不斷發生的變化感到不安，覺得無法預測未來和把握明天。再者，「文革」後不少人政治信仰淡化，心中無所寄托，常惶然而缺乏踏實感。這時如果有相應的條件，不少人就會轉而信仰宗教，求寄托，求發財，求平安。經濟發達又使人們不惜在信教上破費錢財。在閩南，初一、十五香火鼎盛，一個寺廟一天就接納幾萬人次。相反，在一些貧困地區，交通閉塞，缺醫少藥，不少人為了禱告治病而信仰宗教，同時由於文化落後，教育水準低下，人們相對愚昧，一些和迷信結合起來的「宗教」就特別容易擴展。再者，在一些邊遠山區或幾省交界管理不嚴的地區，也常有一些似教非教，似黑社會而非黑社會的披著某種宗教外衣的「邪教」流行，使人很難甄別它是否屬於宗教。

此外，這些貧富兩極地區的宗教發展，雖然表現在數量上都同樣呈現出急劇的增長，但在質量上卻有很大不同：富裕地區的教徒文化素質普遍較極貧困地區高，教徒信仰中的迷信成分明顯少於貧困地區，性別和年齡結構也相對均衡，有年輕化、知識化的趨向，而貧困地區群眾信教中的迷信成分較大，教徒也多為文盲、半文盲、老人和婦女。

估計在若干年內，宗教發展和經濟發展的關係一般來說仍會呈上述狀態而不會有太大改變，少數經濟發展水準居中的地區如遇特殊條件，宗教也可能會有一些明顯發展。鑒於以上情況，我們認為，中國宗教在今後的存在與發展中應注重質量的提高，更盡可能摒棄迷信色彩而增加文化成分，方能對其成員進行素質改造。政府也應加強對偏遠地區的社會管理，不給邪教留下生長餘地，以免貽誤和危害當地群眾。

四、文化發展對宗教的影響

近年中國社會的變革打破了中國文化以往的一元格局而形成多元文化並存的局面。「文革」中的高度統一的政治文化曾使屬於另一種意識形態的宗教失去了生存空間，教徒也多因怕暴露自己的「異己身份」而不敢承認信教。那種殘酷的政治性文化湮滅了一切其他文化，包括宗教，使文化成為政治的附庸和代名詞。改革開放帶來了文化的重新繁榮，寬鬆和自由的環境為文化的發展提供了良好的社會條件，這對宗教的發展極為有利，宗教作為一種文化在這種新的生存環境中也在不斷地豐富自己。

中國社會正處於轉型期，轉型期社會的文化是多變的、不確定的。在一定程度上社會道德規範模糊且喪失了實踐性。宗教道德此時往往起著規範和整合教徒行為的作用，它可以為具有失落感與內心困惑的人提供精神歸宿和一些實際關懷，這也正是某些宗教近年來發展較快的原因。

改革開放同時也促使西方文化及西方宗教文化的進入，使比起長輩對西方文化要崇尚得多的中國青年一代中的不少人成了基督教的「邊緣教徒」。他們一是好奇，二是希望通過了解西方宗教來了解西方的社會與文化。這就是促成基督教近年在中國的發展熱的一個因素。但從另一個方面說，儘管在表層文化上，中國不少年輕人接受和追求西方的東西，但在深層次上，中國人畢竟有自己的文化體系，總有些傳統的東西會和外來宗教發生抵觸，而文化上的抵觸又會削弱外來宗教在中國的發展。

部分年輕人對西方文化的崇拜心態使中國唯一土生土長的宗教——道教受到冷落，加上「文革」中對宗教的極度摧殘及神職人員年齡的老化，使道教至今難以完全恢復生機，但在民間深厚的影響

是不容忽視的。

　　預計未來中國多元文化的持續發展和社會進一步的現代化會為
中國宗教發展繼續提供良好的環境，但不會因文化因素而造成宗教
的猛烈發展。

五、宗教與教育

　　教育規定青少年一代的基本成長軌道，當宗教在中國和教育分
離並互為不同的意識形態所支配的那天起，宗教就失去了它對中國
青少年一代成長的把握。而在西方，正是宗教在傳遞著社會的行為
規範並在較大程度上影響著年輕一代的成長。

　　一九四九年之後，中國對大、中、小學生所進行的教育都是立
足在辯證唯物主義和歷史唯物主義的基礎之上的，是唯物主義的、
無神論的教育，這使中國相當多的青少年從小時起就排斥宗教。改
革開放後，西方文化的影響和對外來宗教的好奇雖然使一部分青少
年走近宗教——參觀教堂，聽布道和過聖誕等，但他們中大多數仍
然只是把宗教作為一種外來文化現象看待，感到新鮮時髦而有趣。
大部分中國青少年由於在校所受教育的影響而始終和宗教保持著一
定的心理距離。

　　中國宗教和教育的分離完全不同於西方，在西方二者僅是職能
與形式上的分離，而其世界觀的核心始終是一致的；在中國，二者
卻是實質性的實在的分離，除去道德內容上的重合和相容之外，二
者在其他點上是絕無相似之處的。

　　因此，就宗教和教育的關係而言，今後中國教育仍會繼續影響
青少年一代的成長並成為他們信教的障礙，至少也使他們不會對宗
教產生過濃的興趣。

六、中國宗教的世俗化多元化傾向

二十世紀末的中國正處於從傳統到現代的社會轉型之中，瞬息萬變的社會環境和日益趨向多元的社會體系為中國宗教的存在提供著新的社會背景。社會的存在不可能不決定社會的意識，宗教作為新時期社會存在的反映也日益呈現出世俗化多元化的趨向。

具體地表現為：傳統宗教的復甦與新興宗教的試圖立足。

中國現存的五大傳統宗教都歷經民主革命與社會主義革命的洗禮，能與社會主義社會相協調、相適應，愛國愛教、遵紀守法、擁護改革開放，因而信徒劇增，一些教派甚至空前活躍。

新興宗教自上世紀中葉以來特別是本世紀五〇年代後大量出現，是引起人們普遍關注的國際現象。目前在中國多從國外傳入，主要有三種類型：第一類否定現實或敵視現實社會，社會背景複雜，而在行動上多採取偏激怪誕的方式，與世俗社會抗衡；第二類肯定現實社會，希望社會能進一步完善但國際聯繫緊密；第三類專注於靈性的修煉，與民間信仰混雜，迷信與會道門色彩比較濃重，對現實社會有一定的危害性。

這兩種趨勢都反映了宗教在中國仍將長期存在，只是亟待改革與加強依法管理。宗教已不得不向在信仰上有選擇自由的「顧客」推銷，於是各宗教不得不改變自己以適應「顧客」，宗教活動由此受到了市場經濟邏輯的支配。【5】

七、宗教發展悖論

前若干年，因消除「文革」的壓抑後教徒數量急劇的回升和增加，使不少人談起「宗教發展」而色變。他們顧慮重重，怕宗教從此扶搖直上，會達到直接威脅社會主義政權的地步。也有人不同意

這種看法，認為宗教徒數量的猛增只是由於「文革」對宗教的過度壓迫而引起的暫時的「反彈」現象，此高溫期一過，宗教就會逐漸走上平穩發展的道路。那麼，今天我們究竟應該如何估計中國宗教的前景，也就是說，應該如何預料未來中國宗教的發展軌跡呢？

不可否認，轉型中的中國社會有諸多有利於宗教發展的因素，尤其是中國基督教，可以說近幾十年來得到了最佳發展機遇，各種有利因素組成了一種合力，推動著它日益拓展。但即使是如基督教這麼「熱」的宗教，能在中國一直保持急速發展的勢頭嗎？恐怕也不能。原因是多方面的，因為中國社會在為宗教提供發展條件的同時，也提供著相應的制約其發展的條件。因此，我們說，宗教在中國的發展是一個悖論：一方面，多種因素在推動著現階段宗教的發展；另一方面，又有不少因素在遏制著宗教的急劇發展。

推動中國宗教發展的主要社會原因為：

1.生產力發展水準的限制；

2.科學技術的相對不發達；

3.人們認識水準的局限；

4.社會生活中存在著「不公」等諸社會問題；

5.社會轉型引起的「心理震蕩」。

而制約和阻礙中國宗教急劇發展的因素主要為：

1.主體意識形態及國民教育對宗教的影響；

2.中國傳統思想文化對外來宗教有相通互補的一面，但也存在著內在排斥；

3.轉型期世俗化趨勢影響人對宗教信仰的追求；

4.國際新格局及世界宗教多元化對中國宗教的影響；

5.中國宗教較內向、固守，缺乏向外的擴充力。

由於上述種種有利和不利因素的綜合作用，使得中國宗教雖然在一個時期內會急劇增長和上升，但從長時期來看，它終究會再次下落至恢復正常發展狀態。個別宗教即使將來在某個地區或某個時期還會出現快速增長現象，但它在全國的總的態勢還是會持續的平穩的發展，不會出現過度異常。

　　探討了宗教和中國社會的政治、經濟、文化和教育的關係，探討了宗教在中國存在的長期性和中國宗教發展中的複雜背景，我們就會明白，在社會主義中國，宗教已經作為並將繼續作為社會一個不可少的部分存在下去，對中國社會發揮它獨特的功能。與此同時，它也受到與其相矛盾的社會主義意識形態的牽制，不可能如在資本主義社會那樣得到充分的發展。作為社會的一個次級子系統，它將被社會視為社會有機體自身一個不可少的部分，但作為社會主體意識形態的相異物，它又會受到相應的制約，不會過度發展為對社會起重大影響作用的子系統。

【注解】

【1】參考羅竹風主編：《中國社會主義時期的宗教問題》，第五十五頁，上海社會科學院出版社，一九八七。

【2】以上四個基督教問題及後面佛學問題均摘採用羅竹風主編：《中國社會主義時期的宗教問題》，第八十～八十一頁，上海社會科學院出版社，一九八七。

【3】社會轉型特徵參考陸學藝、李培林主編的《中國社會發展報告》，遼寧人民出版社，一九九一。

【4】參閱戴康生、彭耀：《社會主義中國與宗教》，江西人民出版社，一九九四。

【5】參見高師寧：「世俗化與宗教熱」，《東方》一九九四年四期。

國家圖書館出版品預行編目資料

宗教社會學／戴康生, 彭耀主編. -- 初版. --
臺北縣永和市：世界宗教博物館基金會， 2006[民95]
　面； 公分
ISBN 957-29564-8-5 (平裝)
1.宗教與社會
214.54　　　　　　　　　　　　　95007849

宗教社會學

主　　編／戴康生、彭耀
發 行 人／釋了意

編輯主任／郭玉文
企劃編輯／李逸華、陳俊宏
校　　對／李逸華
美術設計／吳靜慈
封面設計／王鳳梅

法律顧問／永然聯合法律事務所
出 版 者／財團法人世界宗教博物館發展基金會附設出版社
地　　址／234台北縣永和市保生路2號17樓
電　　話／02-2232-1008
傳　　真／02-2232-1010
E - mail ／books@ljm.org.tw

總 經 銷／農學股份有限公司
印　　刷／中茂分色製版印刷事業股份有限公司
初版一刷／2006年07月
定　　價／320元
Ｉ Ｓ Ｂ Ｎ ／957-29564-8-5（平裝）

本版授權譯自中國北京社會科學文獻出版社出版的中文簡體字版
。保留版權。
＊本書若有缺損，請寄回更換＊

郵票黏貼處

宗博出版社　收

234 台北縣永和市保生路2號17樓　出版部
電話：（02）2232-1008
傳真：（02）2232-1010

請沿虛線折起

謝謝您購買這本書！

請您詳細填寫各欄，傳真或寄回本出版社，即可不定期收到最新出版資訊及優惠專案。

此次購買的書名是：

姓名：＿＿＿＿＿＿ 身分證字號：＿＿＿＿＿＿＿＿ 性別：□男 □女

生日：＿＿＿＿年＿＿＿月＿＿＿日 聯絡電話：＿＿＿＿＿＿＿＿

住址：＿＿＿＿＿＿＿＿＿＿＿＿＿＿＿＿＿＿＿＿＿＿＿＿＿＿

E-mail：＿＿＿＿＿＿＿＿＿＿＿＿＿＿＿＿＿＿＿＿＿＿＿＿＿

學歷：1.□高中及高中以下 2.□專科與大學 3.□研究所以上

職業：1.□學生 2.□資訊業 3.□工 4.□商 5.□服務業

　　　 6.□軍警公教 7.□自由業及專業 8.□其他

您以何種方式購書：1.逛書店購書 □連鎖書店 □一般書店

　　　　　　　　　 2.□網路購書 3.□郵局劃撥 4.□其他

您購買過我們哪些書：

1. □ 地球書房：＿＿＿＿＿＿＿＿＿＿＿＿＿＿＿＿＿＿＿＿

2. □ 靈鷲山般若文教基金會附設出版社：＿＿＿＿＿＿＿＿＿

3. □ 宗教博物館發展基金會附設出版社：＿＿＿＿＿＿＿＿＿

您對本書的評價：

（請填代號 A.非常滿意 B.滿意 C.普通 D.不滿意 E.非常不滿意）

書名＿＿＿＿＿ 內容＿＿＿＿＿ 封面設計＿＿＿＿＿

版面編排＿＿＿ 紙張質感＿＿＿ 整體＿＿＿＿＿＿

此書閱讀感想與建議：＿＿＿＿＿＿＿＿＿＿＿＿＿＿＿＿＿＿

＿＿＿＿＿＿＿＿＿＿＿＿＿＿＿＿＿＿＿＿＿＿＿＿＿＿＿＿＿＿

＿＿＿＿＿＿＿＿＿＿＿＿＿＿＿＿＿＿＿＿＿＿＿＿＿＿＿＿＿＿

＿＿＿＿＿＿＿＿＿＿＿＿＿＿＿＿＿＿＿＿＿＿＿＿＿＿＿＿＿＿

讀者服務信箱：books@ljm.org.tw